스마트 코리아로
가는 길 유라시안
네트워크

스마트 코리아로 가는 길 유라시안 네트워크

이민화 지음

스마트 코리아로 가는 길
유라시안 네트워크

지은이 이민화
펴낸이 홍미옥
펴낸곳 새물결 출판사
1판 3쇄 2011년 4월 5일
등록 서울 제15-52호(1989.11.9)
주소 서울특별시 마포구 연남동 565-31 1층 우편번호 121-869
전화 (편집부) 02-3141-8696 (영업부) 02-3141-8697
팩스 02-3141-1778
E-mail sm3141@kornet.net
ISBN 978-89-5559-299-3(03320)

ⓒ 이민화, 2010

이 책의 한국어판 저작권은 저작권자와 독점 계약한 새물결출판사에 있습니다.
신저작권법에 의해 한국 내에서 보호받는 저작물이므로 무단 전재나 무단 복제, 매체 수록 등을 금합니다.

일러두기

1. 이 책의 저술에 많은 도움을 준 참고문헌과 참고사이트 등을 이 책 말미에 실었다.
2. 독자의 이해를 위해 불가피하게 실린 사진이나 도판의 경우, 저작권자를 알 수 없는 경우도 있어 저작권을 따로 표기하지 않았다. 만약 언제든 저작권자가 나타난다면 저작권 절차를 따를 것이다. 일단, 양해를 구하며 감사드린다.

차례

책머리에 · 9
서문 · 13

1 전환 시대의 패러다임

01 질풍노도의 한국 근현대사와 새로운 도전 · 24
02 기술에 제도 경쟁력을 더하자 · 32
03 닫힌 분야를 개방하여 열린 한국을 지향하자 · 45
04 추종 전략에서 리더십 전략으로 —
　 유라시안 네트워크를 만들자 · 51
05 유라시안 네트워크로 한국을 승화시키자 · 58

2 유라시안(몽골리안) 네트워크

01 몽골리안을 찾아서 · 72
02 문명의 기원과 발전, 몽골리안의 역할 그리고 실크로드 · 81
03 세계사의 미스터리들을 푸는 키, 교류 사관 · 95
04 실크로드의 다양성 · 101
05 인류 최초의 세계 무역 제국 — 팍스 몽골리아 · 108

3 몽골리안의 전성 시대와 요하 문명

01 오스만투르크 제국과 몽골리안 주도의 중근동사 · 120

02 무굴 제국과 몽골리안 주도의 인도사 · 130
03 청 제국과 몽골리안 주도의 중국사 · 136
04 몽골리안 파워의 원동력 · 147
05 요하 문명과 고조선 · 151
06 머나먼 남미에도 몽골리안 네트워크가 있었다 · 158
07 몽골리안, 석양속에 지다 · 164

4　실크로드를 빛낸 몽골리안 영웅들

01 한민족의 시원으로 부상하는 치우 · 174
02 아틸라, 흉노의 영원한 아이콘 · 177
03 모돈 선우, 신라인으로 부활하다 · 179
04 차마고도를 장안까지 잇게 만든 주역 송첸 캄포 · 182
05 몽골 제국을 인도에 부활시킨 바부르 · 184
06 누루하치, 용이 되어 승천하다 · 187

5　디지털 실크로드와 디지털 노마드

01 인류 역사 최대의 네트워크, 유비쿼터스 네트워크 · 194

02 인류, 호모 모빌리언스로 새로운 진화를 시작하다 · 200
03 스마트폰을 아바타로 인류, 집단 생명이 되다 · 205
04 몽골리안, 디지털 유목민으로 부활하는가? · 211

6 글로벌 리더십을 향해

01 개방 무역국가로서의 대한민국의 역사 해석 · 222
02 선도 외교 전략을 위한 우리의 네트워크를 구축하자 · 230
03 유라시안 인문학으로 유라시안 다보스를 · 237

에필로그 · 245
유라시안 연구의 화두들 · 249
참고문헌 · 252

책을 펴내며

　1995년 벤처협회 창립 시만 해도 500개 미만이던 벤처기업이 지금은 등록기업만 2만 개를 돌파했고, 하나도 없던 1천억 대 벤처도 240개를 넘어섰다. 그동안 이들 벤처기업 대표들은 종종 필자에게 노골적인 불만의 목소리를 높여왔다. '형님이 벤처협회를 설립하고 코스닥과 벤처 특별법을 만드는 바람에 나도 벤처를 창업했는데, 고생이 너무 심하다. 왜 우리만 힘들어야 하는가? 보상하라' 등등의 생떼를 지금까지도 쓰고 있다. 그래서 그들에게 일종의 새로운 보상 시나리오를 제안하였다. '그래, 당신들 말고 다른 사람들도 고생시키는 시나리오를 한번 만들어 보자'고. 그 결과 탄생한 것이 바로 '유라시안 네트워크'라는 이 책의 스토리텔링이다.
　사실 이제 와서 고백하자면 벤처 협회의 설립 자체도 이러한 보상 시나리오에서 시작되었다. 메디슨 창업 5주년 기념일인 1990년의 어느 여름날, 필자의 메디슨 동지들은 이구동성으로 '왜 우리만 고생하는가? 다른 의료 공학도들은 학교와 연구소에서 편하게 지내고 있지 않은가?' 하는 집단 불만으로 나를 몰아붙였던 것이다. 그래서 그들에게 제안했다. '맞다. 한국의 다른 의료 공학도들에게 창업을 유도하여 우리와 함께 가시밭길을 걷게 하면 어떨까?' 모두들 대찬성이었다. 계획은 실행에 옮겨져 수많은 의료 벤처가 창업되었다. 그들에게 창업이 가시밭길이라는 얘기를 해주지 않은 것은 물론이다. 그리고 다시 5년 후 생고생을 어느 정도 마친 의료벤처 대표들이 몰려와 집단 항의를 해왔다. 이들에게 다시 제안했다. '그래, 이제는 공학도 전체를 가시밭길로 유인하는 시나리오를 만들어 보자!' 모두들 찬성한 결과 1995년 벤처 협회가 탄생한 것이다. 그리하여 공학도들 중심으로 질풍노도와 같은 벤처 바람이 불게 되었다.

이 책에서 많은 부분을 할애해 다루고 있는 '유라시안 역사' 자체는 이 책의 목적이 아니다. 필자 또한 일개 공학도일 뿐 전문 역사학자가 아니다. '유라시안 네트워크'는 여공, 기능공, 상사맨, 공학도에 이은 한국의 새로운 성장 동력으로서 제도를 만드는 인문사회과학 분야의 관련자들을 설정한 스토리텔링일 뿐이다. 지금 실용학문만으로는 한국의 지속적인 성장은 한계에 부딪혔다. 이제는 서비스 경제의 경쟁력 강화를 이끌 인문사회 분야가 한국의 다음 성장 동력이 되어야 한다. 개방이 가장 중요한 국가의 화두가 된 것이다.

개방을 이루는 방법에 대하여 많은 분들이 조언을 해주었다. 주로 개방은 '고양이 목에 방울 달기'라고. 선진국들이 개방 국가인 것은 맞는데, 개방은 혹독한 대가를 치르게 된다고……. 한국은 지니Gini계수, 교육, 자영업, 신뢰 등 각종 사회 통합 지표가 OECD의 최하위권인 것이 사실이다. 신뢰 부족이 얼마나 많은 비용의 낭비를 초래하는 가는 쇠고기 파동과 천안함 사태만으로도 충분히 입증되었다. 신뢰가 부족한 사회가 개방을 추구하려면 엄청난 내부 갈등을 극복해야 하는데, 이는 고양이 목에 방울 달기보다도 어려울 수 있다는 것이었다.

그래서 우리의 지평을 넓힐 시나리오로써 전 세계 몽골리안 인종의 개방 네트워크를 구상하게 되었고, 이들의 역사와 문화를 아마추어적 관점에서 곁눈질해 보았다. 이 과정에서 내린 결론이 '교류와 융합의 몽골리안 역사라는 관점에서 세계와 세계사를 바라보면 한국의 개방 시나리오가 설득력을 가질 것이다'라는 것이다. 몽골리안 국가들이 불과 300년 전까지 세계사의 주역이었다는 엄연한 사실을 왜 우리는 잊었을까! 그러자, 몽골리안이 육상교류의 주역이었던 시대는 이미 흘러간 과거가 아니냐는 새로운 반론에 직면하게 되었다. 미래의 그림이 필요하게 된 것이다.

그리하여 미래의 흐름에 대해서는 디지털 노마드라는 키워드가 다가왔다. 전자 공학도로서 필자가 모바일 기술을 살펴보고 내린 결론은 '인류가 새로운 진화 과정에 돌입했다'라는 것이다. 이를 'Homo Mobiliance'라고 명명하고 슈퍼맨과 집단생명으로서 인류가 모바일 기기를 아바타 삼아 새롭게 변신하고 있다는 스토리를 만들게 되었다. 이제 몽골리안의 새로운 부활이 '디지털 실크로드'로 다가오는 것이 느껴지지 않는가!

그러자 '과연 한국은 몽골리안 네트워크를 이끌 역량을 가지고 있는가? 있다면 이를 바탕으로 우리는 무엇을 추구할 것인가?'라는 질문이 나오기 시작했다. 그래서 한국은 역사적으로 '조용한 아침의 나라'가 아니라 '글로벌 무역 국가'라는 사실을 논증하고, 몽골리안 국가들의 경제, 외교, 문화적 네트워크를 한국이 주도한다는 전략을 제시하게 된 것이다. 그리고 이를 위해 몽골리안 인문학 연구가 선행되어야 한다는 주장을 내놓게 되었다. 이제 인문사회학도들이 주축이 되어 국가 비전을 제시하고 개방 국가 성장을 주도하기를 바라는 것이다.

이러한 생각을 정리하여 '몽골리안 네트워크' 연구를 서울대 인문대에 요청하게 되었고, 이태진 당시 학장님께서 명칭을 '유라시안 네트워크'로 수정해 주시고 뜻있는 벤처인들이 지원해주어 여덟 개 과제의 연구가 시작되었다. 본격적으로 인문학도의 '고난'이 시작된 것이었다. 이 자리를 빌려 노창준, 남민우, 최규옥, 서갑수, 하재홍, 조현정, 김진태 사장님께 진심으로 감사드린다.

한편으로는 여러 기회를 빌려 이 스토리를 강연해 보았는데, 국가 정책, 인류 역사, 미래학 등 어려운 주제임에도 불구하고 의외로 반응이 너무나 뜨거웠다. 이 책을 쓰게 된 동기다.

이제 이렇게 부족한 대로 한 권의 책으로 정리하여 펴내게 된 것은 비전문가로서 역량의 한계에 도달했음을 깨달았기 때문이다. 많은 분들이 이 주제에 동참하여 완성해주십사 하는 청인 셈이다. 따라서 이 책은 해답을 제시하는 것이 아니라 화두를 던지고 있음을 이해해주기 바란다. '모든 혁신은 미완성으로 시작한다'는 말로 모자람에 대한 부끄러움을 덮고자 한다.

마지막으로 유라시안 네트워크를 화두로 나눈 대화를 통해 필자를 깨우쳐 주신 모든 분들게 감사드린다. 모자란 원고를 마음으로 다듬어 주신 새물결의 홍도균 사장님께도 감사드린다.

도전이 벤처정신이라는 생각만 갖고 새로운 모험을 즐기는 실속 없는 남편을 대신해 일상생활에 노심초사하는 착실하고 사랑스러운 아내, 이 사랑에게 이 책을 바친다.

2010년 추석에 천호동 자택에서
이민화

서문

지금 한국은 네 가지 중대한 문제에 봉착해 있다. 먼저 2000년 이후 10년 이상 국민소득은 2만 달러를 넘지 못하고 제자리걸음을 하고 있다. 지역 간 · 계층 간 사회 분열은 더욱 심화되고 있다. 북핵으로 대표되는 남북문제 또한 해결의 실마리를 찾지 못하고 있다. 독도영유권, 동북공정 등 일본 및 중국과의 외교 갈등은 대안을 찾지 못하고 있다. 과연 우리는 이러한 문제들을 극복하고 새로운 도약을 할 수 있을까? 경제, 사회, 남북, 외교라는 네 가지 문제들은 지금까지의 방식대로 그저 열심히 노력만 하면 해결될 수 있을까? 이것들이 이 책에서 던지고자 하는 근본적인 질문들이다.

한국의 20세기 후반기는 전 세계에 유례가 없는 그야말로 질풍노도의 시대였다. 프랑스의 기 소르망 교수는 2010 서울 포럼에서 "한국의 산업 발전사와 민주 발전사는 인류의 문화유산이다"라는 요지의 강연을 했다. 정말 제대로 정곡을 찌른 말이 아닌가! 한국은 다른 나라의 경우 아무리 짧게 잡아도 100년은 걸리는 산업화를 불과 30여 년 만에 이룩했다. 이어서는 바로 민주화 과정에 돌입했다. 그리하여 이제 전 세계는 한국이 산업화와 민주화를 동시에 달성한 전후 최초의 국가임을 인정하고 있다. 그 결과 전후 최초로 원조받는 국가에서 원조하는 국가 대열에도 진입했다. 이는 전 세계가 인정하는 근대사의 기적이다. 이 기적의 주역들은 1960년대의 여공, 1970년대의 기능공, 1980년대의 대기업 상사맨, 1990년 이후의 공학도들과 1990년대 후반의 벤처 기업인들이라고 할 수 있다. 바로 한국의 유일한 자원인 인적 자원들이 시대마다 나름대로의 국제 경쟁력을 발휘한 결과가 한강의 기적으로 나타난 것이다. 그러나 문제는 앞으로 과연 누가 여공, 기능공, 상사맨, 공학도, 벤처

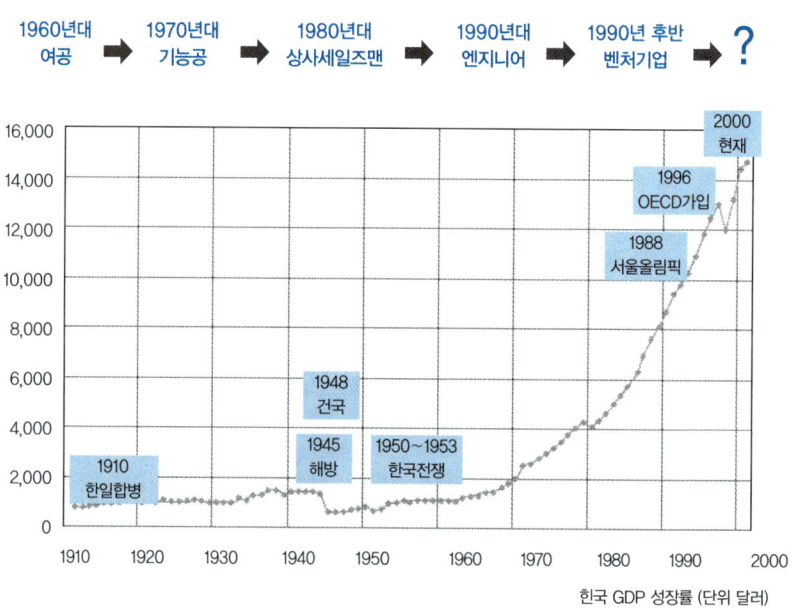

시대별 한강의 기적의 주역들

인에 이어 한국의 성장 동력을 이끌어 갈 것인가가 불확실하다는 것이다. 바로 이것이 이 책에서 제기하고자 하는 문제의 핵심이다.

필자의 의견은 전략적 사고의 틀, 즉 패러다임을 바꾸어야 이러한 문제들의 해결이 가능하리라는 것이다. 후진국에서 중진국으로 성장하는 패러다임과 중진국에서 선진국으로 진입하는 패러다임은 같지 않다는 것이 역사의 교훈이다. 한국은 지난 10년간 여전히 국민소득 2만 달러 전후의 중진국에 머무르고 있다. 이것은 우연일까 아니면 필연일까? 역사의 교훈을 한번 살펴보자.

지난 100년 동안 중진국에서 선진국으로 진입한 나라는 전 세계에서 일본과 아일랜드뿐이다. 이러한 사실은 중진국 진입과 선진국 진입 전략이 동일하지 않다는 것을 충분히 증명해주고 있다. 중진국 진입은 선진국을 벤치마킹해 '열심히' 노력만 하면 가능하다. 그러나 선진국 진입은 남들과 '다르게' 해야 한다. 따라서 국가경쟁전략의 일대 혁신이 요구된다. 여기서 실패는 성공의 어머니라는 것은 국가 전략에도 적용된다.

지금 국가경쟁력은 효율성에서 혁신으로 이동하고 있다. 지식 경제에서 창조 경제로 바뀌고 있다. 기술 경영에서 사회문화적 상상력으로 경쟁력의 원천이 이동하고 있다. 이와 관련해 인문·사회 분야의 분발이 요구된다는 것이 이 책의 핵심적인 주장 중의 하나이다.

우리는 이제 열심히 일하는 가치관에서 스마트하게 일하는 가치관으로 전환해야 한다. 성실함이 소중한 사회에서 창조성이 더욱 소중해지는 사회로 전환해야 하는 것이다. 예를 들어 국가의 백년대계인 교육도 타율적 반복 지도에서 자율적 창조 학습으로 전환해야 한다. 사회 전체적으로 지원과 보호의 가치관에서 자율과 경쟁의 가치관으로 전환해야 한다. 사전 통제의 규제 정책에서 사후 평가의 자율 정책으로 전환해야 한다. 그리고 불패의 가치관에서 필승의 가치관으로 전환해야 한다. 실패를 없애려는 관리자 정신에서 필승에 도전하는 기업가 정신으로 시대정신이 변해야 한다. 실패는 이제 나쁜 것이 아니라 혁신의 씨앗이라는 생각으로 전환되어야 도전을 뒷받침하는 '도전적 실패에 대한 지원'이 정착될 수 있다.

이와 관련해 지금까지의 요소 주도 경제에서 혁신 주도 경제로의 전환은 점진적 변화가 아니라 'Tipping Point' 라는 파괴적 도약을 거친다는 인식이 필요하다. 이제 우리 경제와 사회는 단순계가 아니라 복잡계가 되었기 때문이다. 따라서 군대식 갑을 문화에서 창조적 협력 문화로 전환해야 한다. 닫힌 조직들의, 기수 중심의 내부 지향적 사고에서 모두와 소통하는 외부 지향적 사고로 전환해야 한다. 그리고 투명성에 기반한 공정한 사회를 만들어나가야 한다. 그리하여 대기업과 중소기업 관계는 일방적 상하 구조에서 상호 협력 구도로 전환되어야 한다. 이와 관련해 일방 통행식의 단기적 사고에서 선순환에 기반한 장기적 협력관계가 지속가능한 성장을 뒷받침한다는 연구 결과에 주목해 보자. 따라서 제왕적 지배 구조는 투명한 열린 구조로 전환해야 한다. 이러한 전환 시대의 패러다임의 핵심은 한마디로 '개방과 공유의 선순환' 이라는 말로 압축시킬 수 있을 것이다. 바로 이 책의 화두인 것이다.

이처럼 새로운 국가 혁신 전략은 과거 패러다임의 연장선상에 있는 것이 아니라 혁신적인 전환에 있다. 그것을 한마디로 하자면 '닫힌 한국에서 열린 한국으로의 패러다임 전환' 이다. 구체적으로는 '제도 경쟁력 강화, 닫힌 분야 개방, 국가 리더쉽 강화' 라는 세 가지 전략으로 압축할 수 있다. 이 책에서 제시하고자 하는 3대 국가 전략들이다.

물론 이러한 3대 국가 혁신전략에 대해서는 내부 이익 집단의 반발

핵심 역량 = 연구 개발 + 기업가 정신

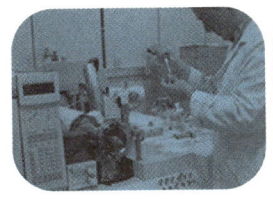 

핵심 역량의 상실 위기

미래 성장 동력의 3대 전략

| 제도 경쟁력 강화 | 열린 국가 지향 | 국가 리더십 강화 |

이 강할 수밖에 없을 것이다. 따라서 소위 기득권층의 동의 없이는 자칫 고양이 목에 방울을 다는 문제가 되어버릴 수도 있다. 그러나 '개방'이 내부 집단의 이기심을 승화시키는 스토리가 된다면 3대 전략의 구현이 가능해질 수 있다는 생각을 거쳐 이렇게 '유라시안 네트워크'라는 생경한 화두를 던지게 되었다.

이 책에서 필자는 '유라시안 네트워크'라는 스토리텔링을 '개방과 공유의 열린 한국'으로의 패러다임 전환과 연결할 수 있는 가능성을 모색하고, 그와 관련해 '유라시안 네트워크'라는 역사관으로 지역 중심에서 교류와 융합 중심으로 세계사를 새로이 조명해볼 생각이다. 그리고 그 중심에 몽골리안 네트워크의 활약이 있었다는 사실을 재조명하고자 한다.

필자는 한국의 역사를 우리 한반도 내의 역사로 한정하는 지나친 실증사관도 우려하나, 우리가 최고라는 편협한 국수주의 사관 또한 사양한다. 세계의 역사를 서로가 이동하고 융합하면서 이루어온 교류의 역사로 보자는 것이 필자의 역사 해석의 핵심 요지이다. 이러한 교류 사관을 통해 유라시안의 몽골리안 네트워크라는 새로운 시선으로 한국의 발전과 함께 세계의 발전에도 선순환적 기여를 할 수 있는 방안을 모색코자 하는 것이다. 이 책은 '열린 한국, 유라시안 네트워크' 이야기인 셈이다.

그러나 유라시안 네트워크에 대한 역사 해석이 이 책의 본질은 아니다. 단지 국가 혁신을 모색하기 위한 방법론 중의 하나로 역사를 스토리텔링한 것일 뿐이다. 필자는 일개 공학도이자 사업가이지 역사 전문가가 아니라는 사실을 미리 확실하게 밝혀 두고자 한다.

유라시안의 몽골리안 국가들은 지금은 실체가 미미하다. 그러나 불과 3세기전만 해도 세계를 주도하고 있었다. 이 노마드^{유목민} 국가들의 정체성은 바로 말을 이용한 육상 무역에 있었다. 17세기, 세계 4대 제국인 신성로마제국, 무굴 제국, 오스만투르크 제국, 청 제국 중 3대 제국이 몽골리안 제국이었다. 이는 역사적으로 필연이었다. 그 점은 뒤의 논의에서 분명하게 확인할 수 있을 것이다. 그러나 17세기 이후 해상 세력의 발달과 18세기의 산업 혁명을 기점으로 몽골리안 노마드 국가들의 시대는 종언을 고했다. 그리하여 지금 몽골리안 영웅들과 역사는 묻혀 있다.

하지만 이들의 역사를 재조명해 보면 놀라운 사실들이 드러난다. 10세기 이후 18세기까지 세계사의 주역이 육상 교역을 담당한 몽골리안 국가들이었다는 사실이, 그것도 이집트에서 중동을 거쳐 인도와 중국까지 하나같이 분명하게 확인된다. 하지만 이것은 새로운 주장이 아니다! 역사 기록을 있는 그대로 해석하여 재구성하면 바로 증명된다.

그렇다면 이들과의 동질성을 복원하는 것은 어떨까? 터키, 카자흐스탄, 베트남, 멕시코, 페루, 헝가리 등 유라시안 네트워크의 거점 국가들과 열린 네트워크를 구축해 우리의 시대적 화두를 해결할 수 있지는 않을까? 또 이를 통해 한국은 국가 발전 전략을 전수하는 한편, 자원 확보의 효율성을 배가할 수 있지 않을까? 그렇다. 유라시안 네트워크는 한국의 새로운 개방 국가 전략이 될 수 있지 않은가! 전 세계 인종 중 최초의 강력한 네트워크를 구축했던 몽골리안 인종만 현재 자체 네트워크가 없다. 이것은 역사의 아이러니가 아닐까? 이 책은 그러한 아이러니를 풀어 보고자 한다.

지금 '몽골리안'이 부활하고 있다. 유비쿼터스 시대의 패러다임은 디지털 노마드 Digital Nomad로 가고 있다. 스마트폰으로 대표되는 모바일 혁명은 신인류를 탄생시키고 있다. 인간은 스마트폰을 아바타 삼아 슈퍼맨이 되고 있다. 집단 생명화되고 있다. 그것을 호모 모빌리언스 Homo-Mobiliance라고 명명해 보고자 한다. 바야흐로 인류 진화의 새로운 시대가 열리고 있는 것이다.

리처드 오글은 이런 세상을 '스마트 월드'라는 이름으로 부르고 있다. 그렇다면 실크로드와 흥망을 같이한 몽골리안 국가들은 디지털 실크로드 시대에 부활이 가능할까? 그에 대해 미래학자인 자크 아탈리는 저서 『미래의 물결』에서 긍정적으로 대답하고 있다. 한국이 2025년에는 모바일 기술 등을 바탕으로 아시아 최대의 경제 강국으로 부상할 것이라고 예측하고 있는 것이다. 이 책에서 모바일 시대의 미래와 노마드적 정체성의 연결을 핵심 주제로 삼고 있는 것은 바로 이 때문이다.

한국인의 에너지는 워낙 강하다. 한번 열리면 세계로 무섭게 뻗어 나간다. 반면 닫으면 내부에서 서로 충돌한다. 백제에서 고려까지 개방의 시대에 한국은 세계 10위권 내의 국력을 유지해 왔다. 이에 반해 닫힌 조선에서 한국은 움츠러들었다. 이렇게 볼 때 이제 선진국 진입의 코드는 개방의 확산이라고 단언할 수 있지 않을까? 그리고 새롭게 부상하는 몽골리안 국가들과의 네트워크가 바로 국가 개방의 돌파구가 될 수 있지 않을까?

때문에 유라시안 인문학 연구는 국가의 핵심적인 전략 과제가 되어야 한다. 한국이 유라시안 인문학 연구의 메카가 되기 위해서는 국내외 인문학자의 동참이 필요하다. 또 문사철文史哲 각 분야별 유라시안 학회를 지원해야 한다. 이러한 시스템을 발전시켜 '유라시안 다보스'로 발전시켜 나간다면 유라시안 네트워크의 중심 국가로서의 리더십 구축이 가능할 것이다. 문화 네트워크를 통해 경제 네트워크, 외교 네트워크를 강화시켜 나가는 것이다. 이를 통해 제도 경쟁력, 닫힌 분야 개방, 국가 리더십 강화라는 전략의 구현도 가능해질 수 있을 것이다. 이제는 여공, 기능공, 상사맨, 엔지니어에 이어 인문 사회학도가 국가 발전의 새로운 주역으로 나서야 한다.

> 새는 알에서 나오려고 투쟁한다. 알은 새의 세계다. 태어나려고 하는 자는 하나의 세계를 깨뜨려야 한다. 새는 신을 향해 날아간다. 신의 이름은 아프락사스이다. ─ 데미안

전환 시대의 패러다임

1.

역사에 대한 견해
20세기 한국의 발전
한국의 현황과 문제
전환 시대의 패러다임

새로운 전환 시대를 맞이하는 한국의 패러다임은 서문에서 말한 바와 같이 '개방과 공유의 패러다임'이다. 이와 관련해 한국의 과거의 성공 전략은 미래에는 실패 전략이 될 수도 있다. 즉, 갑을 문화에 기반한 효율성 위주의 전략으로는 미래의 창조적 혁신 사회에서 성공하기 어렵다. 성공은 실패의 어머니일 수 있는 것이다. 과연 한국의 새로운 도전 전략은 무엇인가? 다시 한번 새로운 국가 전략으로 세 가지를 제시해보기로 하자. 첫째, 서비스 시대에 발맞춰 기술에 제도 경쟁력을 더하기 위한 노력이다. 둘째, 개방 국가 전략이다. 지금 한국에서 성공을 거두고 있는 분야는 모두 개방 분야임을 상기해야 한다. 마지막으로 외교적으로 강대국을 쫓아가기만 하는 추종 전략에서 리더십을 바탕으로 한 선도 전략으로의 전환이다. 이 장에서는 주로 이런 전략적 문제들을 집중적으로 다룰 생각인데, 이를 위해서 먼저 격동의 한국 근현대사에 눈을 돌려 보자.

01 질풍노도의 한국 근현대사와 새로운 도전

역사학자인 E. H 카는 역사를 '사관과 사실의 부단한 상호작용이자 현재와 과거 사이의 끊임없는 대화'라고 했다. 또 불굴의 독립 운동가이기도 한 역사학자 신채호는 '아我와 비아非我의 투쟁'이라고 갈파했다. 이처럼 역사는 바라보는 시각에 따라 얼마든지 달라 보일 수 있다. 실제로 영호남의 지역적 관점이냐 아니면 통일 한국이라는 종합적 관점이냐에 따라 우리가 갖게 되는 역사관은 크게 달라진다. 더 나아가 전 세계의 한민족 네트워크라는 입장에서 역사를 보는 것과 그것을 넘어 몽골리안 인종의 입장에서 역사를 보는 것은 완전히 다르게 된다.

이를 좀 더 쉽게 이해하기 위하여 여기에서 한국의 근현대사를 잠깐 살펴보기로 하자. 동족상쟁의 비극인 한국전쟁이 끝난 1953년 당시 한국은 지금의 아프리카 후진국들보다 경제적으로 더 형편이 없었다. 우선 국력의 척도가 되는 GDP를 보자. 당시 한국의 1인당 GDP는 60달러 수준으로 세계 최빈국 중의 하나였다. 한번은 필자의 한 독일 지인이 "에티오피아보다 못 살았는가?"라는 질문을 한 적이 있었다. 이때 "에티오피아에서 원조를 받았다"라고 대답한 기억이 있다.

미시적으로 들어가면 상황은 아예 형언하기조차 어려울 만큼 처참해진다. 늦봄에는 식량이 떨어져 나무껍질을 벗겨 먹거나 나물 약간에 밀가루를 조금 넣어 죽을 쑤어 먹었다. 이때를 춘궁기 혹은 보리 고개라고 했다. 지금 북한 동포들 이야기가 바로 약 한 세대 전의 우리 한국 이야기였던 것이다. 문맹률 80%에 산업 기반이라고는 볼펜 몇 자루 만들 수 있는 변변한 공장 하나 없었다. 오늘날의 삼성전자나 현대자동차, 포스코 같은 기업을 꿈꾼다는 것은 완전히 말 그대로 언감생심이었다. 이런 현실은 1960년대가 시작될 때까지만 해도 그다지 달라지지 않았다.

대부분의 한국인이 식량과 생활필수품을 거의 매일 걱정해야 했다.

그러나 서구인들의 시각으로 볼 때 '장미는커녕 들풀조차 피우지 못할 쓰레기통 같았던' 한국은 1960년대 이후 믿기 어려운 발전을 거듭하기 시작했다. 1945년 이후 단 한 해도 기록한 적이 없는 연평균 8~9%의 성장률을 10여 년 동안 달성했다. 1인당 GDP 역시 1963년의 83달러에서 1965년에는 125달러로 늘어났다. 변변한 산업시설조차 찾아볼 수 없던 당시 환경에서 1965년에 포항제철, 그리고 1966년에는 KIST를 설립하고 1968년에는 야당의 엄청난 반대 속에서도 전 국력을 기울여 경부고속도로 건설에 착공했다. 지금 보아도 당시 지도자의 혜안에 감탄을 금치 못하게 된다. 이로 인해 1970년에는 1965년의 딱 두 배인 GDP 250달러를 기록하게 되었다. 이어 필자가 대학에 입학하던 1972년에 비로소 북한의 GDP 수준에 도달하게 됐다. 한국은 이처럼 정말 지지리도 못 살던 나라였다.

이후 이 기세는 1970년대 말의 오일 쇼크로 인해 마이너스 성장을 기록한 1980년을 빼고는 1996년까지 이어졌다. 1995년에는 여세를 몰아 1인당 GDP 1만 달러도 가볍게 돌파했다. 1988년에 올림픽을 성공적으로 개최한 다음 1996년 말에 선진국 클럽이라는 경제협력개발기구OECD에 가입한 것은 크게 이상한 일이 아니었다. 국민들의 교육 수준 역시 괄목상대 이외의 다른 말을 찾을 수 없는 것이 안타까울 정도로 높아졌다. 문맹률 80%의 나라에서 지금은 대학 진학률이 세계 최고인 80% 이상인 국가로 거의 기적 같은 변신을 했다. 지금은 오히려 너무 과도한 교육열이 문제가 되고 있기까지 하다.

이런 전설과 같은 기적은 1997년 말 산업사회에서 지식사회로의 전환을 잘못한 결과 IMF 사태를 몰고 온 한 번의 헛발질로 색이 조금 바래기는 했으나 지금도 여전히 이어지고 있다. 세계은행이나 IMF 등에 의해 그리 머지않은 장래에 선진국에 진입할 것이라는 긍정적 평가의 대상이 되고 있는 것을 보아도 이를 잘 알 수 있다. 그야말로 인류 역사상 이전에도 없었고 이후로도 없을 기적을 일궈낸 국가가 아닌가. 이 정도만 해도 한국은 충분히 극적인 드라마의 주인공이 될 만한 나라라고 해도 과언이 아닐 듯하다. 기 소르망 교수가 "한국의 산업발전사를 젊은이들에게 교육하라!"라고 설파하는 것도 충분히 이유가 있는 것이다.

한국이 선진국이라고 자부하는 나라들이 100여 년에 걸친 각고의 노력을 기울이고서야 겨우 달성할 수 있었던 산업화를 불과 30여 년 남짓한 기간에 일궈낸 원동력은 과연 무엇이었을까? 이는 세계인들이 모두 궁금해 하는 의문이기도 하다.

솔직히 말해 한국은 지금도 일반적인 성공 조건은 별로 갖추고 있지 못하다. 이를테면 천시天時, 하늘이 주는 기회, 지리地利, 지형적인 유리함, 인화人和, 국민들의 일치단결 등의 조건을 완벽하게 갖추었다고 하기 어렵다. 오히려 반대에 보다 가깝다고 해도 크게 틀리지 않는다. 여기에 석유 한 방울 나지 않는 데서 보듯 지하자원도 풍부하지 않다. 국토 면적 역시 어디에 내세울 바가 못 된다는 사실은 세계 최고 수준의 인구밀도가 말해 준다.

하지만 한국은 하면 된다는 국민들의 열망을 갖고 있었다. 또 지금은 경제 대국 중국을 비롯한 세계 각국의 벤치마킹 대상이 된 경제개발 5개년 계획 역시 한몫했다. AID 차관을 비롯한 외국에서 빌려온 귀중한 개발 자금 또한 빼놓을 수 없다. 이 자금을 통해 시멘트를 비롯해 비료, 정유, 전기, 철강 공장 등 다른 산업 발전에 바탕이 되는 산업 시설을 구축하는 것이 가능해졌기 때문이다. 경제 발전을 위한 삼박자가 갖추어지게 된 것이다.

그러나 가장 중요한 원동력은 사람이었다. 많이 배우지는 못했어도 총명하고 손재주 좋은 산업 전사들이던 1960년대의 여공들을 가장 먼저 꼽을 수 있다. 지금은 빠르면 어린 손자, 손녀까지 두고 있을 나이인 이들은 정말 잊어서는 안 되는 한국 경제의 주역들이었다고 해도 과언이 아니다. 한국 경제는 정말 이들에게 큰 빚을 졌다. 이들이 당시 밥 먹듯 했던 잔업이나 야근 등이 없었다면 한국 경제의 오늘은 없었을 것이다. 1963년부터 독일에 파견된 광부와 간호사나 1964년부터 월남에 파병된 군인들의 기여도 도약의 발판이 되었다. 1970년대, 거의 해마다 세계기능올림픽을 제패했던 기능공들 역시 지금의 한국을 있게 만든 잊지 말아야 할 산업 역군들이었다. 이들은 여공들과 함께 안타깝게도 '공돌이', '공순이'로 불렸으나 한국 경제 발전에 남긴 족적은 비속하기 이를 데 없는 별칭이 무색할 정도로 매우 혁혁하다. 이들이야말로 한국 산업 발전사의 진정한 영웅이었다.

여공과 기능공들이 지난 1960~1970년대에 맹활약한 산업 전사였다면 수많은 유무명의 이른바 대기업 상사맨들은 1980년대의 코리안 맨파워를 과시한 주역이라고 할 수 있다. 이들이 여공과 기능공들이 생산한 메이드 인 코리아 제품을 전 세계에 뿌려 주식회사 한국의 탄생을 비로소 가능케 한 것이다. 한국의 종합 상사맨들은 선진국이 꺼려하는 아프리카 오지 등을 누비면서 전 세계에 한국을 팔았다. 지금 전 세계에 한국인이 진출한 국가 수가 175개로 중국을 넘어 세계 최다라는 점은 이들의 영웅담의 증거가 아닌가!

이후 코리안 맨파워의 계보는 본격적으로 기술 경쟁력 확보에 나선 1990년대 전후의 각 산업 분야의 엔지니어들로 이어졌다. 한국이 선도하고 있는 현재의 주력 산업의 경쟁력 우위는 다른 데서 나온 것이 아니다. 한결같이 엔지니어들이 날밤을 세워 개발 기간을 단축했기 때문에 가능했던 것이다. 예를 들어 조선 산업의 경쟁력은 설계 역량이다. 반도체 산업의 경쟁력 역시 남들보다 시간을 단축하는 설계 속도에 있다. 핸드폰의 경쟁력도 남들이 6개월 걸리는 개발 기간을 3개월로 단축하는 스피드에 있다. 그러면 어떻게 시간을 단축하는가? 비밀은 간단하다. 밤을 새우는 것은 기본이고 월화수목금금금 식으로 밤샘 개발에 전념하는 것이다. 하지만 아직도 한국 엔지니어들의 연봉은 미국, 일본의 절반 이하에 그치고 있다. 그러나 생산성은 훨씬 더 높다. 적어도 개발 효율성에 관한 한 현재 한국은 세계 최고의 경쟁력을 보유하고 있다. 삼성전자가 소니를 따돌리고 세계 최고의 전자 기업이 된 비결은 우수한 엔지니어들의 노력과 희생에 있다고 해도 과언이 아니다. 현재 한국은, 조금 과장한다면 엔지니어들의 희생을 사회지도층, 노동자, 농민들이 나누어 가지는 구조라고도 할 수 있다.

이어 1990년대 중반에는 기술에 기업가 정신을 접목한 벤처 기업이 등장했다. 벤처 기업인들이 거둔 성과는 한국의 압축 성장만큼이나 놀라웠다. 이는 각종 통계로도 간단하게 입증된다. 2009년 말 이미 매출 1,000억 원이 넘는 벤처 기업이 전년도에 비해 20% 증가한 240개를 돌파해 50조의 매출을 창출하고 있다. 그리고 벤처 기업으로 인증받은 기업은 대략 4만여 개에 이르고 있다. 이들의 평균 매출액은 50억 원 대로 삼성전자의 1.5배, 현대자동차의 3배에 달하는 연간 200조 원의 매출액을 불과 15년 만에 창출했다. 이들은 무려 100조 원을 넘는 부가가치를 만들어 대기업이 축소시킨 100만 개의 일자리를 흡수한 주역이기도 하다. 이들은 연간 매출 증가율 15%를 기록하고 있으며, 경제 성장 기여도 또한 1.5% 정도에 달하고 있다.

더욱 주목할 만한 사실은 벤처 기업의 성장이 한국의 대기업들이 글로벌 우수 기업으로 성장하는 데에도 일정 부분 기여했다는 것이다. 대기업과 기술력이 강한 중소 벤처기업 사이의 공진화共進化가 빠른 속도로 이뤄지고 있기 때문이다. 삼성전자, LG전자의 핸드폰과 LCD는 벤처 기업들의 부품 경쟁력에 기반을 두고 있다. 벤처의 성장 또한 대기업의 시장 개척 역량에서 큰 도움을 받고 있다. 대기업과 벤처 기업이 동반 성장을 하고 있는 것이다. 다음 글은 이와 관련해 대만, 일본, 유럽에는 없으나 한국이 보유한 대기업과 벤처 기업의 공존 가치에 대해 필자가 기고한 칼럼의 일부이다.

> 한국에는 두 가지 소중한 자산이 있다. 하나는 세계적 사업 역량을 갖춘 대기업이요, 다른 하나는 세계적 수준의 벤처 생태계라고 할 수 있다. 지식 경제 시대의 경쟁력은 과거의 생산 원가와는 달리, 개발비를 판매 수량으로 나눈 지식 원가에 기초한다. 예를 들어 5억 불을 투입한 <아바타>를 5억 명이 본다면 원가는 1불에 지나지 않는다. 연구 개발의 효율성은 중요하나, 시장 역량이 뒷받침되지 않는다면 궁극적 경쟁력은 한계가 있다. 시장 역시 매우 소중한 자산인 것이다. 그래서 지식 경제 경쟁력의 두 축인 시장 역량과 혁신 역량을 극대화하는 것이 대한민국의 선진국 진입 전략이라고 정의해 본다. 그러나 삼성, 현대 등 대기업 단독으로 두 가지 역량을 모두 만족시킬 수 없다는 것이 지식 경제의 패러독스다. 기업의 규모에 비례하여 혁신성이 저하된다는 것은 이미 이론의 여지가 없는 현상인 것이다.
>
> 다행스러운 것은 한국은 세계적인 대기업들을 보유하고 있다는 것이다. 전후 폐허에서 출발하여 단기간에 전 세계적 경쟁력을 갖춘 삼성, 현대, LG 등의 대기업은 분명 대한민국의 자랑이다. 또 하나의 행운은 세계적 수준의 혁신 역량을 갖춘 벤처 기업들이 다수 등장하여 이미 1,000억 매출이 넘는 벤처가 2009년 말 기준으로 240개를 돌파

> 하고 연간 20%의 성장을 지속하고 있다는 것이다. 한국의 벤처 생태계는 짧은 기간의 압축 성장을 통하여 2000년 초반의 시련을 거치면서 질풍노도와 같이 성장한 것이다. 현재 대한민국이 자랑하는 핸드폰, 디스플레이 산업은 대기업이 선도에 서 있으나, 그 이면에는 수많은 벤처의 부품, 장비의 경쟁력이 뒷받침하고 있다. 대기업이 산업을 이끌고, 시장을 개척하면 주요 부품 장비들을 미국, 일본 업체에 비하여 낮은 가격에 개발 공급하는 벤처들이 뒷받침한 것이 한국의 주요 산업 경쟁력의 본질일 것이다. 전 세계에 걸쳐서 한국과 같이 대기업의 시장 역량과 벤처의 혁신역량이 모두 갖추어져 있는 국가가 많지 않은 것은 아마도 한국의 행운이 아닌가 한다. 이제는 이 두 가지 소중한 자산을 더욱 결합시켜 4만 불 대의 선진국가로 도약하는 새로운 성장 역량을 구축할 때가 되었다고 본다 …….
>
> 〔이하 생략〕(『전자신문』, 2010년 1월 29일자).

여기서 우리는 이렇게 묻지 않을 수 없다. 시대마다 한국을 이끌어온 여공, 기능공, 상사맨, 엔지니어, 벤처 기업인을 승계할 다음 세대의 주역은 과연 누구인가? 과거의 성장 주역들은 이미 중국과의 경쟁에서 밀려나고 있다. 생산에 이어 연구 개발 분야에서도 중국은 욱일승천하고 있다. 한국에서는 이미 최고급 인력들이 외면하는 이공계로 지금 중국의 인재들은 앞 다투어 몰려가고 있다. 양적으로나 질적으로나 앞으로도 이공계 분야에서 한국이 중국보다 우위에 서는 것은 불가능해 보인다. 지금까지 한국을 이끌어온 공학, 경영학 등 실용 학문은 한계에 도달하고 있는 느낌이다. 이와 관련해 실용 학문만으로는 중진국까지가 한계가 아닌가 하는 생각이 든다. 한국을 이끌어온 기업가 정신도 2000년에 비해 10분의 1로 감소하고 있다. 기술도 기업가 정신도 우리의 지속 가능한 성장을 이끌어 주기에는 힘겨워 보인다.

따라서 한국이 한 단계 더 도약하기 위해서는 여공, 기능공, 상사맨, 엔지니어, 벤처인 등의 뒤를 이어 인문, 사회 분야의 인적 자원을 총동원한 국가경쟁력의 재구축이 필요하다. 그동안 성장의 주역에서 벗어나 있던 인문, 사회과학 분야의 인적 자원들이 제도와 경쟁력, 개방 국가 정책, 세계를 선도할 국가로서의 경쟁력 구축 등 핵심 부문에서 한국의 신성장 동력으로 나서야 할 때가 된 것이다. 예컨대 이제 국가의 가치관을 바로 잡고 새로운 개방 패러다임으로 전환하는 데 있어 인문학의 뒷받침이 어느 때보다 절실해지고 있다. 문제의 핵심은 개방이다. 물론 개방으로 가는 길은 험난하다. 개방은 국가 전체의 이익이기는 하나 불이익을 받는 소수 집단은 강력한 반대 논리를 갖고 있기 때문이다. 그러면 한국은 과연 강력한 이익 집단의 개방 반대 논리를 극복할 리더십을 보유하고 있는가?

이런 고민의 결론으로 나온 것이 바로 '유라시안 네트워크'라는 스토리텔링이다. 개방에 필연적으로 따르기 마련인 반대를 극복하기 위해서는 개별 이익 집단의 이기심을 승화시킬 수 있는 '상생의 논리'가 필요하다. 물론 정치적 해결책이나 극단적인 경우 '전쟁'도 떠올려볼 수 있을 것이다. 예를 들어 역사에서 종종 등장하는 전쟁은 내부의 반대를 극복하기 위한 유력한 수단이었다. 그러나 정치와 '전쟁' 모두 당장 한국에서는 현실성이 없다는 것에 대해서는 긴 설명이 필요 없을 것이다. 그래서 필자는 국가 내부를 결속하는 수단으로 유라시안 네트워크를 생각해본다. 한국을 유라시안의 몽골리안 국가 간 협력 네트워크의 리더로 자리매김하자는 '유라시안 네트워크'라는 스토리텔링으로 내부를 단합시켜 개방의 반대 논리를 극복할 수 있는 대안으로 제시해 보려는 것이다.

다시 전환 시대의 패러다임을 정리해보자. 우리는 선진국을 벤치마킹해 열심히 추종하면서 제품을 만들어 파는 성실한 국가에서 창조력을 바탕으로 한 개방과 혁신을 통해 제도와 서비스의 경쟁력을 높이는 혁신적인 국가가 되어야 한다. 비개방 분야들은 과감하게 개방해야만 한다. 프레이저의 연구는 개방과 선진국 지수는 정비례한다고 말하고 있지 않은가. 그리고 강대국을 추종만하는 외교에서 주변 국가를 이끄는 리더십 외교로 전환해야 한다. 이처럼 '제도 경쟁력 강화, 닫힌 분야 개방, 네트워크 중심 국가'라는 3대 전략이 전환 시대의 핵심적인 패러다임이다.

02 기술에 제도 경쟁력을 더하자

지금의 한국은 기술이 번 것을 제도가 까먹고 있는 구조이다. 한국 경제의 발목을 잡고 있는 주요 요인은 불합리하고 불필요한 각종 규제의 남발이나 제도의 미비로 인한 서비스 산업의 후진성에 있다. 한국의 기술 경쟁력은 OECD 10위권 안이나 제도 경쟁력은 바닥권이라는 이야기를 듣는 것도 바로 이 때문이다. 기술로 경쟁하는 분야에서 한국은 이미 세계적 선진국 대열에 진입했다. 조선, 반도체, 디스플레이, 핸드폰, 디지털 TV 등이 대표적이다. 그러나 제도가 뒷받침해야 하는 서비스 산업에서 한국은 후진국에 가깝다. 중진국 진입까지는 제도 경쟁력이 상대적으로 덜 중요했다. 그러나 이제는 달라졌다. 제도 경쟁력이 국가경쟁력으로 부상 중이기 때문이다.

선진 경제는 제조보다도 서비스의 비중이 커지는 경제라고 볼 수 있다. 문제는 한국의 고도성장을 주도한 제조업 수출 전략과 서비스 경쟁 전략은 완전히 다른 접근을 요구한다는 사실이다. 제품을 만들어 수출하는 것과 관련해서는 국내의 이익 집단 간의 갈등 요소는 개입할 여지가 거의 없다. 누가 핸드폰과 자동차를 수출하는 데 반대하겠는가? 그러나 서비스 산업으로 들어가면 문제는 완전히 달라진다. 반대 집단이 반드시 나타나게 되어 있다. 국가가 이런 집단 간의 이해 갈등을 극복할 역량이 없으면 서비스 산업의 경쟁력 제고는 불가능하다. 통신 방송 융합 문제, 웹 2.0의 개방, U-헬스 등 융복합 산업의 경쟁력은 기술보다는 제도 경쟁력에 있기 때문이다. 지난 10년간 한국의 나 홀로 규제의 대표적인 사례가 공인인증서 강제 사용 규제이다. 이 규제로 인해 웹 2.0의 경쟁력은 추락했다. 그리하여 결과적으로 애플의 아이폰 쇼크에 직면하게 되었다. 이와 관련해서는 필자가 신문에 기고한 글을 참고하기 바란다.

> 한국은 1995~2000년까지 외환위기의 와중에도 인터넷 강국으로 부상했다. 또 하나의 한강의 기적이다. 분명히 우리는 웹 1.0시대의 강자(强者)였다. 그러나 우리는 웹 2.0시대에서도 강자인가.
>
> 이미 통계로도 한국은 웹 2.0시대의 후진국이다. 작년 말 기준 스마트폰 보급률은 OECD 평균이 20%대인 데 비하여, 한국은 최하위인 1%대이다. 한국은 무선 상거래가 전무(全無)하나, 일본의 무선 상거래 규모는 재작년에 1조 엔을 넘어섰다. 한국은 보안(保安)의 적(敵)으로 인식되어 세계의 기피 대상인 ACTIVE-X 사용률 세계 1위다. 한국의 주요

웹사이트의 호환성과 접근성 수준은 외국에 매우 뒤처진다. 정부 개방도 마찬가지다.

2000년까지 한국의 인터넷 보안은 세계 최고였다. 128비트 보안 플러그인을 자체 개발한 것은 당시로써는 획기적인 성과였다. 그러나 2000년 이후 128비트 이상의 보안이 무료화됐으나 한국은 여전히 플러그인을 다운로드받아야 하는 방식으로 '나홀로 보안'을 고집하고 있다.

한국은 ACTIVE-X 관련 트래픽의 압도적 세계 1위로서 바이러스 등 악성(惡性) 프로그램이 침입할 소지를 가장 많이 제공하고 있다. ACTIVE-X를 이용한 다운로드는 마이크로소프트조차도 앞으로 이를 배제할 예정이다.

한국은 또 세계 평균 60%대인 마이크로소프트 인터넷 익스플로러의 점유율이 98%라는 '세계 기록'을 보유하고 있다. 그 결과 국내에서는 인터넷 익스플로러에서만 작동하는 각종 거래 솔루션이 시장을 장악하고 있으나, 이런 솔루션은 세계 시장에는 아예 판로(販路) 자체가 없다.

케임브리지대 로스 앤더슨 교수팀 등이 최근 발표한 논문에 따르면 한국은 인터넷 피싱 사기의 최대 위험 국가다. 한국식 인터넷 뱅킹 보안 기법은 웹브라우저가 알려주는 보안 경고를 전혀 이용할 수 없다. 한국은 공인인증서의 유출이 가장 심한 국가이다. 웹브라우저들이 채택하는 인증서 저장 표준을 무시하고 특정 위치에 인증서를 저장토록 했기 때문에 해킹에 쉽게 노출된다. 인증서 개인키 파일이 쉽게 유출되는 상태에서는 아무리 전자서명을 받아둔들, 그 서명을 누가 했는지 확인할 길이 없다.

한국의 추락은 2000년 이전의 성공에 집착해 규제를 남발했기 때문이다. 세상은 이미 바뀌었다. 128비트 이상의 보안이 내장된 더 앞선 기능을 가진 브라우저들이 무료로 제공되고 있다. 금융 보안을 위한 바젤 위원회가 "국가가 특정 기술을 강제하지 말라"고 권고하는 이유는 기술의 진화를 바로바로 반영하고자 하는 것이다.

한국의 '나홀로 규제' 아성은 무려 10년간 깨지지 않았다. 스마트폰조차 세계에서 80번째로 도입된 나라가 한국이다. 그런데 늦어도 한참 늦게 도입되어 이제 막 100일이 된 스마트폰이 혁명을 일으키고 있다. 규제에 억눌렸던 소비자들의 반발이 스마트폰에서부터 시작되고 있는 것이다. 이제라도 '갈라파고스 환상'을 벗어나 웹 2.0의 세계적 흐름을 함께 타야 한다. 제한적 실명제, 게임물 사전 등급제, 공인인증서 등 각종 규제가 가로막은 한국의 왜곡된 인터넷 환경을 이제는 바로잡아야 한다. 아직도 한국이 인터넷 강국이라고 생각한다면 그것은 환상이다(『조선일보』, 2010년 3월 21일자).

각종 규제의 범람으로 피해를 입고 있는 기업들의 사례를 구체적으로 알아보면 자연스레 고개를 끄덕이게 될 것이다. 헬스피아는 지난 2004년 혈당 측정과 투약 관리가 가능한 최첨단 핸드폰인 이른바 당뇨폰을 개발했다. 한국이 세계 최초로 미래 의료의 핵심인 U-헬스의 역사를 연 것이다. 미래 의료는 진단 치료에서 관리로 중심이 이동하는데, 이러한 관리 의료의 대안이 원격 관리 기술인 U-헬스인 것이다. 원래 이 용어도 관련 특허 등의 기술도 한국이 주도했다. 실제로도 전 세계가 이제는 미래 의료의 꽃으로 U-헬스를 꼽고 있다. 그러나 지금은 한국보다 미국이 이 분야에서 앞서가고 있다. 이유는 기술이 아니라 제도 때문이다. 지금도 한국에서는 U-헬스가 낙후 지역에만 허용되어 정작 필요한 도시에서는 혜택을 볼 수 없다. 집단 이기주의를 극복하지 못한 대표적인 사례일 것이다. 세계 최대 산업인 의료 분야라는 블루오션을 장악할 기회가 사라져가고 있는 것이 안타깝지 않은가? 눈을 열고 세상을 보자!

20세기 말부터 본격적으로 불기 시작해 수년 동안 한국 경제를 후끈 달아오르게 만든 벤처 산업은 분명 한국 경제 성장의 한 축을 담당했다고 단언해도 틀리지 않는다. 앞서 언급한 바와 같이 한국 경제 성장과 일자리 창출의 주역이 바로 벤처 기업이다. 그러나 지금 벤처의 성장은 정체된 양상을 보이고 있다. 코스닥 상장^{IPO} 숫자가 늘지 않고 있다. 코스닥 상장에 성공한 기업들조차 글로벌 시장 진출이 미흡하다. 고품질의 창업은 2000년도의 10분의 1정도이다. 벤처의 침체기라고 해도 과언이 아니다.

이처럼 벤처 붐이 갑자기 꺼지기 시작한 데에는 여러 가지 이유가 있다. 금융 위기에 따른 경제 불황을 비롯해 자금 부족이나 벤처 기업인들의 사기 저하 등이 우선 꼽힐 수 있다. 그러나 가장 큰 원인은 역시 각종 규제에 있다. 이중 가장 치명적인 것은 벤처의 재도전을 막는 연대보증제도와 통합도산법이라고 할 수 있다.

창업에 도전하려는 젊은 벤처 기업가들은 거의 대부분 사업에 필요한 자금을 풍부하게 가지고 있을 수가 없다. 당연히 자금은 금융권으로부터의 차입 등의 방법에 의존하게 된다. 문제는 바로 이들이 실패했을 경우다. 금융권이 강요하는 연대보증에 의해 기업이 도산할 경우 부채는 꼼짝없이 법적 대표이사가 떠안아야 한다. 그리고 그는 신용불량자가 된다. 한국의 주식회사는 우리가 학교에서 배운 대로 유한 책임 회사가 아니라 무한 책임 회사인 것이다. 과거에는 "기업이 망해도 기업가는 산다"라는 말이 유행했다. 그러나 이제는 "기업은 살아도 기업가는 망한다"라는 말이 들어맞는 현실이 되고 있다. 그리하여 벤처 기업가에게는 한 번 실패가 영원한 실패가 되어 버려 재도전은 꿈도 꾸지 못하게 되어 버렸다. 이처럼 재도전이 없는 사회에서 기업가 정신은 사라진다. 하지만 기업가 정신은 도전 정신이고 도전은 실패와 동전의 양면이지 않은가. 따라서 도전하는 실패를 지원하는 사회에서는 혁신적 기업가 정신이 살아난다. 반면 실패를 죄악시하는 사회에서는 혁신이 사라진다. 한국에서는 스티브 잡스나 빌 게이츠 같은 기업인의 탄생은 고사하고 반짝거리는 아이디어가 돋보이는 벤처 업체들의 수가 늘어나는 것조차 기대하기 어려운 이유다.

벤처 기업인들의 발목을 잡고 있는 연대보증의 획기적인 개선은 정말 필요하다. 한 번 실패하게 될 경우 목에 칼을 들이대는 이른바 통합도산법 250조 2항을 긍정적인 방향으로 대폭 손질해야 한다. 학자들의 연구에 따르면 벤처들의 부실로 인한 피해액은 대략 연 평균 2,000억 원 정도에 이르는 것으로 파악되고 있다. 그러나 이 자금을 회수하기 위한 규제로 인해 사라지는 창업 기회비용은 10조 원이라고 한다. 빈대 잡으려다 초가삼간 태우는 경우와 크게 다를 바 없다. 따라서 기업가 정신을 되살릴 수 있는 특단의 제도 혁신이 대대적으로 이뤄져야 한다. 필자의 글을 다시 보자.

> 2002년 강원도에 있는 어느 기계장비 생산업체가 법정관리에 들어갔다. 법원의 법정관리 인가 조건에 따라 부채의 80%가 출자전환되면서 이 기업의 부채는 20%만 남게 됐다.

그러면 연대 보증인의 부담은 어떻게 될까. 놀랍게도 연대 보증인에게는 원래의 부채 100%가 그대로 남아 있다. 현행 통합도산법 250조 2항에는 "단 이러한 조건은 연대보증인에게는 적용되지 않는다"고 기재되어 있기 때문에 원채무자인 기업보다도 연대보증인에게 훨씬 가혹한 결과가 초래되는 것이다. 더 나아가 금융회사는 출자전환된 주식으로 원채무를 초과하는 수익을 낸 경우에도 이론적으로 전환 이전의 부채 전액을 연대 보증인에게 청구할 수 있고 실제로도 이러한 일이 일어나고 있다.

금융회사로서는 이중의 이익을 챙길 기회가 주어진 것이다. 더구나 동의하지 않은 연체 이자까지 청구해 실제로는 원채무의 200% 이상을 청구하는 경우도 있다.

왜 이러한 일이 벌어지고 있는 것일까. 역사적으로 과거 한국에서는 "기업은 죽어도 기업가는 산다"는 말이 있을 정도로 기업가의 도덕적 해이가 심각했다. 이에 대한 대비책으로 금융회사들은 사업가들에게 연대보증을 서게 한 것이다.

그래서 중고등학교 사회책에서 배운 "주식회사는 유한 책임 회사"라는 정의는 한국에서는 전혀 의미 없는 문구가 되어 "주식회사는 무한 책임 회사"가 되고 있다.

그런데 경영이 획기적으로 투명화된 현시점에서도 과거의 기업가를 옥죄던 이러한 굴레는 그대로 잔존해 이제는 "기업가는 죽어도 기업은 살아남는" 것이 현실이다.

법조계 일각에서는 "기업은 국가의 자산이나 기업가는 그렇지 아니하다"고 주장하고 있다. 아직도 한국을 개발도상국으로 인식하고 있는 것이다.

혁신 지식경제 시대에서 정말 소중한 것은 기업의 유형 자산이 아니라 기업가 정신이라는 것이 미국 벤처 생태계의 비밀이다. 미국의 벤처자본은 실패한 기업가를 오히려 투자에서 우대하고 있다.

전 세계의 기업가 정신을 연구한 글로벌창업모니터(GEM) 보고서의 결론도 선진국 진입은 기업가 정신에 의해서만 가능하다는 것이다.

마이클 포터 미국 하버드대 교수는 국가 발전은 요소 주도 경제에서 자본 투입 경제를 거쳐 혁신 주도 경제로 발전한다고 설파했다. 혁신 주도 경제는 바로 기업가 정신에 의해 발현되기에 이젠 이 기업가 정신을 가장 소중한 국가 자원으로 인식해야 할 때다.

금융계에서는 도덕적 해이를 막기 위해 연대보증은 필요하다고 주장한다. 물론 모든 제도에는 빛과 그림자가 있다. 연대보증을 없앨 경우 발생할 수 있는 국가적 비용과 이로 인해 얻을 수 있는 국가적 이익을 비교하는 비용·편익 분석이 필요한 이유다.

혁신 경제란 열 명이 도전할 경우 성공하는 두 명에 따라 국가가 발전한다는 것인데 실패한 여덟 명을 사회에서 매장시키면 다음 단계에서 새로운 창업 도전은 급감하게 된다.

현재 기업가정신지수가 2000년에 비해 5분의 1 수준으로 급감한 본질적인 이유가 바로 실패에 대한 재도전을 허용하지 않는 한국의 사회 제도적 한계에 있다.

실패를 없애야 한다는 요소 주도 경제의 패러다임으로는 선진국 진입이 불가능하다. 실패를 통해 혁신이 이뤄진다는 혁신 주도 경제로 패러다임을 전환해야 하는 것이다. 실패는 학습의 수단이자 도전 또는

> 혁신이란 단어와 동전의 앞뒷면과도 같다.
> 수많은 청년들이 창업에 도전하고 성공한 기업인들이 한국을 이끌며 실패한 기업인들이 재도전할 수 있을 때 한국의 선진국 진입이 가능하다고 본다 (『매일경제』, 2010년 5월 10일자).

한국이 얼마나 대단한 규제 천국인지는 최근 통계를 보면 바로 알 수 있다. 우선 일반 기업들이 느끼는 규제 조항의 수를 꼽아보자. 법률에만 1,643건, 시행령에는 982건, 시행 규칙에는 1,838건의 기술 규제적 조항이 존재하는 것으로 파악되고 있다. 2010년 4월 말 기준 국무 총리실 자료를 보면 총 규제는 11,876건에 달한다. 이에 따라 기업들이 감내해야 하는 인력, 시간, 경비 등을 포함한 이른바 연 기회비용 역시 감내하기 어려운 규모다. 대기업은 246억 원, 중견 기업은 19억 원에 이르는 것으로 추산되고 있다. 삼성경제연구소가 OECD의 규제 지수를 이용해 규제에 따른 한국 경제의 연 기회비용을 산정해본 결과 그것이 무려 100조 가까이 달한 것은 이런 현실에 비춰 보면 크게 무리가 아닌 것 같다. 미국의 규제 비용이 GDP의 9%로 나타나고 있는 사실을 감안하면 한국은 100조 원을 가볍게 훌쩍 넘을지도 모른다.

규제가 불합리하고 개선할 필요가 있다면 당연히 정부 차원에서 팔짱을 끼고 앉아 있어서는 안 된다. 또 기업 활동의 활성화를 위한 제도가 미비하다면 서둘러 마련해야 한다. 그런데 규제 개선을 촉진하기 위한 첫 번째 과제는 무엇보다 원활한 소통이다. 예를 들어 거꾸로 기업이 규제에 대한 애로를 호소한 결과로 불이익을 받는다면 누가 입을 열겠는가? 그러면 규제는 더 이상 개선되기 어렵다. 문제는 이 경우 관에서는 규제에 따른 애로가 없는 것으로 착시 현상을 일으키게 된다는 사실이다. 필자가 초대 기업호민관으로서 추진한 사항 중의 하나가 바로 '비보복 정책'인 것은 바로 이 때문이기도 하다. 필자의 글을 보자.

> 다산 정약용 선생은 곡산 부사 재임 시 "관(官)이 현명해지지 못하는 까닭은 민(民)이 제 몸을 꾀하는 재간을 부리고 관에게 항의하지 않기 때문"이라고 말했다. 규제 신고 후 보복이 두려워 많은 민초들이 감히 신고를 하지 않는 것이 규제 개선 한계임을 간파한 것이다.
>
> 얼마 전 제품 형식 승인의 불합리성에 대해 상부에 강력히 항의한 기업이 있었다. 이 건은 해결되었지만 그 기업은 이후 품목 허가 때마다 고초를 겪어야 했다. 이는 예외적인 사례가 아니라 한국에서 너무나 일반적인 사례다.
>
> 문제를 제기할 때 칭찬을 얻기는커녕 기업 경영에 불이익을 당해야 한다면 어느 중소기업이 감히 할 말을 하겠는가. 민간 기업들은 일신을 보전하는 게 국가 규제를 개선하는 것보다 소중하다. 결국 잘못된 보복 문화는 국가경쟁력 강화의 가장 큰 걸림돌로 자리 잡고 있다. 실제로 지난해 중소기업청 조사에 따르면 민원을 제기하지 않는 이유의 78%가 보복 때문이라고 나타났으며 중소기업 87%는 보복 금지 원칙이 필요하다는 데 동의하고 있다.
>
> 보복 금지 또는 비보복 정책은 바로 불합리한 규제를 신고하는 민원 기업에 보복을 의도하는 어떠한 행위도 금지하는 것을 의미한다. 중소기업들이 두려움 없이 정부 규제 집행에 대해 이의를 제기하고 불만을

토로할 수 있도록 정부가 제도적인 장치를 마련하고 실행해야 한다.

미국의 중소기업 옴부즈맨 정책도 바로 비보복 정책에서 시작됐다. 예를 들어 미국 국토안보부는 "만일 중소기업이 우리 기관 정책에 불만이 있는 경우 어떠한 형식으로라도 보복하지 않을 것임을 정책으로 채택한다"고 고시하고 있다. 한국에도 공익신고자 보호제도가 있지만 이는 공공 안전을 목적으로 하고 주체가 국민 전체라는 점에서 비보복 정책과는 다르다.

미국의 옴부즈맨은 매년 각 정부 규제 기관들의 비보복 정책 채택 수준에 대한 이해 등을 평가해 국회에 보고·공표하고 있다. 이를 통해 규제 기관을 효율적으로 통제하고 있는 것이다.

미국의 규제 비용은 국내총생산(GDP)의 9% 수준이라고 한다. 삼성경제연구소에 의하면 한국도 비슷한 규모다. 결국 매년 100조 원에 달하는 비용이 규제에 투입되고 있는 셈이며 이는 일자리 100만 개 이상을 창출할 수 있는 비용이다.

보복 금지 정책에 따라 모든 보복을 없앨 수는 없겠지만 규제 신고를 꺼리는 비율은 현저히 개선될 것이다. 전체 규제의 10% 정도는 줄일 수 있지 않을까 추정한다.

한국의 국가 발전은 일사불란한 일부 군대식 갑을 문화에 힘입었다. 그러나 일방적인 갑을 문화로는 창조성이 요구되는 지식경제 시대에 일류 국가로 도약할 수 없다. 이젠 수평적이고 상호작용이 있는 열린 문화로 승화되어야 한다. 보복 금지를 법률이나 헌장으로 규정할 필요도 있지만 가장 근본적인 해결책은 문화 패러다임의 변화다.

이러한 변화가 중소기업과 대기업 관계로까지 확산될 때 선진 한국

> 의 길이 열릴 것이다. 대기업에 대해 감히 문제를 제기하는 중소기업
> 은 그 다음날로 거래가 중단될 각오를 해야 하는 게 현실이다. 여기에
> 바로 한국 대·중소기업 상생의 본질적 문제가 도사리고 있다.
>
> 할 말을 할 수 있는 개방적 문화는 비보복 정책 속에서 비로소 꽃필
> 수 있다. 그래서 기업호민관실에서도 중소기업 규제 개선 최우선 과제
> 로 비보복 정책을 설정한 것이다(『매일경제』, 2010년 4월 29일자).

서비스 산업의 경쟁력 역시 상황이 심각하다. 선진국보다 30년가량 뒤져 있다는 다소 과장스러운 분석이 있을 정도이다. 과학기술정책연구원이 최근 펴낸 「서비스 산업 연구개발 추진 전략」이라는 보고서는 현실을 일목요연하게 보여 준다. 이에 따르면 2008년 기준으로 한국 서비스 산업이 GDP에서 차지하는 비중은 57.6%에 지나지 않았다. 독일과 일본의 1980년대 비중인 57.6% 및 56.6% 등과 비슷하다. 현재 미국을 비롯한 선진국들의 비중은 70% 이상이다. 한국을 20% 가까이 앞서고 있다고 보면 크게 틀리지 않는다. 그럼에도 선진국들은 서비스 산업의 중요성을 간파하고 국가 역량의 결집에 총력을 기울이고 있다.

이러니 노동 생산성이 좋을 리 없다. 한국의 서비스 산업의 노동 생산성은 미국 40%, 프랑스 52%, 일본 54% 수준에 지나지 않는 것으로 파악되고 있다. 다른 산업 분야의 생산성보다 훨씬 못하다. 사업체의 규모 역시 보잘 것 없다. 2008년을 기준으로 5인 미만의 영세 자영업체가 전체의 90% 가까이 차지하고 있는 것이 현실이다. 비중이 낮을 뿐 아니라 구조적으로도 대단히 취약한 것은 두말 할 필요도 없다. 따라서 자유무역협정FTA의 체결이나 추진 등으로 시장 개방의 가능성이 고조되고 있으

나 경쟁력은 여전히 낮은 상태이다.

그렇다고 서비스 산업에 대한 정부의 투자가 많은 것도 아니다. 지난 2년 동안 이 분야에 대한 정부의 R&D 투자액은 평균 580억 원 정도에 불과하다. 이는 정부 전체 R&D 예산인 11조 원의 고작 0.52% 전후에 불과하다. 이와 관련해 핀란드가 서비스 산업 진흥 프로그램 마련에만 최근 1억 유로를 투자한 사실을 상기하자.

이처럼 전체적인 상황으로 볼 때 한국이 갈 길은 아직 너무나도 멀다. 게다가, 부언하건대, 법적인 규제들의 철폐나 개선은 이해 당사자들의 갈등을 유발할 가능성이 대단히 크다. 대표적인 분야가 방송 통신 융합 시장이 아닐까 한다. 한국이 세계 최초로 개발해 상용화한 DMB 방송이 이런 경우에 속한다. 현재 이 시장은 사업 주체와 관련 당사자들의 이해 갈등과 얽히고설킨 법적·제도적 문제로 인해 표류중이다. 이로 인해 한 단계 더 업그레이드된 DMB 2.0 방송 사업 역시 전망이 그다지 밝지만은 않을 것으로 예상되고 있다. 그야말로 세계가 경탄하는 IT 선진국이라는 표현이 무색한 상황이다. 그럼에도 결코 서비스 산업의 진흥과 혁신을 위한 행보를 멈춰서는 안 된다. 이익 집단 간의 갈등을 국가 차원에서 조정해 서비스 산업의 후진성에서 벗어나 선진화를 반드시 이뤄내야 한다. 갈등의 조정이야말로 국가 존립의 기본 목적 중의 하나가 아닌가!

이제 첫 번째 질문에 대한 답은 나온 것 같다. 한국이 보유한 기술 경쟁력에 제도 혁신을 더해야 비로소 일류 국가 진입의 발판인 서비스 산업의 경쟁력이 마련될 수 있다. 이제는 갈등 조정 능력이 국가경쟁력이 되고 있다. "제도가 경쟁력이다."

03 닫힌 분야를 개방하여 열린 한국을 지향하자

한국이 당면한 문제의 본질은 OECD 경쟁력 보고서가 무엇보다 가장 확실하게 보여준다. 한국의 산업별 경쟁력은 크게 세 그룹으로 나뉘진다. 우선 가장 경쟁력이 있는 이른바 A학점에 해당하는 그룹의 분야에는 반도체, 조선, 자동차, IT, 모바일 등이 속한다. 평균 수준인 B학점

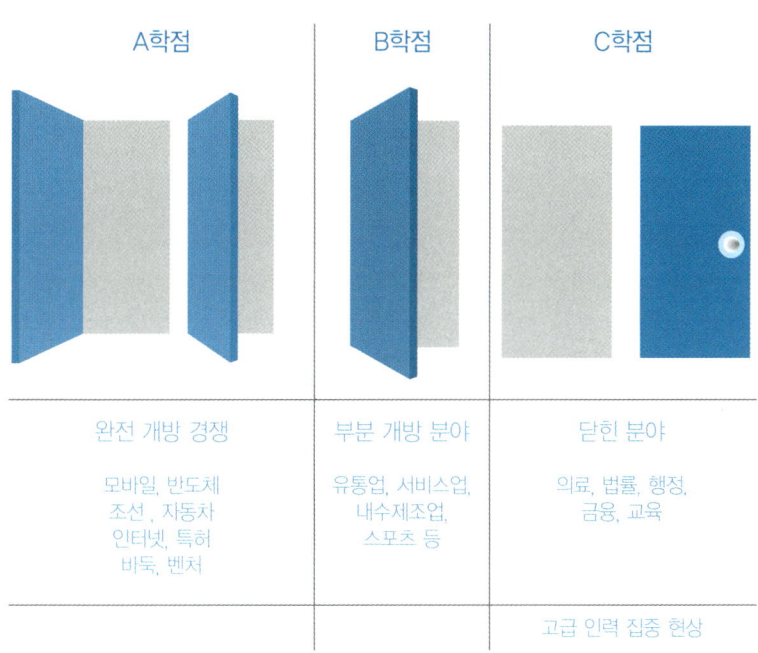

A학점	B학점	C학점
완전 개방 경쟁	부분 개방 분야	닫힌 분야
모바일, 반도체 조선, 자동차 인터넷, 특허 바둑, 벤처	유통업, 서비스업, 내수제조업, 스포츠 등	의료, 법률, 행정, 금융, 교육
		고급 인력 집중 현상

문제점 : 고급 인력이 집중된 분야가 국가경쟁력 취약!
해결책 : 닫힌 분야 개방!
→ 과거 역사와 미래 비전의 공유로 개방 촉진

분야에는 유통, 서비스, 내수 제조, 스포츠 산업 등이 속한다. 문제가 되는 C학점 분야에는 의료, 법률, 행정, 금융, 교육 등의 5대 문제 분야가 있다.

이제 문제는 확실해졌다. 한국의 경쟁력 강화는 C학점 분야를 B, 나아가서 A학점으로 끌어 올리면 되는 것 아닌가! 자, 그러면 세 그룹의 본질적 차이는 무엇인가? 혹시 상대적으로 경쟁력이 없는 인재들이 있어서인가? 전혀 그렇지 않다. 놀랍게도 국제 경쟁력이 없는 이 5대 분야에는 오히려 한국 최고의 인재들이 포진하고 있다. 지금도 기를 쓰고 열심히 몰려가고 있다. 한마디로 의사, 변호사, 회계사, 교수 등 잘 나가는 이른바 '사' 자 돌림의 인재들은 하나 같이 이 C학점 분야에 속해 있다. 그렇다면 고급 인력이 몰리는 분야일수록 국제 경쟁력은 떨어진다는 한국의 패러독스를 어떻게 설명할 것인가? 뛰어난 개개인의 역량이 오히려 철통같은 집단 이기주의 논리를 강화하고 결과적으로 국가 전체의 경쟁력을 저하시키고 있다면 지나친 것일까?

세 그룹의 경쟁력 차이는 한 마디로 개방 정도에 비례하고 있다. 개방된 분야는 경쟁력이 있다. 반면 개방되지 않은 분야는 경쟁력이 떨어진다. 필자는 한국이 역사적으로 개방해서 실패한 사례를 알지 못한다. 실제로 한국은 지난 10년 동안 개방한 분야에서 국가 전체적으로 손실을 입은 경우가 없다. 가전, 대형 마트, 영화 등 대부분의 분야에서 개방은 오히려 경쟁력 강화의 계기가 됐다.

전자 산업을 개방할 때 많은 사람들이 대만의 사례를 들어 삼성, LG의 가전 사업이 곧 사라질 것이라고 했다. 하지만 결과는 삼성이 소니를 압도해 가고 있지 않은가? 하지만 유통 산업은 다를 것이라고 했다. 카르푸와 월마트 앞에서 한국의 유통기업들이 바람 앞의 등불이 될 것이라고 했다. 결과는 어떤가? 천하의 카르푸와 월마트가 눈물을 머금고 한국 시장에서 철수했다. 영화 산업 역시 붕괴된다고 했다. 그러나 지금 한국 영화는 세계적인 영화제에서 수상을 거듭하고 있다. 이러한 세계적 경쟁력 강화가 개방에서 비롯된 것이 아니라고 할 수 있을까! 한국인의 에너지는 개방하면 대외적 경쟁력이 되었고, 개방하지 않으면 대내적 갈등의 원인이 되었다.

이건 의심할 수 없는 역사의 교훈이다. 이러한 교훈을 알아야 왜 한국이 개방 시기에는 세계 10위권 내의 국가가 되고 닫힌 시기에는 바닥권이 되는지도 이해할 수 있다. 열면 강한 나라가 닫으면 다른 나라보다도 더 피폐해진다는 사실은 안타깝지만 한국인이 받아 들여야 하는 패러독스다. 따라서 이제 한국의 발목을 잡고 있는 OECD 경쟁력 최하위 분야들의 개방을 촉진해 경쟁력을 끌어올려야 할 차례이다. 교육을 비롯해 의료, 법률, 금융, 행정 등이 주인공이다미안하지만, 사실은 노동, 농업 분야도 포함되어야 한다.

한국은 마이클 포터가 말하는 요소 주도 경제에서 자본 주도 경제까지는 개별 산업 정책에 입각해 대기업 중심의 수출 주도 제조업에서 대성공을 거두었다. 그러나 지금까지의 개별 산업 정책만을 견지해서는 혁신 주도 경제에서 더 이상 지속적인 성장을 하기는 어렵다. 이를 위해서는 산업 정책보다 상위의 시장 정책 차원에서 국가 시스템의 혁신이 요구된다. 이는 바로 "복잡한 시스템의 경제에서는 시장이 혁신을 주도한다"라는 패러다임에서 출발한다. 프레이저는 개방을 통한 혁신지수가 선진국 지수와 거의 비례한다고 설파하고 있음을 다시 상기하자. 노벨 경제학상 수상자인 코즈 또한 이전 비용이 최소화되면 시스템은 최적화된다는 이론을 입증한 바 있다.

새로운 국가 혁신의 핵심은 개방을 통한 시장 경쟁의 촉진과 혁신의 가속화에 있다. 경쟁 열위 분야의 자원은 경쟁 우위 분야로 재편되는 것이 국가에게나 개인에게나 장기적 이익이 된다. 문제는 시장 재편을 촉진하는 구조 조정 역량이다. 개방의 이익은 국가 전체의 불특정 다수에 귀속되어 피부로 느끼지 못하게 된다. 반면 개방에 따른 불이익은 특정 소수에 집중되어 격심한 반발을 초래한다. 때문에 강력한 리더십이 없으면 개방에 따른 반발을 극복하기 어렵게 된다. 선진국 진입의 최대 장벽이 되는 것이다. 그래서 각종 이익 집단의 조직적 반대를 극복하면서 국가 전체의 이익을 극대화하는 비전과 피해 보상 및 구조 조정 시스템이 개발되어야 한다. 이것이 대의 정치와 언론의 본질적 역할이 되어야 한다. 즉, 개방의 이익을 국가 차원에서 일부 흡수하여 이를 불이익을 보는 소수 집단의 구조 조정에 투입하는 사회적 합의 체제가 필요한 것이다.

한국이 21세기의 일류 국가로 부상하기 위해서는 C학점 분야에 대한 개방을 과감하게 추진해야 한다는 것은 이제 두 말이 필요치 않은 당위가 될 수밖에 없다. 예컨대 의료와 교육을 보자. 의료나 교육은 공공복지라는 개념이 강하다. 그러나 동시에 산업이기도 하다.

그러면 이 문제를 어떻게 풀어나가면 좋을까? 의료의 경우 이를 복지 차원에서만 접근했던 영국과 산업 차원으로만 보았던 미국의 실패 사례를 현명하게 원용하면 된다. 즉 공공복지 개념의 의료 시스템은 철저하게 법적으로 보장하면서도 개방을 통해 투자 개방 병원과 민간 보험 시스템을 산업 측면에서 구축하는 것이 답이 될 수 있는 것이다. 왜 그러한가? 예를 들어 투자 개방 병원을 외면하면 엄청난 자본이 필요한 주식회사 형태의 글로벌 병원 체인이 해외로 진출할 방법은 없다. 또 한국의 우수한 의술을 활용한 의료 관광(국가 간 의료)을 활성화하려면 민간 의료 보험이 필요하다. 이처럼 복지 의료와 산업 의료는 상호 보완적이지 절대로 상호 배타적인 것이 아니다. 이를 오도하고 개방을 반대하는 분들에게 한국의 다음 국가 성장 동력이 무엇인지를 묻고 싶다. 한국의 IT 산업은 1970년대 한국의 최고 인재가 이공계에 몰려간 결과였다. 그렇다면 현재의 최고 인력이 몰리는 의료계가 한국의 미래 성장 동력이 되어야 한다. 의료 관광과 병원 수출은 새로운 블루 오션이다. 이는 조선, 반도체, 자동차보다 거대한 산업이다. 더구나 근처에 미국, 일본, 러시아, 중국 등의 거대한 시장이 있다. 개방만 된다면 우리가 국가 간 의료를 싱가포르보다 못할 이유는 없지 않은가?

교육 역시 비슷하다. 공공 교육과 산업 교육이라는 두 개의 트랙이 필요하다. 기본적인 교육의 제공은 국가의 몫이다. 그러나 모든 교육을 국가가 제공하는 것은 항상 비효율을 초래한다. 교육도 산업이다. 물론 미국도 약점은 있으나 벤치마킹대상이다. 싱가포르, 중국은 이미 미국처럼 교육을 개방하고 있다. 개방이 경쟁을 촉진시켜 경쟁력을 배가시킨다는 교훈은 여러 개방 경험에서 얻지 않았는가? 이와 관련해 사전 통제에서 사후 평가를 투명하게 하는 방식으로의 전환이 요구된다. 한국의 교육은 통제 교육이기에 창조성이 발현되기는커녕 교육을 받을수록 창조성이 축소된다. 필자는 이러한 사실을 카이스트의 영재 교육에서 직접 확인한 바 있다. 여기에서 워낙 중요한 교육의 본질적 문제를 제기해보자.

교육은 국가경쟁력을 위해 시대마다 혁신되어야 한다. 과거의 산업 경제에서는 열심히 일하는 성실한 기능 인력이 요구됐다. 그러나 미래의 창조 경제에서는 창조적으로 생각하는 창조 계급이 사회를 이끌어 간다. 이것이 바로 리처드 플로리다의 창조 계급 이론이다. 이에 반해 한국의 주입식, 객관식 교육은 그러한 창조 교육과는 한참 거리가 멀다. 창조성 교육의 강화를 위하여 이제는 아이들을 정보의 일방적인 주입 대상으로 보는 교육은 사라져야 한다. 오히려 정보는 인터넷에 널려 있다.

그리고 생각하는 교육은 강제적인 환경에서는 절대 불가능하다. 오히려 학생들에게 답을 주지 말아야 한다. 가르치지 말아야 한다. 문제를 주고 집단으로 웹을 이용하여 해결하도록 만들어야 한다. 그리고 결과를 공개적으로 평가해야 한다. 이렇게 하면 창조성과 협조성이 발현된다. 카이스트에서 운영하는 중고등학생 영재 교육 과정인 카이스트의 영재기업인 과정 학생들은 이런 교육 시스템이 기존 영재 교육보다 10배나 효과가 있고, 100배나 재미있는 새로운 교육이라고 평가하고 있다.

선진국은 핵심 역량은 극대화하고 비핵심 역량은 대외 거래를 통해 아웃소싱하는 구조로 간다. 모든 산업을 국가 내부화하는 것은 오히려 경쟁력 저하를 초래하기 때문이다. 당연히 선진국 진입을 어렵게 만든다. 대한민국도 경쟁력 없는 산업을 지속적 지원을 통해 유지하는 정책은 배제해야 한다. 예컨대 경쟁력 없는 분야의 중소기업 지원을 위해 지속적으로 국민의 세금을 투입하는 정책은 점진적으로 축소되어야 한다. 시장 미형성과 시장 실패에 대해서만 한시적으로 개입하는 것이 선진국 전략이다. 개방으로 얻은 국가 이익의 일부를 개방 피해 분야에 배정해 구조를 조정해 나가는 것이 정답이라는 얘기이다.

결국 우리의 산업 전략은 핵심 역량을 바탕으로 강한 것을 더 강하게 키우고 약점은 국제 거래를 통해 보완하는 개방 전략이 되어야 한다. 세계적으로 거대 산업이라고 해서 핵심 역량이 부족한 데도 국가 자원을 지속적으로 투입하는 것은 곤란하다. 이와 관련해 선택과 집중이라는 올림픽 금메달 전략을 벤치마킹하자. 다만 안보 차원의 산업은 비핵심 분야라 하더라도 지켜 나가야 한다. 식량과 에너지가 대표적인 예가 될 것이다.

개방을 통해 국가 역량을 혁신하려면 개방 한국의 비전을 제시하고 국민적 공감대를 끌어내야 한다. 개방으로 강화된 국가경쟁력으로 비핵심 분야를 지원하여 사회 전체의 구조를 조정하는 사회적 합의가 바로 국가 혁신 역량이다. "닫힌 분야를 개방하자."

04 추종 전략에서 리더십 전략으로 – 유라시안 네트워크를 만들자

후진국이 독자적인 외교 노선을 지향하는 것은 현명하지 못하다. 나라가 약할 때는 강한 국가를 따르는 것이 현명한 선택이다. 경제학 원론 수준에서 후진국의 효과적인 초기 발전 전략은 원래 추종 전략이기 때문이다. 세계 패권국 수준에 있는 나라를 그대로 모방해 국가 발전을 도모하는 것이다. 이렇게 하면 1등은 못해도 성적이 좋아질 수 있다. 실제로 한국은 그렇게 했다. 미국을 비롯한 선진국의 제도와 기술을 도입한 다음 양질의 저렴한 노동력을 발판으로 비교 우위 분야를 만들어 갔다. 한국이 세계적인 경쟁력을 확보한 조선, 자동차, 반도체, IT, 모바일 산업

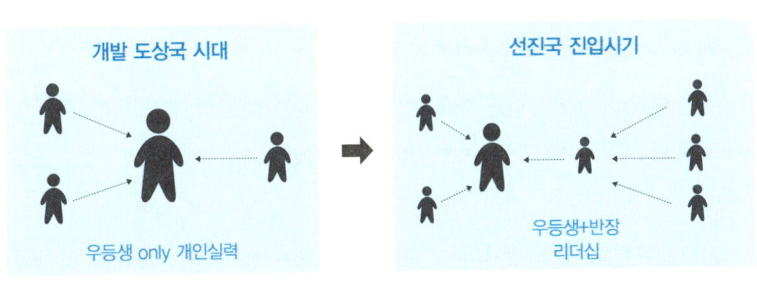

등은 바로 이런 노력의 결과물이라고 해도 크게 틀리지 않는다. 전 세계적으로 봐도 마찬가지 아닌가 싶다. 한국과 같은 모델을 추구한 일부 국가들은 빈곤에서 벗어나 이미 선진국 반열에 들어갔거나 선진국 턱밑에 바짝 다가가고 있다. 대만과 싱가포르 등의 나라가 이 사례에 해당될 것이다. 반대로 독자적 발전 노선을 추구한 국가들은 발전이 정체되거나 퇴보하고 있다. 아마도 북한, 미얀마 등이 대표적이지 않을까 한다.

반면에 선진국을 지향하는 시점에서는 강대국을 추종만 해서는 한계가 있다. 어느 정도 성장하면 선진국의 견제가 들어오기 시작한다. 지금까지 한국의 외교 전략은 나름대로 현실적인 강대국 추종 전략이었다. 그러나 여기까지가 한계이다. 추종 전략만으로 선진국 진입은 불가능하기 때문이다. 남들이 간 길을 열심히 따라 간 탓에 괄목한 발전을 이루기는 했으나 더 이상의 성장은 한계에 이르게 되는 것이다. 이때부터는 주변 선진국들로부터 더 이상의 지원을 받는 것이 어려워진다. 오히려 각종 제한이 가해지게 된다. 심지어는 안 먹고 안 쓰고 이룩한 성과들의 과실을 이들 국가에게 눈에 보이지 않게 조금씩 빼앗기기까지 한다. 이렇게 되면 선진국의 먹잇감으로 존재하기 위해 사육되었다는 극단적인 시각이 대두해도 할 말이 없게 된다. 이 단계에서는 독자적인 세력 형성이 선도 국가 내지 일류 국가 진입의 관건이 된다. 독자적인 네트워크가 필요한 것이다. 학생에 빗대어 말하자면 선생님이 시키는대로 열심히 해서 공부만 잘하는 학생에서 학급의 반장까지 되려는 자세가 필요하다는 말이다. 이는 단순하게 공부만 잘하는 학교의 모범생이 사회의 리더가 되기 어렵다는 고금의 진리를 생각하면 쉽게 이해가 되지 않을까?

어느 사회나 조직에서든 지도자가 되려면 강력한 리더십이 있어야 한다. 국가는 더 말할 필요가 없다. 리더십이 없다면 아무리 경제력이 뛰어나더라도 국제 사회에서 절대 지도적인 국가가 되지 못한다. 일류 국가를 지향한다면 열린 국가를 만드는 데에서만 그치지 말고 내친 김에 더욱 노력해 리더십까지 갖춰야 한다는 이야기이다. 일류 국가는 자체의 힘만이 아니고 주변 국가의 힘을 활용하는 국가를 말한다. 이 점을 진짜 한 번 곰곰이 생각해 보자. 그렇게 한다면 국가 대내외적 리더십을 발휘해 사회 전반의 대대적 개방에 따를 수밖에 없는 내부의 갈등을 조화롭게 극복하는 것이 가능하지 않을까? 더 나아가 유라시안 네트워크를 주도적으로 구축하기 위한 글로벌 역량을 발휘할 수 있지 않을까?

과연 주변 국가로부터 강력한 지도력을 인정받고 동반 성장해 가는 이런 리더십 전략을 우리는 실행에 옮길 수 있을까? 답은 충분히 가능하다. 이유는 많다. 무엇보다 한국은 세계가 부러워하는 전무후무한 국가 성장의 노하우를 보유하고 있다. 이런 경험을 전수하려고 한다면 쌍수를 들어 환영하지 않을 국가가 없을 것이다. 이미 한류는 그러한 가능성을 보여주고 있다. 게다가 한국은 5,000년의 역사가 있다. 그리고 천지인天地人의 철학이 있다.

지금의 한국의 농촌을 있게 만든 새마을 운동의 사례를 보자. 한국의 새마을 운동은 2002년 필리핀 등에 처음 퍼진 다음 인도차이나 반도의 캄보디아와 라오스를 비롯해 네팔, 몽골 등 전 세계에 빠른 속도로 확산되고 있다. 심지어 최근에는 우간다, 탄자니아, 코트디부아르 등 아프리카 전역의 국가에까지 이 노하우가 전수되고 있다. 반응은 예상보다 훨씬 더 폭발적이다. 영화 <킬링필드>의 비극으로 세계에 널리 알려진 캄보디아의 상황은 이런 현실을 잘 보여 준다.

수도 프놈펜 인근의 프레이벵 주州의 캄퐁트날 마을을 바로 생생한 현장으로 꼽을 수 있다. 원래 이 마을은 3년여 전만 해도 도저히 희망이 없는 곳이었다. 동남아의 대표적 빈국인 캄보디아에서도 가장 가난한

마을로 유명했다. 그러나 이런 마을에 2007년 운명적인 전기가 찾아왔다. 새마을운동중앙회가 새마을 운동 시범 마을로 지정한 것이 계기가 됐다. 가축은행 설립을 비롯해 주택 개량, 우물 설치, 진입로 공사 등에 필요한 총 7만 달러도 한국에서 지원되었다. 조건은 당연히 있었다. 모든 일에 마을 사람들이 직접 참여한다는 것이었다. 주민들은 이 지원 자금으로 마을 진입로 2,700미터를 포장했다. 또 나무를 심어 농수로 주변을 정비했다. 낡은 집을 고치거나 우물을 만들어 먹을 물도 마련했다. 가축은행을 통해 소 20마리를 사서 나눠 가진 뒤에는 새끼를 낳아 갚기도 했다. 이 결과 이 마을은 캄보디아에서 가장 부유한 마을 중 한 곳으로 떠오르는 기적을 만들어 냈다. 다른 마을들이 앞 다퉈 벤치마킹하거나 한국 당국에 지원을 요청한 것은 당연한 일이었다. 촌장을 비롯한 마을 사람들 집에 캄보디아 국기와 함께 초록색의 '새마을'이라는 한글 깃발이 펄럭이게 된 것은 다 이유가 있는 것이다. 아직 중진국 대열에조차 올라서지 못한 대부분의 몽골리안 국가들에게 이런 지원을 아끼지 않는다면 거절할 나라가 과연 있을까?

한국의 다른 개발 정책을 수출하는 프로그램들 역시 비슷한 결과를 가져올 수 있을 것이다. 대표적인 것이 한국개발연구원[KDI]이 지난 2007년부터 거의 해마다 인도의 미래 정책 결정자가 될 중견 관료들을 초청해 실시하는 '한국 방문 교육 과정'이다. 2010년까지 약 400여 명에 이르는 인도 관리들이 이 과정을 이수한 것으로 추산되고 있다. 이런 프로그램을 더욱 체계화해 새마을 운동과 함께 패키지로 무상 수출한다면 한국의 국가 품격과 리더십을 제고시키는 이상적인 사업이 될 수 있을 것이다.

물론 이를 전략적으로 추진하기 위한 효율적인 방법도 존재한다. 우선 지금도 전 세계에서 나름의 역할을 하는 한국국제협력단[KOICA]을 활용하는 것이 바람직하지 않을까 생각된다. 가장 많은 노하우를 보유하고 있을 뿐 아니라 직원들의 맨파워 역시 나름대로 상당하기 때문이다. 또 전 세계 비즈니스 네트워크를 촘촘하게 구축하고 있는 코트라 또한 활용치 않는 것이 오히려 이상할 것이다. 외교부 못지않은 조직의 맨파워를 활용하는 것은 정부의 실용 정책에도 부합하는 일면이 있다. 또 일본 등과 협력해서 원조를 강화할 수도 있을 것이다. 그리고 몽골은 지금도 한국과 매우 가깝지 않은가.

이것 말고도 비율로 볼 때 다른 어떤 나라보다도 더 해외에 많이 퍼져 있는 한민족의 막강한 네트워크, 빠르면서도 한다면 하는 폭발적 에너지의 적극적인 국민성, 모바일 강국이라는 이미지 등 역시 거론하지 않을 수 없다. 이 모든 것이 개발 경험을 가진 선도 국가로서 적극적으로 개발도상국 내지는 후진국인 주변국들을 끌어안으려고만 할 경우 한국의 리더십 전략이 충분히 현실성이 있다는 것을 말해 주고 있다. 참고로 한국은 일본과 달리 제국주의적 성향을 보이지 않는다는 일반적 인식도 큰 힘이 될 수 있다.

'한류' 라는 든든한 문화 브랜드를 가지고 있다는 사실 또한 더할 나위 없는 천군만마가 된다. 1990년대부터 서서히 형성되기 시작한 한류는 중국에 처음 상륙해 돌풍을 일으킨 이후 지금은 거의 전 세계에 퍼져 있다고 해도 과언이 아니다. 특히 동남아와 중앙아시아, 중동 등은 한류가 한창 뻗어가고 있는 지역에 속한다. 한류를 통해 국가 브랜드를 급상승시킬 기회가 주어진 것이다.

모바일 세상에서는 가장 효율적 문자라는 국제적인 평가를 듣고 있는 한글을 활용하는 방법 또한 일석이조의 역할을 할 가능성이 크다. 문자가 없는 국가나 민족들에게 배우기 쉽고 거의 모든 발음의 표기가 가능한 한글을 보급하는 프로그램이 성공할 경우 문화 수출과 리더십 향상이라는 두 마리 토끼를 잡는 것이 가능한 것이다. 예컨대 인도네시아의 소수민족인 찌아찌아족에게 보급한 한글을, 태국어로 언어생활을 하는 라오스 같은 나라에 보급할 경우 믿기 어려운 성과를 거둘 수 있을 것이다. 전 세계 7,000여 개의 언어 중 문자로 표기 가능한 것이 고작 40종에 불과하다는 사실을 감안하면 완전히 꿈같은 얘기라고 하기도 어렵다. 한글학회를 비롯해 국문학이나 언어학 관련 분야의 학자들이 적극 나서면 충분히 가능한 일이라고 할 수 있다. 예컨대 관련 학과 학생들을 해외 인턴으로 파견하는 것도 고려해 볼 수 있다. 중국 하얼빈 사범 대학 대진大眞 한국센터에서 한국어 보급에 적극 나서는 하성봉 원장의 말을 들어 보면 모든 것이 보다 일목요연해진다.

"한글은 정말 세계에서 가장 효율적인 문자인 것이 분명하다. 중국어는 알다시피 표의 문자이다. 이걸 모바일 세상에서 제대로 사용하는 것은 정말 어렵다. 중국 대문호 루쉰魯迅이 쓰기 불편하고 기억하기에 불편한 한자에 절망해 한자를 없애지 않으면 중국은 반드시 망한다는 말을 한 것은 괜한 게 아니다. 그러나 한글은 전혀 다르다. 완전히 모바일 세계를 위해 창안한 문자라는 생각이 들 정도이다. 당연히 배우기 쉽다. 한국에서도 세계 각국 유학생들을 가르쳐 봤으나 배우는 것을 버거워하는 학생들을 본 기억이 없다. 이러니 중국처럼 어려운 문자를 쓰는 나라의 학생들은 한글을 너무 쉽게 익히고 모바일 세상에서 이용한다. 다른 국가의 문자에 비해 엄청나게 비교 우위에 있는 한글은 한국이 내세울 초일류 브랜드가 틀림없다. 이 세상에 한글이 있다는 사실은 디지털 노마드들에게는 거의 복음이라고 해도 좋다."

이를 위해 세종대왕의 한글 창제 원리에 입각해 초기에 사라진 문자들을 살려내야 한다. 한글은 본질적으로 모든 음을 수용할 수 있도록 설계되어 있기 때문이다. 음양오행과 『천부경』에 입각한 한글의 철학 자체도 위대한 문화유산임을 잊지 말아야 한다. 자음은 오행 상극, 모음은 오행 상생에 입각하여 창제되었다는 사실은 훈민정음 해례에 잘 설명되어 있다. 그런 의미에서 특히 '아래^{하늘} ㅇ'는 천지인^{天地人}이라는 우리 민족의 『천부경』 사상의 근본이므로 반드시 살려야 한다. 참고로 필자는 『세종실록』에 나오는 옛글자가 명도전$^{明刀錢, 고조선의 문자이자 화폐}$과 아라가야 연구를 통하여 고조선 문자인 것으로 극히 최근 확인되고 있다는 사실을 상기시키고자 한다$^{이에 대해서는 허대동의 연구 사이트를 참조하라}$.

현재 세계 대부분의 국가들은 자신들만의 네트워크를 보유하고 있다. 이에 따라 지구촌은 다중 네트워크 시대에 진입해 있다. 또 이런 네트워크를 중심으로 국제 질서가 작동하고 있다. 물론 이 네트워크들이 서로 충돌하는 경우도 있다. 이를테면 앵글로색슨 네트워크와 유대계 네트워크가 노골적으로 손을 잡고 이슬람 네트워크와 갈등을 일으키는 사례가 그렇다. 여기에 중국계, 라틴계, 슬라브 네트워크들까지 포함되면 상황은 더욱 복잡해진다. 각자의 이익에 따른 합종연횡의 구도가 형성될 수 있는 것이다. 그럼에도 이런 네트워크는 부정적인 측면보다 긍정적인 측면이 더 많다. 경쟁하면 실력이 는다는 말처럼 극단적인 충돌을 배제하고 선의의 경쟁을 한다면 지구촌의 평화와 인류 발전에 큰 도움을 줄 수 있는 것이다.

이런 상황에서 실크로드 네트워크를 호령한 몽골리안 국가들만 자체의 네트워크가 없다는 현실은 정말 아이러니라고 해야 한다. 더구나 향후의 국제 질서는 네트워크 중심으로 형성될 가능성이 농후하다. 그럼에도 한국을 비롯한 몽골리안 국가들은 이런 네트워크를 18세기 이후 거의 가져보지 못했다. 이러한 상황에서 후진국과 개발도상국의 경험에 더해 선진국 턱밑에 가 있는 한국이 적극적으로 나선다면 몽골리안 네트워크가 구체적인 그림으로 나타나는 것이 가능할 것이다. 이 경우 한국은 말할 것도 없고 세계는 이 새로운 네트워크의 탄생으로 인해 발전에 더욱 박차를 가할 수 있지 않을까. 이런 네트워크는 과거의 배타적인 영역 중심의 제국주의와는 완전히 다르다. 여러 네트워크들이 상호 협력하면서 공진화를 촉진하기 때문이다.

05 유라시안 네트워크로 한국을 승화시키자.

앞에서 제기한 전략을 수행하기 위해서는 국가의 미래 비전이 필요하다. 그것이 바로 유라시안 네트워크 혹은 몽골리안 네트워크이다. 물론 한국이 몽골리안 네트워크 구축에서 주도적 역할을 하기 위해서는 넘어야 할 산도 없지 않다. 다름 아닌 내부의 지역 간·계층 간 갈등을 비롯해 남북한 갈등이 바로 그것들이다. 하지만 이러한 갈등을 내부에서 해소하는 것은 어렵다. 갈등을 해소하려면 대외적인 시각이 필요하다. 이웃사촌과의 갈등은 이웃 동네와의 열린 경쟁으로 극복될 수 있기 때문이다. 몽골리안 네트워크 구축을 통해 내부 갈등을 해소하려는 전략이 타당성을 갖는 이유이다. 그러면 아래에서는 우선 한국의 내부적인 갈등 요소들을 살펴보고, 왜 몽골리안 네트워크가 그에 대한 대안이 될 수 있는지를 조망해 보기로 하자.

사실 어느 나라를 막론하고 지역 간 갈등은 조금씩은 다 있다. 남북한과 같은 분단 국가였던 독일을 봐도 그렇다. 통일된 지 이미 20년 이상이 됐으나 양 지역 간의 반목이 보통이 아닌 것이다. 어느 정도인지는 언어에서도 그대로 드러난다. 오시^{Ossi}와 베시^{Wessi}가 바로 그것이다. 서로를 각각 '동독 X들', '서독 X들'이라고 경멸하는 뜻의 단어라고 보면 된다.

한국의 이웃 국가인 중국의 지역감정 역시 놀랍기만 하다. 대륙의 남과 북, 동쪽과 서쪽 지역 출신들이 서로를 백안시하는 것이 감정을 잘 표현하지 않는 중국인 특유의 기질 때문에 조금 덜 두드러져 보일 뿐 독일 사람들 못지않다. 특히 한때 삼국지의 본고장이었던 허난河南성 출신에 대한 전국적인 따돌림은 중국에서도 심각한 사회 문제가 되고 있을 정도이다.

한국은 한반도 전체 면적이 중국의 40분의 1에 불과하다. 한국만 따지면 겨우 100분의 1 정도 된다. 이런 상황이라면 한국인들은 모두 사이좋은 이웃사촌이 되어야 한다. 그럼에도 지역감정은 중국이 무색할 만큼 상상을 초월한다. 특히 호남과 영남의 지역감정은 상당히 심각하다. 어떨 때는 영호남 커플이 있다는 사실이 잔잔한 화제가 될 정도이다. 쑥스럽지만 필자 부부 역시 마찬가지다.

계층 간 갈등 역시 심각하다는 점에서는 지역 갈등과 오십보백보라고 해야 한다. 계층 갈등의 근본적 문제는 솔직히 대기업과 중소기업 간의 불공정 거래 문제라고 단언해도 좋다. 양자 간의 수익 양극화가 사회 통합의 가장 큰 장애요소인 것이다. 특히 양자 간의 임금 격차는 잠재 실업과 교육 대란을 가속화시키고 있다. 최근에는 이런 양자 간의 이익 격차가 더욱 확대되고 있다. 그러나 이래서는 곤란하다. 대기업과 중소기업이 선순환 구조를 이루어야 지속 가능한 성장이 가능하다. 이를 위한 공정거래의 확립은 국가적 최우선 과제가 되어도 과하지 않다. 이에 관련해 필자가 쓴 두 개의 칼럼을 소개한다.

충북 지역에 위치한 통신기기 제조 벤처기업 A사는 창업 후 대기업 납품을 통해 고속으로 성장했다. 하지만 2006년 갑작스레 경영위기에 봉착했다. 문서가 아닌 구두로 납품 계약을 한 탓이다. 이 회사와 거래를 한 대기업은 계약을 성사시킬 듯하다가 돌연 전화로 납품을 취소했다. 구두 계약이었기 때문에 법적으로 대기업에 책임은 없었다.

경기도 소재 B기업 역시 불공정 거래의 피해자다. 이 회사는 대기업과 거래를 시작한 첫 3년간은 승승장구했지만 2008년부터 다른 경쟁사가 등장하자 원가부담이 늘어나기 시작했다. 대기업은 B기업에 '특허 공유'를 새로운 거래조건으로 내세웠고, 원가계산서를 내놓으라고 요구했다. 이는 국제 기준으로 볼 때 명백한 불공정 거래다.

대기업의 불공정 거래 사례는 수도 없이 많다. 한국은 그야말로 '불공정 백화점'이다. 이런 부당거래 조건을 외국 유명 기업에는 감히 요구하지 못할 것이다.

불공정 거래는 비단 대기업과 중소·벤처기업 사이의 문제만이 아니다. 종합 건설업체와 전문 건설업체, 이동통신회사와 게임 개발업체, 방송사와 드라마 제작사, 대형 시스템통합(SI) 업체와 SW개발업체, 케이블 방송사와 콘텐츠 공급사 사이에도 광범위하게 퍼져 있는 현상이다.

한국에는 자랑스러운 대기업들이 많다. 반도체와 LCD, 조선, 자동차 분야에서 거둔 눈부신 성과는 분명 한강의 기적이라 할 만하다. 하지만 이들 기업과 거래하는 중소·벤처기업들은 어떠한가. 임금은 물론 각종 복지나 근무 조건에서 비교조차 안 된다. 젊은이들이 대기업을 선호하는 것은 너무도 당연하다.

그렇다면 과연 이러한 구조가 기업 경쟁력 차이 때문일까. 삼성전자가 중소·벤처기업보다 5배가량 혁신역량을 가지고 있는 것인가(연간 평균 영업이익률은 삼성전자가 10~20%, 삼성에 납품하는 중소 벤처기업은 2~3%). 아니면 불공정한 분배 구조에 기인하는 것인가. 한국의 중소 제조업체 3분의 2가 B2B기업이라는 점에서 공정거래는 중소기업 정책의 핵심이다.

핸드폰과 LCD 산업을 보자. 삼성과 LG가 최종 제품을 생산해 세계 시장을 석권하고 있는 이면에는 교세라와 3M 코닝과 대등한 기술을 갖고 있으면서도 훨씬 낮은 가격에 제품을 공급하는 수많은 국내 중소·벤처기업들 공로가 크다.

그런데 불공정한 거래 조건 때문에 세계에 유례없는 부가가치 분배 격차가 발생하고 있다. 이로 인한 중소·벤처기업의 혁신의욕 저하는 결국 대기업의 경쟁력 저하로 이어진다. 이러한 불공정 구조를 내버려둔 채 중소·벤처기업을 지원하는 것은 '썩은 웅덩이를 두고 모기를 잡는 것'과 같다. 모든 중소기업 지원정책보다 공정거래가 더 중요한 이유다……. 〔이하 생략〕(『매일경제』, 2010년 5월 20일자).

2차 대전이후 원조받던 국가가 원조하게 된 유일한 사례가 바로 우리 대한민국이다. 기 소르망 교수의 "한국의 산업화와 민주화의 역사는 인류의 문화유산이다"라는 주장에 필자는 전적으로 동의하고 있다.

삼성, 현대, LG, SK 등 대기업들은 자랑스러운 한국의 대표 선수들이다. 이러한 대기업의 성장을 한국의 갑을 문화가 뒷받침했다. 열심히 대기업을 위하여 중소기업은 "중간에서 소"처럼 일해 온 것이다. 대기업이라는 형님 집이 잘되면 중소기업이라는 동생들 집에도 빛이 들 것이라는 믿음으로 정부도 적극 지원하였다. 드디어 그 결과 한국의 자랑스러운 대기업들은 산업 월드컵에서 우승 후보에 손꼽히고, 연간 20조 억 원의 이익이라는 전대미문의 자랑스러운 실적을 예상하는 단계에 진입하였다. 국가의 경사가 아닐 수 없다. 그런데, 최근의 언론 분위기는 싸늘하다. 정부의 분위기도 싸늘하다. 중소기업들의 분위기는 폭발 직전이다. 이런 현상을 어떻게 설명할 것인가?

대기업의 이익률이 15%대로 증가할 때 중소기업의 이익률은 오히려 3%이하로 감소한 통계는 이와 관련된 문제를 단적으로 보여주고 있다. 대기업의 놀라운 이익의 상당 부분은 물론 뛰어난 자체 역량의 결과다. 일부는 환율 효과도 있었다. 그러나 나머지 상당 부분은 불평등한 협상력의 결과라는 사실도 받아 들여야 한다. 어려울 때는 동반자라는 명목으로 단가를 깎고, 환경이 좋아지면 내부 역량이라고 보너스 잔치를 하고, 엄청난 이익을 내고도 단가 회복이 없는 구조는 조선 말기 소작농과 너무도 흡사하지 않은가. 이러한 수탈구조는 결국 부메랑이 되어 대기업에 돌아온다. 도요타 사태는 남의 일이 아니다.

그동안 여러 지면을 통하여 대기업의 많은 불공정 사례들을 소개해 왔기에 이제는 공정거래 확립을 위한 구체적인 대안 모색이 필요한 단계가 아닌가 한다. 여기에서 몇가지 대안들을 제시해 보고자 한다.

불공정거래가 개선되기 위하여 가장 시급한 과제는 불공정거래 신고의 활성화다. 보복을 금지하는 하도급법의 실효성이 강화되어야 하는 이유다. 더 나아가 대기업이 자율적으로 보복을 금지하는 헌장을 선언하고 자율 실천하는 것이 가장 바람직하다. 최근 KT의 3不 정책에 주목하고 있는 이유인 것이다. 한편으로는 보복의 두려움이 없이 신고를 하기 위하여 무기명으로 하는 집단 신고 제도 등도 유력한 대안이 아닌가 한다.

중소기업들의 가장 큰 애로는 불공정한 단가 인하다. 단가 협상 시 대기업은 상대방의 영업비밀인 원가정보를 완벽히 알고 있다. 적정가란 대기업이 정해주는 가격이라고 한다. 대기업이 공정위에 신고 후 원가 계산서를 요구하게 하는 등록제도 도입이 요구된다. 원가 확인을 위하여 경영지도라는 명목으로 이루어지는 현장 감사도 제한되어야 한다. 대기업 구매 임원의 평가 기준에 단가 인하만이 아니라 혁신성 평가가 추가되어야 한다. 혁신이 이제는 단가보다 중요한 경쟁 역량이 아닌가.

중소기업에게 특허 공유를 요구하는 현재의 잘못된 관행은 사라져야 한다. 특허 공유 요구시 등록을 하도록 하자. 대기업과 중소기업의 협상 시 비밀 유지 약정의 의무화도 필요하다. 수많은 기업들이 사업 아이디어를 탈취당했다고 호소하지 않는가. 글로벌 표준에 맞는 구매 관행도 중요하다. 우리도 이제는 애플, 시스코와 같이 6개월 전에 물량 예측을 제공하고 3개월 전에 구매요구서를 제공해 보자. 장기적 관점에서는 글로벌 표준이 성장의 새로운 역량이 된다. 모든 문제는 순환하지 못하고 정체하는 데 있다. 선순환은 모두의 장기적 이익이다.

> 대만은 대기업이 부족하고 일본은 중소기업의 혁신이 약하다. 한국은 대기업의 글로벌 시장 개척력과 중소벤처의 혁신 역량이 선순환 한다면 어느 나라보다 강력한 경쟁력을 구축할 수 있다고 본다. 대기업을 위하여 우리 모두를 위하여 공정거래가 정착되기 바란다(「기업과 대중소기업의 공정거래를 위하여」, 『매일경제』, 2010년 7월 27일자).

굳이 자세한 설명이 필요 없을 정도로 첨예한 남북한의 갈등 해소를 위해서는 독일과 대만의 사례를 살펴보는 것이 도움이 될 것이다. 1970년대를 전후해 당시 서독 총리 빌리 브란트가 실시한 이른바 동방 정책 Ost Politik, 서독의 구소련을 비롯한 동유럽 각국과의 관계 정상화 정책이자 통일 정책에 확실한 답과 포인트가 있다. 이 정책은 일부 부작용도 없었던 것은 아니었으나 헬무트 슈미트 총리에 의해 계승된 다음 헬무트 콜 총리 시대에 만개해 결국 1990년 통일이라는 성과를 내게 되었다. 문제는 상호 신뢰에 기반한 소통과 교류일 것이다. 그러기 위하여 '죄수의 딜레마'를 원용할 필요가 있다. 작지만 투명한 거래를 반복하여 신뢰를 확대해 나가는 것이다. 한탕주의라는 통 큰 거래가 남북 관계에 도움이 되지 않는다는 것을 최근에야 우리는 깨닫고 있지 않은가. 그러나 아직 한국의 대북 문제에 대한 내부의 의식은 너무나도 극과 극으로 갈리고 있다. 천안함 사태를 바라보는 시각은 사실이 아니라 사상을 믿고자 하는 사람들이 아직도 한국에 너무나 많음을 보여주고 있다. 따라서 사실 남북문제는 우선 남남 문제부터 극복해야 한다.

좌우의 대립 또한 거의 소통이 부재한 채 평행선을 달리고 있다. 하지만 새가 두 날개로 날 듯이 좌우 이념의 선순환은 성장과 복지의 두 가지 국가 목표를 이룩하기 위한 핵심 과제가 아닌가. 똑똑한 좌파와 희생하는 우파가 이 문제를 극복하는 대안이나, 한국 내에서 이 문제를 풀기는 정말 쉽지 않아 보인다.

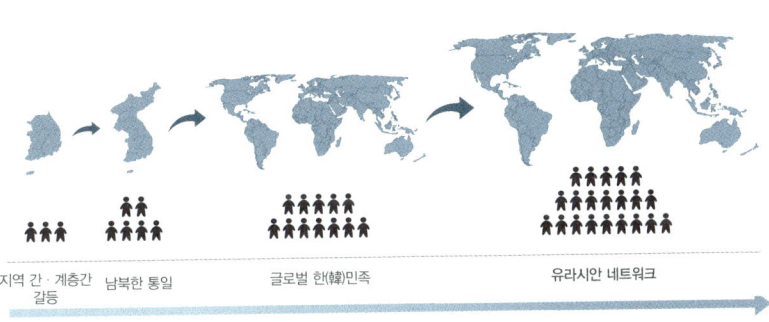

지역 간·계층간 갈등   남북한 통일   글로벌 한(韓)민족   유라시안 네트워크

지속적 승화 필요

이제 이러한 문제들을 극복하기 위한 대안으로 한민족을 글로벌하게 바라보자. 전 세계에 글로벌하게 퍼져 있는 한민족을 네트워크로 묶어 국가 개방 전략의 공감대를 확산하는 것도 좋은 방법이 될 수 있기 때문이다. 매년 1회씩 한상(韓商) 대회를 주최하는 글로벌 한상 네트워크와 외교부 산하 재외동포재단의 네트워크와 벤처 협회의 INKE를 활용하는 것이 좋은 대안이 될 수 있을 것이다. 이에 대해서는 이 분야 전문가인 이종환『재외동포신문』발행인의 제안을 들어보면 어떻게 해야 하는지 답이 나올 것 같다.

"한국은 700만 명에 이르는 규모에서 보듯 재외 동포 비율이 어느 나라보다도 높다. 게다가 분포되어 있는 나라도 많다. 아프리카는 말할 것도 없고 남태평양의 피지에까지 동포들이 나가 있다. 이런 인적 자원을 활용하지 못한다는 것은 국가적 손실이라고 해야 한다. 따라서 이런 자원을 더욱 긴밀하게 네트워크화하려는 노력이 필요하다. 이를 위해 복수 국적 문제도 부작용을 최소화하는 선에서 더욱 전향적으로 검토해야 한다. 만약 먼 미래를 내다보고 이런 노력을 기울이면 한민족은 전 세계에서 가장 강력한 네트워크를 가진 국가가 될 것이다. 이스라엘처럼 자국에만 머무르지 않는 글로벌 국가가 충분히 될 수 있다."

이 발행인의 말처럼 한민족 글로벌 네트워크의 더욱 확고한 구축은 어떻게 보면 지역 간·계층 간 및 남북 간 갈등을 해소한 다음 사회 통합을 이끌어내는 것보다 훨씬 쉬울 수도 있다. 여기에서 한 걸음 더 나아간 것이 몽골리안 네트워크, 보다 학술적으로 부른다면 유라시안 네트워크이다.

유라시안 네트워크라는 화두는 이러한 문제들을 해결하는 방법을 완전히 뒤집은 것이다. 유라시안 네트워크라는 열린 세계의 관점에서 한국을 개방하여 계층 간·지역 간 갈등, 남남·남북문제라는 갈등을 극복해 보자는 것이다. E. H. 카 말대로 우리가 우리 자신을 바라보는 사관에 따라 우리의 역사와 미래관은 완전히 달라질 수 있으니 말이다. 영호남이나 충청 등의 지역주의 입장에서 바라보는 시각, 남북 분단이라는 입장에서 바라보는 시각, 통일 한국이라는 입장에서 바라보는 시각, 글로벌 한민족이라는 입장에서 바라보는 시각은 각각 다른 역사적 관점을 제공할 것이다. 물론 남북통일은 당연히 우리가 추구해야 할 장기적인 목표이다. 그러나 우리는 여기에 국한되어서는 안 된다.

이제 지역으로서의 국가는 점차 퇴색하고 있다. 일정 지역에 집중적으로 거주하는 국민으로 이루어진 국가에 비해 전 세계에 분산되어 네트워크로 연결된 국가가 더 경쟁력을 갖는 시대가 됐다. 따라서 알타이를 넘어 글로벌 몽골리안 네트워크로 확장해 역사를 바라보아야 한다. 이러한 역사적 기반 하에 몽골리안의 허브 국가로서 한국의 위상을 설정하고 국가의 개방을 촉진해 보자는 게 바로 필자의 입장이다. 더 나아간다면 이를 통해 국가의 리더십을 혁신함으로써 내부 갈등을 조정하고 다시 국가의 개방을 확대하는 데 일조하자는 것이다. 이를 위해 앞서와 같은 새로운 역사관으로 한국의 현재를 분석하고, 과거의 역사를 살펴보고 미래의 변화를 예상하면서 필자 나름의 국가 전략의 화두를 제시해보고자 한다. 그러면 다음 장에서는 먼저 그러한 관점에서 유라시아의 과거를 재조명해 보자.

유라시안
(몽골리안)
네트워크

몽골리안 국가들
문명의 기원과 실크로드

2.

한국인의 에너지는 세계 어느 민족보다 역동적이다. 이 에너지는 한국이 열린 국가로 나아간 시기에는 빛을 발휘했다. 그러나 반대의 경우가 됐을 때는 지리멸렬했다. 국가 발전이 정체된 지도 모르고 몰락의 순간까지 쇄국으로 일관한 진취성 박약한 조선왕조를 대표적으로 꼽을 수 있다. 21세기에도 이래서는 곤란하다. 더구나 한국이 직면하고 있는 각종 내부 갈등은 내부 지향적 사고로는 절대 해소 불가능하다. 개방적 사고가 외부로 승화되어야 한다. 더구나 지금은 지역으로서의 국가의 의미가 점점 퇴색해가고 있는 시대이기도 하다. 네트워크로 연결되지 않으면 경쟁력을 갖기 힘든 시대가 이미 도래했다.

　　이런 현실을 놓고 보면 한국이 몽골리안 네트워크의 구축을 위한 선도 국가로 나서야 하는 것은 선택이라기보다는 필연이고 당위의 문제가 아닌가. 당연히 그렇게 하려면 몽골리안 국가의 정체성에 대한 이해가 선행되어야 한다. 그렇기 때문에 2장에서는 그러한 이해를 위해 몽골리안 국가들의 면면, 몽골리안의 역사적 의미, 실크로드에 대한 이해 등 몽골리안과 관련한 각론을 자세하게 살펴보고자 한다.

01 몽골리안을 찾아서

지구상에 몽골리안 국가들은 적지 않다. 우선 이웃 일본이 있다. 일부에서는 일본인은 몽골리안의 후손이 아니라고 알고 있다. 그러나 학자들의 입장은 전혀 다르다. 예컨대 독일의 의학자인 빌헬름 되니츠는 이미 19세기 말에 일본인이 아이누를 포함한 2종의 몽골리안과 말레이 계통이 합쳐져 만들어진 민족이라는 결론을 과감하게 내린 바 있다. 여기에 대부분의 일본인들이 태어날 때 몽고반점을 갖고 있다는 사실을 감안하면 되니츠의 주장은 상당한 신빙성을 갖고 있다고 할 수 있다. 또 도저히 부인하기 어려운 고고학적 증거들도 숱하게 많다고 한다. 도쿄대학의 하니하라 가즈로埴原和郎 교수가 이런 주장을 하는 대표적인 학자로 꼽힌다. 그는 북방 몽골리안의 대대적인 도래로 현재의 일본인이 형성됐다고 시종일관 주장하고 있다.

일본은 사실상 우리와 가장 가까운 몽골리안 국가다. DNA 연구는 특히 큐슈와 교토 일대의 일본인과 한국인의 유사성을 적나라하게 증명해주고 있다. 한국인의 대규모 일본 이주는 역사적 사실이고 어떤 형태로든 일본의 천황가는 백제와 관련되어 있다. 그리고 일본의 지명에도 고대 한국과의 관계가 화석처럼 새겨져 있다. 또 일본어는 한국어와 너무나도 흡사하지 않은가. 고대 한일 관계사는 앞으로 유라시안 연구의 가장 중요한 별도의 주제가 될 것이기에 이 책에서는 이 정도로 간단히 다루고자 한다.

몽골은 더 말할 필요도 없다. 외모만 얼핏 봐도 토종 몽골리안이라는 사실을 금방 알 수 있다. 전 세계 몽골리안 국가 중에서 한국과 가장 혈통이 가깝다는 설도 있다. 이에 대해서는 울란바토르 소재 몽골리안 국제대학 홍순규 교수의 말을 들어 보면 실감이 날 것 같다.

"솔직히 외관상으로만 보면 한국인과 몽골인은 구별하기 힘들다. 서로 말을 해봐야 아, 상대가 나와는 다른 민족이구나!라는 생각이 들 정도이다. 특히 한국말을 꽤 하는 도시의 세련된 몽골인은 누가 봐도 한국인하고 똑같다. 속이려고 하면 몇 분 동안은 한국인들을 속일 수 있다. 그래서일까, 몽골 학생들은 한국인 교수들에게 굉장한 친밀감을 느낀다. 아직 결혼도 하지 않은 나를 아버지처럼 생각하는 제자들이 많다."

몽골은 또 한국과 문화적으로도 비슷하다. 굳이 찾으려고 작정할 경우 같은 점이 한두 가지가 아니다. 연지, 곤지나 씨름 등만 봐도 충분하다. 고려 때 원 조정은 무지개의 나라, 솔롱고스의 풍습인 고려양高麗樣에

전 세계 몽골리안 국가들

빠져 있었음은 역사는 기록으로 전하고 있지 않은가! 일종의 한류의 원조인 셈이다. 고려와 원의 관계는 차후에 자세히 살펴보기로 하자.

중앙아시아의 여러 나라들 역시 몽골리안 국가의 일원이다. 중앙아시아는 역사적으로 스키타이, 월지, 흉노, 유연, 키타이, 몽골, 위구르, 투르크 등 유라시안 역사상 주요 몽골리안 민족들이 거쳐 간 곳이다. 더구나 이들 나라에는 구소련 시절 강제 이주된 고려인들도 약 40여 만 명 가까이 살고 있다. 냉전 시대의 논리 때문에 너무 멀리 있는 곳처럼 인식되어 그렇지 사실은 한국과 아주 가까운 나라들이다. 중국의 간쑤甘肅, 신장新疆성에서 출발해 티베트 지역을 거쳐 천산 산맥을 넘어 키르기스스탄, 우즈베키스탄, 카자흐스탄, 타지크스탄, 투르크메니스탄 등으로 이어지는 길은 바로 고대 실크로드의 중심 지역으로, 유라시안 연구의 핵심 영역이다.

이 지역과 관련해 주목할 만한 점은 진보적인 작가로 유명한 황석영 씨가 일찍부터 이 지역의 중요성을 주목하고 있었던 사실이 아닌가 싶다. 그의 이런 생각은 급기야 최근 남북한과 몽골, 중앙아시아를 묶어 이른바 '알타이 문화 연합' 공동체를 결성하자는 주장으로도 이어지고 있다. 말하자면 리틀 몽골리안 네트워크를 구축하자는 얘기가 아닌가 싶다. 그는 이 주장으로 인해 일부 세력으로부터 적지 않은 비판을 받기도 했다. 그러나 꾸준히 자신의 입장을 언론에 발표하는 등 리틀 몽골리안 네트워크 구축을 거의 신념처럼 내세우고 있다. 2000년대 초 한때 몽골 정부에서 자국과 남북한을 함께 묶어 국가연합을 결성하자는 비공식 제의를 한 바 있다는 사실에 비춰보면 그의 생각은 시간을 두고 추진할 경우 실현 가능성도 전혀 없지는 않을 것 같다.

터키는 핵심적인 몽골리안 국가에 속한다. 그리고 한국을 이웃사촌으로 여기고 있다. 실제로 한국 전쟁에 참전한 혈맹국이기도 하다. 2002

년 월드컵 3~4위 전에서 마치 친선 경기하듯 한 모습을 보여준 것은 결코 우연이 아니다. 그들은 우리를 '칸 카르데쉬' 즉 피를 나눈 혈맹이라고 부르고 있다. 더구나 터키는 유럽연합EU 가맹 예정국이자 이슬람 국가 진출에 반드시 필요한 교두보라는 지정학적 장점까지 보유하고 있다. 한국이 가까이 하지 않는다면 그게 오히려 이상하지 않을까.

터키는 역사적으로도 한국과 관련이 많다. 조상인 돌궐족이 당나라 등의 중국 왕조와는 반목했어도 고구려와는 거의 형제처럼 지낸 인연이 있다. 상당 기간 동안 고구려와 서로 이웃해 살기도 했다. 바로 이 터키와 같은 혈통이 중국 서부 신장의 위구르족이다. 중국에 속해 있으면서도 대부분의 위구르인들이 중국보다 터키에 친근감을 나타내는 데에는 다 이유가 있는 셈이다. 최근에는 중국에서 분리 독립하려는 반정부 단체들이 터키에서 활동하고 있기도 하다.

동유럽의 헝가리는 국호에서부터 몽골리안 국가라는 냄새를 물씬 풍긴다. 유럽에서는 몽골리안 계통의 마자르족이 9세기에 세운 국가로 보고 있다. 흉노족은 진秦과 한漢나라 때까지만 해도 중국의 북부에서 맹활약했다. 한나라의 최전성기를 구가한 무제武帝가 조공을 통해 굴욕적인 평화를 얻을 정도였다. 그러다 4세기를 전후해 갑자기 중국 변방의 역사 무대에서 사라졌다. 그러나 이들은 이때 완전히 하늘로 사라지거나 땅으로 꺼진 것이 아니라 서쪽의 유럽으로 이동하고 있었다. 이른바 훈족의 대이동이 시작된 것이다. 이로 인해 오늘날 독일인들의 조상인 게르만족 역시 대이동에 나서야 했다. 헝가리는 바로 이때의 흉노족, 즉 훈족이 정착해 세운 나라였다는 주장도 있다.

물론 훈족이 흉노족이 아닐 것이라는 또 다른 설들이 전혀 없는 것은 아니다. 예컨대 투르크, 즉 돌궐계의 유목 기마 민족이라는 설이 대표적으로 꼽힌다. 그러나 다른 설들 역시 훈족이 몽골리안이었다는 사실을 뒤집지는 못한다. 당시 이들의 모습은 유럽인들, 특히 로마인들에게는 그야말로 공포의 대상이었다. 일본의 로마사 전문가인 시오노 나나미가 이 훈족 탓에 로마가 멸망했다고 주장하는 것은 그래서 별로 이상할 것도 없다. 동로마 역사가들이 남긴 사서에도 훈족에 대한 기록이 일부 남아 있기도 하다. "[그들은] 몸집이 뚱뚱하다. 다리는 안으로 굽은 안짱다리이고 피부가 거무스레하다. 귀가 빳빳하고 코가 넓죽하다. 눈은 위로 찢어지고 머리털이 곤두서 있다. 마치 빗자루를 거꾸로 세운 것 같다." 몽골리안의 특징이 거의 대부분 드러나고 있는 기록이 아닌가. 더구나 찢어진 눈은 지금도 서양 사람들이 몽골리안의 가장 두드러진 특징으로 꼽는 것이기도 하다.

훈족과 관련해 반드시 주목해야 하는 사실이 또 하나 있다. 바로 한민족과 훈족이 밀접하게 연관된 부분이 많다는 가설이 그것이다. 이 설을 주장하는 독일의 베렌토와 슈미트 박사는 몇 가지 근거도 제시하고 있다. 필자가 헝가리의 군사박물관에서 본 헝가리 무사는 신라의 무인과 거의 동일해 보였다. 목보다 자유롭게 움직일 수 있도록 만든 신라식 투구에 대해서는 해설자도 당시 유럽의 투구보다 우수하다고 설명했다. 무엇보다 훈족의 이동 경로에서 발견되는 이른바 동복銅鍑, 청동 솥이 신라의 근거지인 김해 지역 등에서 적지 않게 출토된다는 사실을 주목할 필요가 있을 것 같다. 게다가 동복을 말 등에 싣고 다닌 훈족을 당시 신라 사람들이 모방이라도 한 게 아닌가 하는 생각이 들게 할 만큼 신라 유물 중 동복을 실은 기마 인물상이 대표적이지 않은가. 동복은 금 세공품, 돌무덤, 빗살무늬 토기와 함께 유라시안 유목인의 대표적인 상징물들이다. 어디 이뿐인가. 훈족의 후예인 상당수 헝가리인에게는 몽고반점이 있다. 우유를 분해하는 효소가 거의 없는 몽골리안의 특징도 거의 대부분 가지고 있다.

만약 훈족이 흉노족이라면 자신들이 흉노 출신인 김일제의 후손이라는 신라 왕족들의 주장을 그것과 연결시켜 보라. 유럽 남부의 불가르족이 건설한 불가리아는 부여, 수도인 소피아는 사비와 같은 의미라는 주장도 상당한 근거가 있어 보인다. 불가르족의 일파가 이탈리아에 정착하여 불가르 가문을 형성한 것이라는 역사 기록을 한국의 불가리 명품 열기와 연결해 보라. 4세기의 훈족, 7세기의 불가르족, 9세기의 마자르족, 11세기의 몽골족이 지속적으로 헝가리 일대의 평원에 자리 잡은 이유는 무엇일까? 현지에 가보면 유럽에서 가장 말을 키우기 적합한 지역이 과거 판노니아라 부르던 드넓은 헝가리 초원임을 알 수 있다. 헝가리 일대는 유럽의 유목 지역, 노마드 영역이었던 것이다.

헝가리를 거론하면서 핀란드를 간과해서는 곤란하다. 지금은 국민들의 외관으로 볼 때 헝가리보다 훨씬 더 유럽 국가인 것처럼 느껴지나 핀란드, 즉 핀족의 나라라는 국호에서 보듯 몽골리안 국가로 불러야 한다. 선조들이 우랄 산맥 동쪽의 몽골리안인 수오미족이라는 것이 정설이다. 그래서인지 언어도 주변국인 스웨덴어나 독일어 등의 인도유럽어족과는 많이 다르다. 우랄알타이어족인 한국어와 유사점이 더 많다는 것이 일반적인 상식으로 통한다. 특히 일본어와는 대단히 유사하다고 한다. 노키아가 처음에는 일본 회사로 오해 받은 데는 다 이유가 있었던 것이다.

다시 아시아로 돌아오면 베트남과 주민의 상당수가 몽골리안인 티베트, 네팔과 부탄 등이 눈에 들어온다. 그중 베트남은 구천만 명을 바라보는 국민 대부분이 몽고반점이 나타나는 몽골리안에 속한다. 인근의 다른 국가들과는 달리 대단히 부지런하고 진취적인 몽골리안 특유의 장점이 첫눈에 봐도 두드러지는 국가로 전혀 손색이 없다. 필자는 한 지인에게서 최근 이들이 얼마나 부지런한지에 대한 얘기를 들은 바 있다.

"동남아시아는 인종의 용광로라고 해도 좋을 정도로 각 나라마다 인종적으로 서로 많이 다르다. 당연히 서로 간의 사회적·문화적 차이도 클 수밖에 없다. 이 차이는 각국 국민들의 생활에 고스란히 녹아난다. 예컨대 대부분의 동남아 국가들은 아침 일찍 일어나 부지런하게 돌아다니는 법이 없다. 아침 7시가 되어도 거리가 한산할 정도인 경우도 적지 않다. 아마 열대 지방이기 때문에 그런 게 아닌가 싶다. 그러나 베트남 국민들은 비슷한 지방 사람들인데도 그렇지 않다. 새벽 4시부터 설치는 사람들이다. 호치민 같은 대도시를 가보면 아침 일찍부터 오토바이를 타고 떼 지어 어딘가로 향하는 사람들을 보는 것은 전혀 별스러운 풍경이 아니다."

베트남 사람들은 용맹스럽다는 몽골리안의 특징 역시 그대로 간직하고 있는 것으로 유명하다. 여러 차례에 걸친 전쟁을 통해 프랑스와 미국, 마오쩌둥이 이끈 중국 군대를 모두 물리치는 저력을 과시한 바 있다. 따라서 몽골 제국이 육상 전투에서 패한 두 국가 중 하나가 바로 베트남인 것은 별로 이상할 게 없다. 이 점에서는 또 다른 몽골 계통인 이집트의 맘루크 왕국과 함께 세계 전쟁사를 빛내고 있다. 이런 베트남이 동남아시아의 대국이 되는 것은 거의 시간 문제라고 해도 좋을 것이다.

티베트와 네팔, 부탄 등은 일부 언론에서 또 다른 한국이라고 부를 만큼 한국과 인종적으로 가깝다. 심지어 부탄 국민들은 한국인들과 모습까지 거의 판박이라는 느낌을 준다. 어떻게 보면 몽골보다 더 가까운 분위기를 물씬 풍긴다. 생김새, 표정, 동작만 그런 것이 아니다. 색동저고리 같은 옷차림, 제기차기나 탈춤 등의 문화는 이곳이 혹시 한국이 아닌가 하는 착각이 들게 할 정도로 비슷하다. 음식 역시 고춧가루를 듬뿍 넣은 자극적인 것을 좋아한다. 세계 경제 대국으로 부상할 인도의 관문이라는 점에서도 의미가 큰 몽골리안 국가들이라고 할 수 있다.

남미의 멕시코, 페루, 볼리비아, 에콰도르 등 역시 몽골리안 국가에서 제외하면 섭섭하다. 몽골리안의 특징인 누런색에 가까운 피부와 몽골주름과 반점, 뻣뻣하고 검은 모발, 광대뼈가 솟은 넓적한 얼굴 등을 가진 인디오들이 이들 국가의 국민들의 주류를 이루고 있다. 여기에 북미의 인디언, 알래스카의 에스키모까지 더하면 남미와 북미도 무시하기 어려운 범몽골리안 지역으로 꼽힐 수 있다. 이들이 보유하고 있는 천손天孫 신화는 몽골리안 인종이 공유하고 있는 문화적 특징 중의 하나이다. 이들의 언어는 알타이 계통과 일치한다, 단순히 말만 일치하는 것이 아니라 민속, 풍습, 의복, 신앙, 고고학적 자료, 심지어는 윷놀이나 제기차기, 격구공놀이 등의 놀이까지 놀랍게도 동일하다. 이렇게 볼 때 멕시코는 맥이족의 국가이며, 아즈텍은 아사달이라는 주장도 상당한 근거가 있는 셈이다.

이처럼 몽골리안 국가들은 전 세계에 가장 광범위하게 분포되어 있는 인종의 국가들로 볼 수 있다. 그럼에도 앵글로색슨이나 유대계, 차이니스 네트워크 등과 같은 강력한 형태의 네트워크를 현재는 구축하지 못하고 있다. 이유는 별로 어렵지 않게 알 수 있다. 주도적인 역량을 발휘할 강대국이 눈을 씻고 찾아봐도 없기 때문이다.

이들 나라를 하나씩 살펴보면 이와 관련해 왜 한국이 주도력을 발휘해야 하는지에 대해 절로 고개가 끄덕여질 것이다. 먼저 핀란드는 분명 지구촌이 본받아야 할 대표적인 선진국으로 손색이 없다. 몽골리안 네트워크가 구체적인 모습을 드러낼 경우 회원국들이 구체적으로 벤치마킹해야 할 최선의 모델이 되는 것은 충분히 가능하다. 그러나 인구가 550만 명에도 미치지 못하는 데서 보듯 주도적 역량 발휘에는 한계가 있을 수밖에 없다. 분위기를 잡아주는 국가는 될지언정 선도 국가가 되기는 어려운 것이다.

인구가 천만 명에 미치지 못하는 헝가리 역시 크게 다르지 않다. 1인당 GDP가 한국과 비슷할 정도로 동구권에서는 내로라하는 OECD 회원국이나 아무래도 역량이 부치는 느낌이 없지 않다. 한국처럼 딱히 내세울 산업도 그다지 눈에 띄지 않는다. 네트워크 구축에 반드시 필요한 IT 및 모바일 관련 산업에서는 아예 명함조차 내밀기 어렵다.

터키는 핀란드나 헝가리에 비할 경우 그나마 여러모로 조건이 낫다. 대국인데다 OECD 회원국이라는 사실에서 보듯 모든 것이 어느 정도 수준에는 올라 있다. 그러나 인구는 한국보다 2,200만 명 이상 많으면서도 GDP는 뒤진다. 산업의 전반적인 수준 역시 한국과는 비교하기 어렵다. IT나 모바일 산업은 더 말할 필요조차 없다. 역시 여러모로 현재로서는 역부족이라고 해야 한다.

이렇게 아무리 눈을 씻고 봐도 남는 나라는 아시아의 두 OECD 회원국인 한국과 일본 외에는 없다. 실제로도 두 나라가 나서는 것이 지정학적 상황이나 경제력 등 여러 여건으로 볼 때 가장 합리적이라고 단언해도 좋다. 특히 한국은 여러 면에서 네트워크 구축의 주역이 될 조건을 충분히 보유하고 있다. 이를테면 남북한과 해외 한인들을 합칠 경우 8,000만 명에 가까운 인구, 세계 10위권의 경제력, IT와 모바일 산업 강국이라는 특징 등이 이런 조건으로 꼽힌다. 더구나 한국은 일본처럼 다른 나라를 침략해 본 경험이 전혀 없다. 따라서 일단 유라시안 네트워크를 구축하겠다는 입장을 공공연하게 밝혀도 잠재적 회원국들과 주변국들의 괜한 우려를 불식시키는 게 가능하다.

하지만 시작이 반이라는 말이 있다고는 하나 경우에 따라서는 현실이 답답할 때도 있다. 몽골리안 네트워크의 회원국이 되어야 할 대부분의 국가들이 지닌 부족한 국력을 보고 있노라면 진짜 그런 생각이 들 수도 있다. 그렇다면 한국이 적극적으로 나서 상생의 네트워크를 구축하는 것은 정말 비관적일까? 필자는 절대 그렇지 않다고 주장하고 싶다. 특히 과거의 역사를 돌아보면 더욱 그런 생각이 든다. 미래의 비전이 장밋빛이 아니기는 해도 비관적이지만은 않은 것이다. 이제 이런 기본 인식을 근저에 깔고 몽골리안 국가들이 펼친 활약사와 실크로드를 비롯해 이들이 남긴 유산을 한 번 살펴보고 이들의 진짜 정체성을 정의해 보기로 하자.

02 문명의 기원과 발전, 몽골리안의 역할 그리고 실크로드

인류 문명은 세계 4대 문명에서 기원했다는 것이 정설이다. 따라서 인류 문명의 발전에 기여한 몽골리안의 역할과 이들에 의해 개척된 실크로드를 본격적으로 논하기 전에 먼저 이 4대 문명에 대해 간략하게나마 살펴보는 것이 당연한 순서일 것이다.

인류 최초의 문명은 티그리스 강과 유프라테스 강에 의해 형성된 비옥한 퇴적 평야를 끼고 있는 메소포타미아에서 탄생했다. 시기는 대략 기원전 4,000여 년 전쯤으로 거슬러 올라간다. 주인공은 수메르인으로 지금의 이라크와 시리아 일대의 지방 군소 도시인 우루크, 니푸르, 니네베, 바빌론 등의 도시와 아카드 왕국, 우르 제3왕조, 아시리아 제국 등을 중심으로 문명을 꽃피웠다. 이 문명은 지금도 '눈에는 눈, 이에는 이'라는 내용이 일부 남아 있는 함무라비 법전으로 특히 유명하다.

메소포타미아에 뒤이은 문명은 고대 이집트 문명이다. 나일강 하류를 기원으로 하고 있다. 기원전 3,200년부터 수천여 년 동안 존재했다.

1922년 이른바 왕가의 계곡에서 하워드 카터가 발견한 파라오 투탕카멘왕의 보물과 스핑크스, 피라미드, 미라 등이 이 문명을 상징한다.

황허黃河 문명은 중국의 황허 중하류 지역에 존재했던 옛 문명의 총칭이다. 세계 역사학계에서는 인더스 문명보다 늦은 기원전 2,000년 전후에 시작된 문명이라고 규정하고 있으나 중국 학계에서는 훨씬 이전으로 기원을 올려 잡고 있다. 신석기 시대의 양사오仰韶와 룽산龍山 문명을 거쳐 은殷나라와 주周나라의 청동기 문명으로 발전해 갔다는 것이 통설이다. 그런데 최근 내몽골의 홍산 일대에서 기존의 중국 문명보다 2,000년이 앞선 문명이 발견되었다. 이 문명은 홍산 문명 혹은 요하 문명이라 불리며, 세계 최고最古 문명 중의 하나로 부상하고 있다. 이렇게 볼 때 동북공정이라는 것은 중국 당국이 중국을 세계 최초의 문명국으로 만들기 위해 무리하게 추진하고 있는 공정이라는 것이 드러나는 셈이다.

인더스 계곡 문명으로도 불리는 인더스 문명은 대략 기원전 3300~1700년경에 존재했다. 인더스 강과 지금의 파키스탄과 인도에 걸쳐 있는 하크라강 사이에 있었다. 처음 발굴된 유적지가 모헨조다로와 하라파에 있었던 탓에 가장 부흥했던 시기를 하라파 문명이라고도 부른다. 그리고 메소포타미아 지역과 활발히 교류한 관계로 지금의 이라크 주변에서 인더스 문명의 유물이 종종 발견되고는 한다.

인류의 4대 문명에는 얼핏 살펴봐도 바로 눈에 띄는 특징이 하나 있다. 바로 하나같이 강을 끼고 탄생했다는 사실이 그것이다. 아무래도 고대에는 농사를 지어 먹고 사는 문제를 해결하는 것이 급선무였으니 당연하다고 하겠다. 그러나 이게 다는 아니다. 좀 더 자세히 보면 더 큰 특징을 알 수 있다. 이 지역들이 농경문화와 유목 문화의 접점 지대라는 사실이 바로 그것이다. 정말 그런지는 역사가 말해줄 것이다.

우선 메소포타미아 문명을 보자. 세계 지도만 봐도 바로 알 수 있듯이 이곳은 운명적으로 대단히 개방적일 수밖에 없는 지역이었다. 그래서 항상 토착민인 수메르인과 이민족들 사이의 교류나 분쟁이 잦았다. 이민족으로는 유목 민족인 셈족이 대표적으로 꼽힌다. 역사는 이들이, 수메르인들이 메소포타미아 문명을 탄생시킨 이후부터 끊임없이 이 지역과 접촉, 교류와 분쟁의 기록을 남긴 것으로 전하고 있다. 급기야 셈족은 기원전 2350년경 수메르인들과 주변 국가를 정복하고 처음으로 이 지역에 통일 왕국을 세웠다. 이 지역을 통치한 유목민 세력은 셈족만이 아니었다. 기원전 247년부터 AD 226년까지는 파르티아 왕조를 세운 파르니족이 또 다른 주인공으로 등장했다. 이들은 이란 북동부에 살던 유목민이었던 것으로 알려져 있다. 파르티아를 이은 사산 왕조 역시 다르지 않았다. 특히 이 왕조는 쿠스르 1세 때 인도의 굽타 왕조와 국경을 맞댄 채 활발히 교역을 했으면서도 동쪽의 돌궐 등의 유목 민족과 애증 관계에 있기도 했다.

이집트 문명 역시 다소 폐쇄적인 지역이기는 했으나 유목민들과의 교류가 적지 않았다. 아프가니스탄에서 수입해 사용한 청동기 제품들이 증거라고 할 수 있다. 또 기원전 17세기경에는 몽골리안 유목 민족으로 알려진 힉소스인들이 밀려들어오기 시작해 이들과 관계를 맺어야만 했다. 이들은 이집트에 들어오자마자 본토인들을 도와 나일강 동쪽에 14왕조를 세웠으나 나중에는 이에 만족하지 못하고 자립, 15왕조를 세우기도 했다. 왕조를 세우기 이전부터 청동기 제조 기술을 가져온 이 힉소스인들은 이후 본격적으로 이집트 문화를 꽃피웠다. 도자기 제조를 비롯해 옷 만드는 기술까지 발전시켜 그야말로 이집트판 르네상스를 일궜다. 이때 또 다른 아시아계 유목 민족인 하비루인들 역시 이러한 역사 창조에 적극 동참했다고 한다.

황허 문명은 아예 몽골리안 위주의 주변 유목 민족과 역사를 같이 했다고 해도 좋다. 이러한 사실은 무엇보다 은나라 때부터 동이東夷, 서융西戎, 남만南蠻, 북적北狄으로 불리는 변방의 몽골리안 유목민들이 존재했다는 사실에서 잘 알 수 있다. 이뿐만이 아니다. 동호東胡, 흉노匈奴 등의 이름까지 더하면 황허 문명에서 시작된 중국의 역사는 토착민이라고 주장하는 한漢족과 유목 민족 간의 교류와 투쟁의 역사였다고 단언해도 과언이 아니다. 더구나 춘추전국시대 이후에 건국된 진나라의 경우는 지배층 상당수가 서융 출신 세력이었다는 것이 정설이다. 부언하면 몽골리안 유목 민족을 빼놓을 경우 중국 역사는 아예 성립조차 되지 않는다.

인더스 문명도 예외는 아니었다. 최초의 문명은 토착민인 드라비다족이 일궈냈으나 기원전 2000년을 전후해 중앙아시아 방면의 유목 민족인 아리안족이 남하, 새로운 왕조를 세운 것이다. 또 이때를 전후해 몽

농경지와 유목국가의 접점에서 문명이 발생

유목국가의 역할→상업과 무역
농경국가의 역할→산업과 소비

골리안 역시 대거 유입됐다. 인도를 구성하는 3대 인종이 다수의 아리안, 소수의 몽골리안과 드라비다족인 것은 바로 이런 역사적 사실에서 기인한다.

이처럼 소위 세계 4대 문명은 예외 없이 농경문화와 유목 문화가 교차하는 곳에서 기원했다. 달리 말해 몽골리안이나 유목 민족들이 결정적인 역할을 한 것이다. 이를테면 당시 농업을 기반으로 문명을 일으킨 지역의 토착 민족들은 유목민들이 아니었더라면 내재적으로 정체되었을 것이며, 그렇다면 더 이상의 발전은 없었을 것이라는 이야기이다. 실제로 인류학자나 문명사가들은 유목민들이 아니었더라면 농경만이 적합한 지역에서는 문명의 발달이 비교적 뒤늦게 나타났다는 사실을 거의 정설로 받아들이고 있다.

현대의 시각으로 보면 당시 농업의 역할은 오늘날의 '산업'이었다고 할 수 있다. 그리고 유목은 무역의 역할을 했다고 볼 수 있다. 이는 한마디로 고대의 세계 4대 문명을 비롯해 이후의 수많은 인류 문명들이 일찌감치 상호간에 많은 교역을 했을 것이라는 사실을 의미한다. 일일이 증거를 나열할 필요가 없을 정도이다. 아직도 현존하는 당시의 건축물이나 유물, 유적들만 자세히 살펴보아도 충분하다. 예를 들어 엄청나게 먼 거리에서 운반해온 것이 분명한 건축 자재들이 어디에서나 대량으로 발굴되고 있는 것이다.

그렇다면 인류 문명을 한층 더 발전시킨 이런 광범위한 교류의 주역은 진짜 몽골리안이었을까? 증거는 혹시 있을까? 필자는 그렇다고 단언하고 싶다. 우선 기원전 8세기에서 2세기에 걸친 600여 년 동안 유라시아의 사회, 문화, 경제 발전에 엄청난 영향을 미친 스키타이족의 활약을 보자.

혹자들은 스키타이가 왜 몽골리안이라고 주장 하느냐고 할지도 모르겠다. 하지만 현존하는 인골을 통해 볼 수 있는 이들의 체형을 감안하면 얘기는 다소 달라진다. 광대뼈가 튀어나온 얼굴이 무엇보다 그렇다. 여기에 헐렁한 통바지에 버선 모양의 가죽 단화를 신는다거나 짧은 상의에 허리띠를 졸라맨 모습까지 더하면 더욱 고개를 갸웃거리게 만든다. 골수 몽골리안인 고구려인과 거의 유사하기 때문이다. 말을 기가 막히게 잘 타는 기마 민족에 활의 명사수였다는 사실은 아예 결정타라고 해야 한다. 일부에서는 흉노족에서 갈라져 나온 인종이 아닌가 하는 주장을 하기도 한다. 실제로 헤로도토스는 이들이 황제에 해당하는 선우單于와 그 아래에 좌우左右의 현왕賢王을 두는 흉노와 같은 신분 계급 시스템을 갖고 있다고 기록하고 있다. 또 흉노와 같은 전통인 순장 풍습도 갖고 있었다. 터키인들이 지금도 이들을 돌궐과 함께 자신들의 조상 중의 한 분파로 보는 것도 다 나름의 이유가 있는 셈이다.

이들이 유라시안 문명의 발전에 미친 영향은 절대적이다. 무엇보다 이들을 통해 금속 세공 문화가 유럽은 말할 것도 없고 중국을 거쳐 한반도와 일본에까지 퍼져 나갔다. 청동 거울과 동물 의장意匠, 양식이 대표적인 예라고 할 수 있다. 동방의 유목 민족들에게 미친 영향 역시 지대했다. 알타이 산간 지방의 마이에미르 문화와 중국 네이멍구內蒙古의 오르도스 문화는 바로 이 스키타이 문화의 영향을 직접적으로 받았다. 이 중 짐승의 몸의 주요 마디나 근육 부분에 콤마형 또는 반달형 틀을 만들고 거기에 보석을 끼워 넣는 동물의장의 감입嵌入 기법은 한반도를 비롯한 유라시아 일대에 광범위한 영향을 미쳤다.

스키타이족은 특히 금세공에서는 어느 민족도 따르기 어려울 정도로 탁월한 재능을 보인 것으로 파악되고 있다. 때문에 한국의 일부 진보적인 사학자들은 금을 많이 사용한 신라는 이 스키타이와 밀접한 관계에 있었다고 주장하기도 한다.

금은 과거 교역의 주요수단이었다. 이와 관련해 노마드인 몽골리안의 특징이 교역의 요소로 말과 금을 중시하는 점에 있다는 사실에 주목하자. 따라서 카자흐스탄에서 출토된 황금 인간과 신라의 금관은 맥을 같이 한다고도 할 수 있을 것이다. 금을 뜻하는 '알타이'는 금이 나는 알타이산의 명칭이기도 하고, 우리 신라의 경주 김씨의 시조 이름의 의미이기도 하다. '알지'가 알타이, 즉 금이라는 주장을 받아들이면 김알지는 중복하여 금을 뜻하게 된다. 다른 예를 하나 살펴보자. 거란족의 요遼나라를 뜻하는 키타이는 러시아인들이 중국을 부르는 이름이다. 홍콩의 케세이 퍼시픽 항공의 케세이의 의미도 키타이다. S가 묵음이 되는 언어학의 사례를 보면 키타이 요와 스키타이의 연관성이 금방 떠오를 것이다. 실제로 계단契丹, 5세기 중엽부터 내몽골의 시라무렌 강 유역에 살던 유목 민족, sKithan의 契의 음은 ㅅㄱㅇ이기에 '설'이라고 발음하기도 한다. 또 스키타이는 대월씨大月氏국을 형성하여 중앙아시아의 무역로를 관장하고 있었으나 흉노의 모돈 선우에게 패배하여 서쪽으로 이동한 바 있고, 한 무제가 이들과 동맹을 맺기 위하여 장건을 파견한 바 있다.

이 대월씨大月氏국은 다시 인도로 들어가 기원전 1세기경 쿠샨 왕조를 건설한다. 이들의 일파인 샤카족의 현인이 바로 석가모니라는 주장도 이참에 소개해 보기로 하자. 참고로 석가의 출신국은 코리국인데 코리는 고리, 즉 코리아라는 설도 있다. 요나라가 서西로 이전한 서요西遼, 즉 카라키타이의 영역을 보면 과거의 스키타이의 활동 영역과 너무나 흡사하다. 역사는 반복되는가? 서구 학계의 정설은 스키타이는 인도유럽어족이라고 하나 근거가 너무나 희박하다. 말을 다루는 노마드의 정체성, 헤로도토스가 지적한 좌우 현왕 제도는 몽골리안의 특성이 아닌가?

흉노 역시 인류 문명의 발전과 관련해서는 반드시 거론해야 한다. 비록 중국의 정사에서는 오랑캐로 취급받고 있으나 몽골리안의 일원으로서 고대 유라시안 네트워크의 전신인 실크로드 탄생에 당당하게 기여했기 때문이다. 이들의 최전성기 시절 영토는 동쪽으로는 지금의 만주, 서쪽으로는 아랄해, 남쪽으로는 오르도스, 북쪽으로는 바이칼호에 이르는 방대한 영토를 아우르면서 실크로드를 장악하고 있었다. 실제 당시 중국의 문화는 이들 흉노에 의해 서역이나 유럽 쪽으로 적지 않게 전해진 것으로 알려지고 있다. 주지하다시피 나중에는 서진에 나서 유럽 지역에 민족의 대이동을 초래하는 역할도 했다.

흉노의 문화 또한 이미 언급한 대로 주변으로 퍼져 나갔다. 대표적인 것이 스키타이와 밀접한 관계가 있다는 사실을 증명하는 오르도스 예술 양식이 아닌가 한다. 이를테면 금을 비롯한 금속 출토품에서는 거의 예외 없이 볼 수 있는 사자, 사슴, 말 등이 서로 물어뜯는 모습의 문양이 바로 그렇다. 이 문양은 중국의 춘추전국시대의 예술 양식에 적지 않은 영향을 미치기도 했다. 로마 시대에 시저가 귀족들의 비단 취향을 제한하려 할 정도로 엄청났던 물량의 동방 상품은 누가 전달했겠는가? 적어도 유라시안 무역로를 당시의 로마도 중국도 모르고 있었음은 확실하다. 바로 흉노가 이 유라시안 교역 제국이었던 것이다.

제천 의식의 전통이 있었던 흉노의 사상은 이밖에 중국과 한반도에도 일정한 영향을 미쳤다. 이는 황제를 천자로 불렀다거나 의술을 행하는 무당을 박시Bakshi로 불렀다는 학설을 살펴보면 어느 정도 증명이 된다. 후자의 경우 나중에 한국어의 박수무당으로 변했다는 것이 일부 무속학자들의 주장이다. 또 흉노 왕자 김일제의 성은 흉노의 거점인 '알타이'의 뜻인 금에서 온 것이고, 그의 후손이 경주 김씨로 신라를 운영하고 다시 여진족의 시조가 되어 여진어로 아이신이라는 금나라를 건국하고 청나라는 마침내 오르도스 지역을 회복한다.

역사는 돌고 돈다. 교류와 융합의 역사관은 문명 대 야만 식의 우열(優劣)의 역사관이 아니다. 단지 역사를 여러 민족들이 서로 왕래하고 교역하고 융합해 나가는 것으로 볼 뿐이다. 이러한 관점에서 필자는 한국이 세계 문화의 본류라는『한단고기』식의 확대 해석은 한국의 세계화에 오히려 불이익을 가져올 가능성이 크다는 점에서 우려하고 있다.

돌궐이라고 흉노에 뒤질 것은 없다. 오히려 유라시아 초원 지대의 여러 몽골리안 유목 민족 중 최초로 문자를 남긴 민족이라는 주장도 있다. 이런 역량은 서기 6세기를 전후해 중앙아시아의 실크로드를 장악하는 성과로 이어졌다. 이를 계기로 돌궐은 비잔틴 제국에 외교 사절을 보내 교류를 하기 시작했다. 이후 양측의 직접 교역도 이루어졌다. 돌궐은 중국과의 교역 역시 소홀히 하지 않았다. 항상 말을 주고 비단을 얻는 교역에 나서고는 했다. 비단은 당연히 비잔틴에도 흘러 들어갔다. 비잔틴의 문화와 문물이 중국의 수(隋)나라와 당나라를 거쳐 한반도로 흘러 들어온 것은 그래서 크게 놀랄 만한 일도 아니었다. 움직이지 못할 증거 역시 있다. 다름 아닌 신라 미추왕릉 지구 계림로 14호분에서 출토된 황금 보검이 그것이다. 현존하는 보검 중에서는 단연 세계 최고의 디자인과 제작 기술을 증명하는 이 보검이 바로 비잔틴으로부터 흘러 들어온 유물인 것이다. 이미 1,500여 년 전에 신라를 중심으로 하는 한반도가 실크로드를 통해 유럽과 왕성한 교역을 했다는 증거인 셈이다.

이외에 돌궐의 지류로 봐도 좋은 위구르족의 활약 역시 간과하면 곤란하다. 지금은 비록 중국의 일개 소수민족으로 전락했으나 고대에는 유라시아 문명의 흥기에 당당한 일익을 담당했다. 또 흉노와 돌궐처럼 동서방의 문물과 문화 교류에도 나름의 상당한 기여를 했다. 돌궐과 위구르는 알타이인의 중요한 한 축인 투르크로서 몽골인과 더불어 앞으로 구축할 유라시아 네트워크의 주역인 것이다 몽골리안은 크게 몽골과 투르크계로

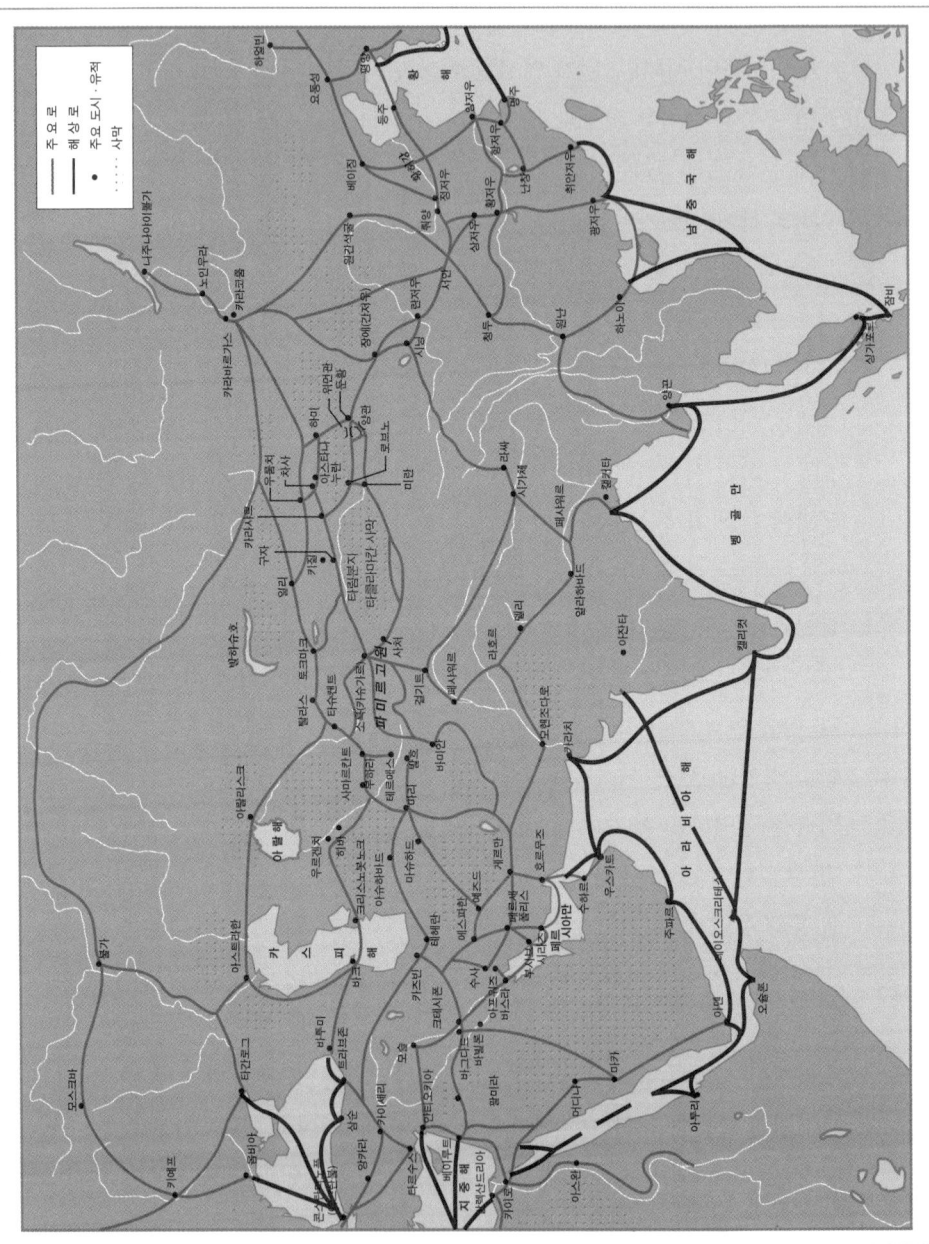

양분된다.

이처럼 몽골리안 민족들은 세계 4대 문명의 흥기에 너무나도 확실한 기여를 했다. 4대 문명을 연결하는, 실크로드로 불리는 유라시아의 교역로를 중심으로 주인공으로 활약했던 것이다.

앞에서도 살펴보았지만 실크로드는 그 이름에서 보듯 중국의 비단 등 동방의 상품들이 서방으로 흘러들어간 교역로였다. 이를 통해 서방으로부터는 보석을 비롯해 옥, 직물 등의 특산물이 동쪽의 중국과 한반도로 전해졌다.

혹자들은 실크로드가 한나라의 무제 때 장건을 서역에 파견해 개척한 것으로 알고 있을지 모른다. 게다가 중국의 각급 교과서나 사서에는 열이면 열 모두 이렇게 기술되어 있다. 그러나 사실은 전혀 다르다. 결론부터 말하자면 한무제와 장건은 이 지역에서 활동하던 몽골리안들이 열심히 닦아놓은 무역로를 장악하려 했던 것에 지나지 않는다.

아무튼 실크로드의 등장으로 인류 문명은 한 단계 더 진보하는 전기를 맞이하게 됐다. 비단이 끊임없이 서방으로 흘러갔듯 서방의 문물과 문화 역시 부단히 동방으로 옮겨졌다. 예컨대 이란의 조로아스터교, 마니교와 로마에서는 이단시되었던 기독교의 한 유파인 네스토리우스파 그리스도교 등이 대표적이라고 할 수 있다. 서방을 대표하는 로마 문화와 동방을 대표하는 중국 문화가 비로소 본격적으로 교류하기 시작했던 것이다.

실크로드는 중국에 송나라가 건국된 10세기 이후 잠시 주춤하는 전환기를 맞는다. 이때를 전후해 동서 교역의 주요 교통로가 육상의 실크로드에서 다양한 형태로 바뀌기 시작했기 때문이 아닌가 한다. 그러나 송나라가 멸망하고 최초의 글로벌 교역 제국인 몽골 제국이 등장하면서부터 상황은 다시 달라졌다. 몽골족이 자신들이 맹활약한 근거지이기도 했던 실크로드를 근거로 대몽골 제국을 형성하기 시작한 것이다. 원나라는 그중 중국을 기반으로 한 쿠빌라이의 한 국가일 뿐이었다. 사실 칭기즈칸의 야심은 단순히 중국을 정복해 지역 국가를 건국하는 데 있지 않았다. 그의 꿈은 다름 아닌 인류 역사상 최초의 글로벌 무역 국가를 건설하는 것이었다. 몽골 제국의 발전 궤적을 따라가다 보면 그의 정복 과정이 철저하게 당시의 교역로인 실크로드 등을 장악해가는 과정이었다는 사실을 확인할 수 있다. 그가 왜 중국 본토 공략에 소극적이었는지는 이로서 설명이 될 것 같다. 그는 또 이 무역로에서 글로벌 교역 국가에 반드시 필요한 3대 시스템도 만들어 냈다.

첫 번째가 화폐였다. 그것도 그저 화폐가 아니라 지폐인 교초交鈔였다. 단순히 만들어내기만 한 것이 아니었다. 서쪽의 시리아에서부터 동쪽 끝의 고려에 이르기까지 광범위한 지역에서 통용되도록 했다. 이 지폐를 받지 않으면 사형에 처했다고 한다. 지폐 없는 무역이 얼마나 어려울지는 가히 상상이 가지 않을까? 따라서 이 지폐를 통해 글로벌 교역을 활성화시켰다는 결론이 나온다. 지폐 이전에는 금을 숭상했던 이유 또한 그것이 교역에 필요했기 때문이다.

역참 시스템은 이미 널리 알려져 있다. 다양한 종류의 고속과 저속 그리고 대용량, 저용량의 역참 시스템이 전 몽골 제국에 좍 깔려 있었다. 글로벌 교역 국가의 상징이었다. 이런 맥락에서 인구의 3%가 역참에 종사했다는 중앙아시아의 역사 기록은 충분히 이해할 수 있을 것이다.

더욱 놀라운 것은 제국의 세제가 단일 세제로 개편되었다는 사실이다. 무역에 많은 부담이 되던 통행세가 소비세로 단일화되어 교역이 획기적으로 활성화되었던 것이다.

실제로 이 세 가지 시스템의 등장으로 동방과 서방의 교역량은 엄청나게 폭증했다. 따라서 몽골 제국의 전성시대가 파괴의 시대라고 주장하는 것은 사실을 왜곡한 사관이 아닌가 한다. 오히려 전 세계의 경제적 부를 제고시킨 시대였다. 이런 시각에서 접근한다면 몽골 제국은 '세계 최초의 무역 제국'이었다. 전 세계 교역량을 대폭 늘이면서 경제 부흥을 이끌었던 것이다. 유럽의 르네상스 또한 동서양의 교역 확대에 따른 이러한 부의 확대 덕분에 가능했다고 할 수 있다. 르네상스가 십자군 운동의 결과라는 학설은 르네상스와 십자군 운동이 시대적으로 상당히 동떨어져 있다는 점에서 비논리적이라 생각된다. 문화의 진흥은 부의 축적의 결과라는 관점에서 보면 팍스 몽골리아 아래에서 이탈리아의 도시국가들이 동방 무역으로 부를 축적한 결과가 르네상스로 이어졌다고 보는 쪽이 더 합리적이지 않을까? 물론 여기에 동로마 제국의 멸망이 결정적 촉진제가 되었을 것이다.

몽골리안이 동서양 교류를 촉진시켜 인류 문명의 발달에 미친 지대한 영향은 여러 방면에서 확인할 수 있다. 특히 역사 교류를 증명해주는 화석으로 불리는 지명들은 부동의 증거라고 할 수 있다. 한국의 수도는 서울이다. 어떻게 보면 한국만의 고유한 단어처럼 보인다. 그러나 필자는 개인적으로 그렇지 않다고 생각한다. 서울은 원래 동쪽 마을이라는 뜻을 가진 서라벌에서 변형된 지명이라고 한다. 여기서 햄버거의 어원이 되는 독일의 함부르크라는 도시를 한번 거론해 보자. '낮은 혹은 동쪽의 마을'이라는 뜻이다. 묘하게도 '벌'과 '부르크'가 발음이 비슷하다. 혹시 상관관계가 있지 않을까? 이런 의문은 지도를 펼쳐보면 일정 부분 해소될 수 있지 않을까 싶다. 영국의 풀리버풀 등, 중동의 불이스탄불, 카불 등, 인도의 바드하이더라바드 등, 동남아의 부리나 포르예를 들어 싱가포르는 사자의 도시라는 뜻이다., 제주도의 부리산굼부리 등이 비슷한 뜻으로 쓰이고 있는 것이다. 이런 현상이 생긴 것은 절대 우연이 아니다. 고대부터 얽히고설킨 전 세계적 교류의 소산이라고 해야 한다. 고을, 고리는 고조선

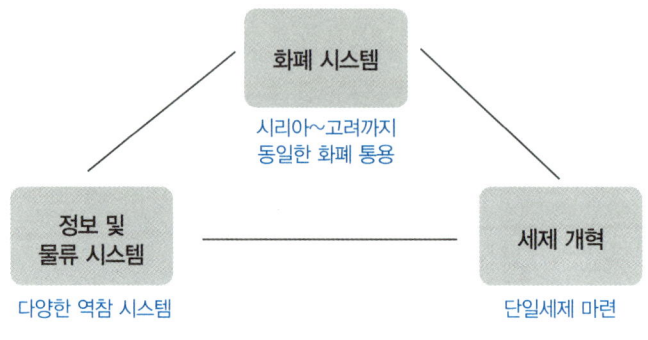

이전의 고리국에서 고구려를 거쳐 고려로 부활하고 다시 코리아가 된다. 이 고리가 인도의 샤카족에서는 코리국으로, 다시 멕시코의 코리에서도 나타난다는 견해가 있다는 것도 다시 소개하고 넘어가기로 하자. 이처럼 역사는 순환한다. 우리의 역사 또한 그와 더불어 순환하고 있다.

인류 역사는 지금까지 주로 정착민의 관점에서 기술되어 왔다고 해도 틀리지 않는다. 우선 중국이 그랬다. 시종일관 주변의 몽골리안 민족들을 오랑캐라고 부르면서 정체성을 인정하지 않았다. 앵글로색슨 국가들 역시 크게 다르지 않았다. 17세기 이후 세계를 장악한 이후 몽골리안 제국의 역사를 그야말로 역사의 무대 뒤편으로 처박아 버렸다. 키스 젠킨스가 "역사는 세계를 지배하는 자에 의해 쓰인다"라고 말한 것은 확실히 공연한 억지는 아닌 것 같다. 하지만 앞으로는 이런 주류 사관에도 변화가 필요하지 않을까 하는 생각이 된다. 모든 역사에 교류 사관과 소위 주류 사관을 함께 녹여 입체적인 사관으로 나가야 하는 것이다.

이제 이런 의식을 기본 바탕에 깔고 몽골리안 민족들과는 떼려야 뗄 수 없는 세계사의 의문들에 대해 살펴보기로 하자. 그래야 인류의 역사가 정착민만의 역사가 아니라 교류 사관으로 보지 않으면 안 되는 유목민의 역사이기도 하다는 사실을 알 수 있을 테니까 말이다.

03 세계사의 미스터리들을 푸는 키, 교류 사관

세계사에는 미스터리들이 많다. 일반적으로 인정받고 있는 정사正史를 봐도 그렇다. 더구나 이 미스터리는 정착민의 관점으로 본 매우 보수적이고 편협한 정사에서 조금만 벗어나 발상의 전환을 하지 않는 한 점점 늘어만 간다. 책으로 만들면 수백 권은 될 것이다. 따라서 이중 정사에서도 대체적으로 고개를 끄덕거리는 세계사의 미스터리들에 대해 한번 살펴보는 것도 좋을 것이다.

주지하다시피 중국 최초의 통일 왕조는 하夏, 은, 주나라를 거쳐 계속 이어져온 춘추전국시대를 마감한 진나라이다. 아버지가 누구인지 지금도 의문이 해소되지 않는 등 출신이 모호한 진시황 영정嬴政이 이른바 라이벌들인 육국六國을 경략하고 중국 대륙에서는 처음으로 통일 대업을 이루었다. 중국의 관변 역사학자들은 그가 그토록 뛰어난 성과를 이룰 수 있었던 이유와 관련해 진나라 외의 육국에서 많은 인재들을 발탁, 국력을 기른 데서 우선적으로 원인을 찾는다. 또 기발한 전략, 이를테면 원교근공遠交近攻, 먼 나라와는 교류하고 가까운 나라는 공격해 점령하는 전략을 통해 라이벌인 육국을 지리멸렬하게 만든 것도 이유로 꼽는다. 하지만 그래도 뭔가 풀리지 않는 의문은 여전히 남는다. 진나라가 지형적으로는 가장 서쪽에 저리잡고 있었던 변두리 국가인데다 한때는 나머지 육국에 비해 국력도 그다지 강하지 못했기 때문이다. 그런데 어떻게 육국을 병탄한 다음 통일을 이룩하는 대업을 그처럼 간단하게 이룰 수 있었을까? 혹시 정주민 중심으로 정사를 강조하는 관변 계통 역사학자들이 간과한 원인은 없는 것일까? 아마도 보다 중요한 요인이 있었을 것이다. 그렇다면 그것은 도대체 무엇이었을까? 이게 필자가 제기하고 싶은 첫 번째 미스터리이다.

그러면 이제 서쪽으로 조금 더 이동해 기원전 2000년을 전후해 중동의 패자를 자처한 히타이트의 역사를 살펴보기로 하자. 과연 이들이 다른 민족을 제치고 중동의 패자가 된 이유는 어디에 있었을까? 교과서에서는 투드할리야시 2세의 강력한 왕권 확립, 수필룰리우마스의 뛰어난 국가 경영 등에서 볼 수 있는 군주들의 탁월한 능력에 우선 높은 점수를 주고 있다. 여기에 히타이트인들의 용감한 기질, 말과 경쾌한 이륜 전차를 조합한 새로운 전술의 도입 등도 거론되고 있다. 그러나 이 분석들도 딱히 정곡을 찔러 시원스럽게, 히타이트가 어떻게 중동의 패자가 됐는지에 대해서는 제대로 설명하지 못하는 것 같다. 과연 다른 이유는 없는 것일까?

다시 중국으로 돌아와 현재 산시山西성 성도인 시안西安으로 이름이 바뀐 장안長安을 보자. 지금은 베이징이나 상하이, 광둥성의 성도 광저우廣州에 눌려 별로 주목받지 못하는 도시이나 송나라가 건국하기 전까지만 해도 그렇지 않았다. 무려 1,000년 이상 동안 진나라와 당나라를 비롯한 중국의 여러 왕조의 수도로 막강한 위용을 과시했다. 한창 때는 최소한 파리의 수십 배 이상이나 되는 인구를 보유하면서 로마와 함께 세계 최대 도시로 군림하기도 했다. 오죽하면 지금도 "중국 1,000년의 역사를 보려면 시안, 500년의 역사를 보려면 베이징, 200년의 역사를 보려면 상하이로 가라"는 말이 있겠는가. 그렇다면 지금의 잣대로 볼 경우 중국 서북부의 한참이나 외진 곳에 저리잡은 장안은 왜 이처럼 수많은 왕조들의 수도가 될 수 있었을까?

서양에서는 동로마 제국의 콘스탄티노플을 주목할 필요가 있다. 원래 로마 제국의 수도는 지금의 로마였다. 제국이라는 이름을 붙인 데서 보듯 로마는 기원전 3세기를 전후해 이탈리아 반도를 통일한 다음 이른바 지중해의 패자가 됐다. 팍스 로마나Pax Romana라는 태평성대는 바로 이즈음에 출현했다. 그런데 콘스탄티누스 대제는 오늘날의 터키 이스탄불인 비잔티움으로 수도를 이전했다. 로마 중흥을 위해 변화를 시도하려 한 것이다. 또 그는 나중에 자신의 이름을 따 콘스탄티노플로 개명한 비잔티움으로 수도를 옮길 경우 귀족들의 힘을 약화시키는 동시에 왕권을 강화하는 것이 가능할 것이라고 생각했다. 실제로도 그의 생각은 어느 정도 들어맞았다. 천도 이후 동로마 제국의 시대를 열 수 있었으니까. 그러나 이게 천도 이유의 전부는 아니었다. 다른 중요한 이유가 있었다. 그건 도대체 무엇이었을까?

내친 김에 콘스탄티노플에서 장안을 지나 신라까지 한번 가보는 것도 괜찮겠다. 주지하다시피 1,000년 이상이나 지난 지금도 우리 주변에는 신라에서 유래한 설화들이 꽤 남아 있다. 처용설화가 아마 가장 유명하지 않을까 생각한다. 그런데 묘하게도 신라 시대의 설화들은 '임금님 귀는 당나귀 귀' 등 그리스 설화와 상당히 유사한 것들이 많다. 도대체 왜 이런 현상이 생겼을까? 과연 우연일까?

일본까지 연결해 보면 미스터리는 더욱 커진다. 지금은 비행기로 한 시간 정도밖에 걸리지 않으나 1,000년 전만 해도 신라에서 일본까지의 여정은 결코 간단한 것이 아니었다. 게다가 양 지역은 바다로 가로막혀 있었다. 그렇기에 로마에서 육로로 이동이 가능한 신라까지는 몰라도 일본까지 간다는 것은 대단한 여정이었다. 그럼에도 우리는 지금 신라뿐 아니라 일본 고분들의 발굴 유물 중에서도 동시대에 유럽에서 유행한 똑같은 로만 글라스^{Roman glass}들을 볼 수 있다. 이것 역시 갑자기 하늘에서 뚝 떨어진 우연일까?

지금까지 거론한 여섯 가지 미스터리들에서는 차례로 두 개의 의문이 대략 비슷한 유형으로 짝을 짓는다고 할 수 있다. 그런데 사실 이쯤 되면 미스터리에 대한 답을 끌어낼 단서는 대략 나왔다고 보아도 틀리지 않는다. 세계의 모든 역사를 교류의 관점에서 보면 된다는 얘기이다. 정말 그런지 한 번 살펴보자.

솔직히 지금까지의 세계사는 대규모 교류에 대한 이해가 배제된 상태에서 기술되어 왔다. 그래서 외눈박이 역사가 될 수밖에 없었다. 당연히 유럽과 중국이라는 지역 중심의 역사가 주류로 인식되어 왔다. 따라서 중국과 유럽을 연결하는 중앙 유라시안 몽골리안의 역사는 주변부로 밀려날 수밖에 없었다. 그러나 정말 이게 진실일까? 당시 세계의 부는 오로지 중국과 유럽에만 존재했었을까?

전혀 그렇지 않았다. 오히려 몽골리안 유목민들이 빠르고 편리한 이동 수단의 독점을 통해 무역을 완벽하게 장악하면서 부를 더 대규모로 축적하고 있었다. 지금도 세계를 움직이는 대부분의 부는 거의 무역을 통해 발생하고 있지 않은가. 다시 한 번 부언하자면 앞으로 세계사는 지역 정착 사관에 교류 사관이 더해져 대대적으로 재구성되어야 하는 것은 아닐까? 아마 그렇게 되면 평면적이고 단순한 세계사는 진짜 입체화되고 보다 지평이 넓어지지 않을까? 이에 대해서는 역사학자 카 역시 "역사는 사관과 사실의 결합이다"라는 말로 그것을 적극적으로 강조한 바 있다.

이제 각론으로 들어갈 필요가 있겠다. 우선 진나라가 주인공이다.

지역 중심의 정착 사관으로 보면 이 진나라는 변방에 저리잡고 있었다. 아니 주변부에 위치한 것으로 착각할 수밖에 없다는 것이 더 맞는 표현일 것이다. 그러나 교류 중심의 사관으로 보면 그러한 착각은 바로 교정될 수 있다. 즉 진나라가 동서양 간 교역의 요충지를 장악함으로써 육국을 병합, 대제국을 건설하게 됐다는 얘기가 자연스럽게 나오는 것이다. 히타이트 역시 이와 다르지 않다. 진나라처럼 교역의 길목을 장악하는 것을 통해 강력한 세력을 형성할 수 있었다. 특히 두 제국은 교역의 요충지를 장악하는 것을 통해 당시의 신문화인 철기 문화를 받아들이면서 누구도 대적하기 어려운 국방력을 쉽게 키울 수 있었다. 참고로 철기 문화는 이후 비단과 함께 한동안 몽골리안 제국들이 독점한 첨단 비밀 기술이었다. 물론 한국의 가야도 그중 하나였음이 드라마 <김수로>에서 부각되고 있다. 철(鐵)의 훈민정음 해례 발음은 스틸이다. 두 제국이 중원을 통일하고 중동의 패자가 된 결정적인 이유는 이 정도면 잘 설명되지 않을까? 첫 번째와 두 번째 미스터리는 이처럼 일거에 세트로 해결된다고 봐도 틀리지 않을 듯하다.

    중국 역대 왕조의 수도가 1,000여 년 이상 동안 장안이었던 사실과 로마가 콘스탄티노플로 천도한 것 역시 같은 관점에서 바라볼 수 있을 것이다. 그런데 현재 미국을 위협할 지구촌 최고의 수퍼파워로 부상 중인 중국에서 가장 번창하는 도시는 누가 뭐래도 상하이라고 해야 한다. 수도 베이징과 제2의 홍콩으로 불리는 경제 특구 선전 등이 경쟁 관계에 있기는 하나 상하이가 전체적인 규모나 미래의 가능성 면에서 이 두 도시를 압도하고 있다. 그러나 상하이는 불과 150여 년 전만 해도 중국에서조차 알려지지 않은 도시에 속했다. 이랬던 상하이가 급속도로 발전을 거듭해 오늘의 위치에까지 오른 이유는 다른 데 있지 않았다. 지정학적으로 태평양 교역권의 중심지였던 탓이다. 10세기 이전까지 태평양의 역할은 다름 아닌 실크로드가 담당했었다. 다시 말하면 10세기 이전의 장안은 실크로드라는 '사막의 바다'에서 바로 지금의 상하이와 같은 위치에 있었던 것이다. 그리고 10세기 이후에 이 역할은 실크로드 중 초원의 길의 종착지인 베이징이 담당했다. 교류 사관의 관점에서 보면 중국 역사의 중심은 항상 중앙이 아니라 교역의 창구인 주변부에 있었던 셈이다.

로마가 콘스탄티노플로 천도한 이유 또한 더 말할 필요도 없다. 기록에 따르면 당시 로마 제국의 전체 조세 수입 중 절반 이상은 동방에서 들어왔다고 한다. 콘스탄티노플은 바로 이런 동방을 향한 교두보였다. 당연히 로마로서는 국부가 몰려들 뿐 아니라 대 동방 교류의 요충인 콘스탄티노플을 중시할 수밖에 없었다. 교류 사관의 입장에서 본다면 천도를 하지 않는 것이 아마 더 이상한 일이었을 것이다.

마지막 두 가지 미스터리는 앞의 네 가지 미스터리가 풀림에 따라 자연스럽게 해결될 것 같다. 답은 신라의 경주 일대가 실크로드의 동방 종착지였다는 사실이 말해 준다. 실크로드를 통한 교류가 활발하다 보니 그리스 설화의 많은 콘텐츠가 한반도의 동남쪽까지 흘러 들어오게 된 것이다. 가장 대표적인 것은 신라 시대 경문왕의 설화일 것이다. '임금님 귀는 당나귀 귀'라는 설화의 주인공인 신라 경문왕은 그리스 설화에 나오는 미다스 왕과 무척 닮았다. 그 역시 당나귀 귀로 치부를 숨기려고 하다가 경문왕과 마찬가지로 한바탕 재미있는 소동을 벌이게 된다. 신데렐라와 콩쥐 팥쥐도 사실상 같은 설화라고 봐야 할 것이다.

따라서 로만 글라스가 신라 고분에서 속속 발굴되는 것은 이상하다고 하기 어렵다. 실제 기록에 따르면 당시 중국의 양주揚州에 근거를 두고 양 지역의 중계 무역에 나선 아랍 상인들은 신라에까지 빈번하게 출현했다고 한다. "서울 밝은 달 아래에서 밤 깊도록 놀다가 들어와 잠자리를 보니 다리가 넷이로구나. 둘은 내 것이지만 나머지 둘은 누구의 것인가. 원래 내 것이었다만 빼앗긴 것을 어찌하리"라는 내용의「처용가」는 바로 이런 사실을 노래로 보여 주고 있다. 아내를 범한 역신疫神을 다름 아닌 아라비아 상인으로 보는 것이 국문학자들의 대체적인 의견이다. 이렇게 보면 신라 고분들에서 로만 글라스가 종종 나타나는 것 역시 도저히 풀기 어려운 미스터리는 아닌 것이다.

세계사의 많은 미스터리는 이처럼 역사를 점이 아닌 선으로 이해하면 자동적으로 풀리게 된다. 또 지역과 지역을 연결하는 네트워크가 중요하다는 인식만 하더라도 풀리지 않는 미스터리는 확 줄어든다. 한마디로 문명 교류사의 핵심이자 이론적 기본인 실크로드를 이해해야 된다는 얘기가 아닐까 싶다.

미스터리가 풀렸으니 이제 그러한 교류를 가능케 했던 동서양 교역의 루트인 실크로드를 살펴보는 것이 다음 순서가 아닐까 싶다. 놀랍게도 이 루트는 협의狹義의 육상 실크로드만 있었던 것이 아니다.

04 실크로드의 다양성

일반적으로 실크로드는 단순하게 근대 이전의 동서 교역로로만 인식되는 경향이 많다. 그러다 보니 육상으로 시야가 좁아지게 되었다. 물론 인류의 문명사를 교류 사관으로 보려는 이런 인식만으로도 상당히 깨어 있는 수준이라고 해야 한다. 그러나 천산남북로 등의 여러 이름으로 불린 실크로드는 동서양을 그저 잇기만 한 횡단 축의 교역로가 아니었다. 그것은 오히려 동서의 여러 교통로를 포함해 세계를 동서남북으로 사통팔달하게 만든 하나의 거대한 교류, 교통의 네트워크들로 봐야 한다. 이 경우 실크로드라는 개념은 자연스럽게 확대된다. 현재 학계에서는 실크로드를 대체로 3대 간선과 5대 지선을 비롯한 여러 다양한 루트들로 파악하고 있다.

우선 3대 간선부터 살펴보는 것이 순서일 것이다. 스텝 로드로 불리는 초원의 길이 그중에서도 단연 먼저 눈에 띈다. 중국에 한나라가 들어서기 이전의 문명 교류의 주요 통로였다고 보면 크게 틀리지 않는다. 이름대로 유라시아 북방의 초원 지대를 동서로 횡단하는 길이었다. 이 길은 서쪽 끝인 카스피해 연안이나 발트해 남단에서부터 시작해 흑해 동북의 끝과 아랄해 연안을 지나 카자흐스탄과 알타이 산맥 이남의 준가리아Dzungaria 분지를 지났다. 이어 몽골의 고비 사막 북단에 있는 오르혼 강의 연안으로 이어졌다. 이후 동남향으로 방향을 바꿔 중국의 화북 지방에 이른 다음 드디어 동쪽 끝에 이르렀다.

이 길은 나중에 연장되어 한반도에까지 이르게 됐다. 기원전 4,000~3,000년경 채도彩陶 문화가 이 길을 거쳐 서아시아에서 중국과 동아시아에 전파됐다는 주장도 있다. 때문에 이 길을 채도의 길이라고도 했다. 서아시아에 기원을 둔 청동기나 로만 글라스 역시 이 길을 따라 한반도에 전해졌다. 그러나 문화는 상호 교류이기에 주고받았다고 보는 편이 좀 더 진실에 가까울 것이라 생각한다. 예컨대 20세기 말 요하 일대의 홍산 문화의 발견은 문화의 상호 교류를 입증해주고 있다. 필자의 가설은 기후가 온난한 시기에는 초원의 길이 유라시안 교류의 중심이었다는 것이다. 기원전 5세기 이전과 기원후 10~18세기가 몽골리안의 전성기가 되는 이유는 이로써 설명되지 않을까 한다.

오아시스의 길 역시 3대 간선으로 불려야 한다. 중앙아시아의 사막 등의 건조 지대에 점으로 존재하는 작은 오아시스들이 연결되어 동서를 연결하는 교통로가 만들어졌던 것이다. 오아시스는 지금도 그렇지만 사막에 사는 민족들에게는 거의 생명을 보장해주는 결정적 역할을 해왔다. 때문에 이 근처에 사람들이 주로 몰려 살았다. 나중에는 자연스럽게 교역의 중심지가 됐다. 실크로드 중에서 가장 심장부에 위치한 이 오아시스의 길은 초원의 길의 뒤를 이어 대단히 중요한 역할을 수행했다.

원래 서아시아 지역에는 기원전 6세기부터 상당히 발달한 교통로가 만들어져 있었다. 이를 통해 동방의 비단을 대규모로 수입하는 바람에 국고가 비다시피 했던 적도 많았다. 참고로 기원전 138~126년 사이에 후한의 장건이 파미르 고원을 지나 대월지에 이르는 길을 개척했다는 기록이 『한서漢書』,「서역전西域傳」에 나온다. 이 책에는 이 길 위에 있는 주요 국가들의 중심지, 장안으로부터 인근 국가들까지의 방위와 거리 등이 기록되어 있다. 하지만 그러한 기록은 중국의 관점일 뿐이다. 동서무역은 장건 이전에 이미 매우 활발하게 이루어지고 있었던 것이다. 지금 중국은 중앙아시아 일대를 장악하기 위해 장건을 대대적으로 내세우고 있음을 지난번의 실크로드 여행길에서 다시 한 번 확인할 수 있었다.

해상 실크로드 내지 도자기 길이라고 불러야 할 바닷길은 3대 간선 중에서 가장 나중에 등장한 길이다. 이 길은 후한 이후 로마와 페르시아 간의 전쟁으로 인해 육상 실크로드가 막히는 등의 어려움을 겪게 되자 대안으로 급작스럽게 떠올랐다. 이로 인해 중간의 교역 도시인 예멘의 메카 팔미라의 부가 축적되었다. 이를 바탕으로 이슬람교는 이 길의 주변에서 번창할 수 있었다. 이 교통로에 가장 많은 관심을 기울인 주역은 놀랍게도 당시 전성기에 접어들고 있던 로마 제국이었다. 로마의 각급 시장에 중국과 인도, 동남아시아 각지의 특산물이 본격적으로 소개되면서 큰 인기를 끈 것은 다 이유가 있었다. 특히 비단이 이 해로를 통해 로마에 본격적으로 운송되기 시작했다. 심지어 3세기 중엽에는 로마의 상선들이 동방과의 본격적인 교역과 교류를 위해 인도차이나나 광둥성에 있었다고 생각되는 카티가라Kattigara까지 항해를 했다고 한다.

이러한 3대 간선은 시대마다 역할에 부침이 있었다. 기원전 5세기 이전과 기원후 10세기 이후에는 초원의 길이 주축이 됐다. 그 중간에는 오아시스의 길이 중심이 됐다. 아직은 가설에 불과하나 기후 변화의 탓이 아닌가 생각된다. 이는 훈족에 대한 연구에서도 제시된 가설이기도 하다. 중국의 수도의 위치 또한 이런 변화를 그대로 반영하고 있다. 10세기 이전 중국의 수도는 대체로 장안이었으나 10세기 이후에는 북경으로 이동한다. 그 이유는 기후 변화로 인한 무역로의 이동 때문이라고 설명하는 것이 합리적일 것이다. 또 기원전 5세기 이전에는 북경 근처인 내몽고의 홍산 지역이 중국의 교역 창구가 됐다고 본다면 뒤에서 설명하게 될 홍산 문명의 실체를 파악하는 것이 보다 쉬워질 것이다.

5대 지선은 실크로드를 남북으로 연결하는 길로 이름에서 보듯 그저 지선에 불과했던 것처럼 보일 수도 있다. 하지만 인류의 교류와 교역에서 담당한 중요한 역할은 '갈림길'이라는 의미를 넘어선다. 노선 역시 지선이라는 말과는 달리 대단히 복잡했다. 하나씩 살펴보면 얼마나 대단 했는지를 알 수 있을 것이다.

우선 마역로馬易路를 꼽아야겠다. 말 교역로라는 냄새가 이름에서부터 물씬 묻어난다. 실크로드 남북로의 맨 동쪽에 있었던 길로 초원의 길의 동쪽 끝 오르혼 강 유역에서 카라코룸을 지나 장안이나 유주柳州와 연결됐다. 이후 다시 중국 대륙의 남부로 그대로 뻗어 나가 항주杭州나 광주廣州에 이르러 바닷길과 접했다. 북방 유목 민족과 중국 한족 간의 동아시아 지배권 쟁탈을 위한 싸움길이었다고 해도 과언이 아니다.

라마 길은 티베트에서 발생한 라마교가 북상하여 멀리 몽골까지 전파된 길이기 때문에 그러한 이름이 붙여졌다. 이 길은 우선 북쪽 끝의 준가리아 분지에서부터 시작해 투르판(Turfan)과 타림 분지 동편에 있는 자루기루쿠를 지나 티베트의 라사로 이어졌다. 이어 히말라야 산록을 따라 북인도의 시킴에 이른 다음 다시 남하해 인도 갠지스 강 어구에 있는 디무라리프데까지 이어졌다. 이 길은 5~7세기까지는 몽골계 유목민인 선비족이 세운 토욕혼(土浴渾)에 의해 이용됐다. 그러다 7~9세기에 티베트가 장악하게 됐다. 이때까지만 해도 지금은 중국의 한 성에 불과한 티베트의 전성시대는 여전히 막을 내리지 않고 있었다. 모두가 외부와의 교류를 활발하게 해준 라마 길 덕택이었다고 해야 한다.

불타로 역시 간과할 수 없다. 중앙아시아의 카자흐스탄에서 출발해 타슈켄트와 사마르칸트를 거친 다음 동서남북의 교차로에 자리잡은 아프가니스탄 북부의 발흐(Balkh)와 페샤와르를 지나는 길이었다. 이어 인더스 강 유역을 따라 줄곧 남하하게 되면 인도 중부 서해안의 바루가자까지 이를 수 있었다. 실크로드의 5대 지선 중 동서 문명 교류와 교역에서 가장 중요한 역할을 담당한 길이었다. 기원전 2000년경의 아리안인들의 침략, 이후의 알렉산더 대왕이 이끈 마케도니아나 티무르 등의 인도 공략도 이 길을 통해 이뤄졌다. 인도에서 발원한 불교가 이 길을 따라 북상한 다음 중앙아시아를 거쳐 동방에 전파되기도 했다. 법현, 현장 같은 많은 고승들이 이 길을 이용해 인도로 가서 수도를 하기도 했다.

메소포타미아로는 흑해와 카스피 해 중간 지대에 위치한 카프카즈 북부를 기점으로 해 트빌리시와 타브리즈를 경유해 티그리스 강과 유프라테스 강 유역을 따라 펼쳐진 메소포타미아를 관통하는 길이었다. 이어 페르시아 만의 바스라 항에까지 이르렀다. 일찍이 메소포타미아 문명이 개화한 지대를 지난 이 길은 고대 문명의 전파에 크게 기여했다.

실크로드의 마지막 지선인 호박 길은 북방의 발트 해에서 시작해 모스크바와 키예프를 거쳐 유럽과 아시아 대륙의 접경지인 콘스탄티노플과 에페수스를 지나는 길이었다. 이어 지중해 연안을 따라 이집트의 알렉산드리아까지 내려갔다. 호박 길이라는 이름은 페니키아 시대부터 중요한 호박의 교역로인 탓에 붙여졌다.

3대 간선과 5대 지선을 거론할 때 절대 빼놓아서는 안 되는 길이 하나 있다. 최근 실체가 더욱 분명해지고 있는 이른바 차마고도茶馬古道가 바로 그것이다. 이 길은 말 그대로 중국 대륙 남부의 차와 티베트의 말을 교역하던 높고 험준한 옛 길로 인류 역사상 가장 오래된 교역로로 평가받고 있다. 협의의 실크로드보다 대략 200여 년 정도 앞서 만들어졌다는 것이 중론이다. 지금의 윈난雲南과 쓰촨四川성에서 출발해 티베트를 넘어 네팔과 인도까지 이어졌다고 한다. 이 길을 따라 물건을 교역하던 상인 조직은 마방馬幇으로 불렸는데, 아직까지 일부는 활동하고 있다. 인류 최고最古일 뿐 아니라 아직도 현존하는 교역로라고 해도 과언이 아니다.

그렇다면 이게 다일까? 작심하고 시야를 더 넓히면 그렇지 않다는 사실을 알게 된다. 이런 사실을 학문적으로 적극 주장하는 학자도 있다. 아랍 전문가인 정수일 씨가 바로 주인공이다. 그의 생각은 대단히 파격적이고 단순해 보이는 것 같으나 어떻게 보면 꽤 철학적이기도 하다. 3대 간선이니 5대 지선이니 하는 개념에서 아예 한 발 더 나아가 실크로드를 상징적인 문명 교류 통로라는 추상적이고도 상징적 개념으로 승화시키고 있는 것이다.

이 경우 실크로드는 유럽과 이슬람, 아시아와 중국을 넘어 시공간을 초월하는 글로벌한 문명이 된다. 동해와 태평양을 건너 아메리카 대륙의 인디오까지 연결된다고 해도 좋다. 실제로 그는 이러한 생각을 자신의 저서 『문명의 루트 실크로드』에서 자신 있게 강조하고 있다. 그의 말을 빌리면 실크로드는 한마디로 동서의 3대 간선과 남북의 5대 지선에 더해 차마고도를 비롯한 수만 갈래의 거미줄과 같은 길로 이뤄진 글로벌 네트워크적인 문명 교류의 통로였다고 해도 과언이 아니다.

이처럼 유라시아를 중심으로 전 세계에 존재했다고 해도 과언이 아닌 다양한 '실크로드'의 존재는 분명한 한 가지 사실을 말해준다. 유목민족의 활약에 의해 문명의 교류가 촉진되거나 교역이 이뤄진 곳, 말하자면 돈이 되는 곳에 인류가 몰려갈 수밖에 없었다는 영원불변의 진리를 말이다. 이는 막고굴莫高窟로 유명한 둔황敦煌의 사례만 봐도 충분히 증명이 된다. 지금의 기준으로도 당시 엄청난 투자가 이뤄졌다는 사실을 아직도 그대로 남아 있는 유물이나 유적들이 분명하게 보여주고 있는 것이다.

실제로 많은 문서가 토번 문자로 기록되어 있기도 하다. 당과의 세력 다툼에서 토번이 대체로 우위에 있었다는 사실을 둔황이 증명하고 있는 것이다. 둔황만 그런 것이 아니었다. 당시 사마르칸트와 부하라, 콘스탄티노플 등 실크로드상의 도시들은 하나같이 당대 최고의 부를 자랑했던 글로벌 시티였다. 지금의 해상 무역 중계지인 홍콩이나 싱가포르 등과 비견될 수 있었다.

굳이 실크로드가 아니더라도 인류 역사를 잘 살펴보면 자유로운 교역의 시대가 폐쇄적인 봉건 시대보다 더 길었다는 사실을 알 수 있다. 그럼에도 인류의 문명사가 정착민 중심의 폐쇄적인 것처럼 보이는 것은 명나라나 조선 등에서 보듯 동아시아의 근세사가 닫힌 국가의 역사였기 때문이 아닐까? 명나라 바로 앞에 존재했던 몽골 제국, 협의로 볼 경우 원나라가 실크로드를 이용해 진정한 의미의 세계 최초의 제국으로 등장했었음에도 말이다.

05 인류 최초의 세계 무역 제국 — 팍스 몽골리아

　세계를 아우른 인류 최초의 대제국은 어느 나라일까? 세계사에 조금이라도 상식이 있는 사람이라면 대체로 우선 로마를 꼽는다. 또 중국인들은 진나라가 세계 최초의 대제국이라고 주장한다. 100% 틀린 답이라고 하기는 어렵다. 아무리 폄훼한다 해도 로마나 진나라 등이 인류 문명사에 끼친 영향이 엄청나니까 말이다. 게다가 정착 사관이라는 편협한 시각으로 보면 더욱 그런 생각은 정답에 가까워질 수도 있다. 그러나 교류 사관의 측면에서 볼 경우 사정은 확 달라진다. 더구나 진나라는 고사하고 로마조차도 세계를 아우른 제국이라고 하기에는 통치 범위가 너무나도 좁았다. 로마는 당시 페르시아와 세계를 양분한 양대 세력 중의 하나로 보아야 한다. 로마의 경우 일부 군인들의 유물이나 유적이 중국 땅에서 발견된다는 주장이 없지 않으나 대체로 활동 영역은 지금의 중동과 중앙아시아인 서역까지라고 해야 한다. 진나라는 더 말할 필요조차 없다.

　이제 분명하게 나올 수 있는 답을 한 번 보기로 하자. 교류 사관에서 볼 때 인류 역사상 최초의 대제국은 누가 뭐라고 해도 몽골 제국이다. 그러면 몽골에서 발원해 실크로드를 넘어 중국, 유럽에까지 이르는 대제국을 건설한 역사적 의미를 살펴보자.

　인류 최초의 대제국인 몽골 제국을 창업한 인물은 나중에 칭기즈칸으로 불리게 되는 테무친鐵木眞으로 오늘날의 몽골과 시베리아 지역이 맞닿은 곳 근처인 오논 강 유역의 숲에서 1160년을 전후한 시기에 고고의 성을 울렸다. 대제국의 창업자답지 않게 그의 어린 시절은 불우했다. 요즘 말로 하면 조실부모하고 가난했다. 그러나 그는 곧 세력을 키워 1189년을 전후해서는 몽골 씨족 연합의 맹주에 추대되어 칭기즈칸이란 칭호를 받기에 이르렀다. 이어 1203년 동부 몽골을 평정한 다음 이듬해에는 서방의 알타이 방면을 근거지로 하는 나이만 부족까지 격파하고 몽골 초원을 통일했다. 어릴 때부터 대제국 건설이라는 야심을 품고 있던 그가 자신의 꿈을 본격적으로 실행에 옮긴 것은 초원을 완전히 통일하고 16년이 지난 1219년이었다.

이때 이슬람 세계의 패자였던 호레즘 국과 교역을 목적으로 파견한 사절단이 살해되자 서정西征길에 오른 것이다. 드디어 세계적 규모의 무역 제국을 건설하고자 하는 속내를 구체적으로 본격화하게 되었다고 할 수 있다. 실크로드를 이용한 그의 원정길은 거침이 없었다. 일설에 의하면 호레즘의 국왕 무하마드를 카스피해상의 작은 섬으로 축출한 다음 굶어죽게까지 했다고 한다. 이어 1223년 그는 카프카스 산맥을 넘어 남러시아로 진격해 러시아 제공諸公의 연합군을 격파했다. 이 과정에서 크림과 발흐를 점령하고 무하마드의 아들 잘랄웃딘의 대군을 인더스 강변에서 격파하기도 했다. 그의 유럽 원정은 무려 6년이라는 시간을 투자한 엄청난 프로젝트였다. 당연히 전리품은 많았다. 무엇보다 정복한 땅이 엄청났다. 그는 이 땅들을 아들, 손자들에게 각각 분할해 주어 훗날 칸국汗國, 한국으로도 부른다을 건국하는 기반이 되었다. 칭기즈칸에 대해서는 이미 워낙 많은 책들이 나와 있어 간략히 기술함을 이해하기 바란다.

혹자들은 이런 사실은 인정하면서도 여전히 몽골 제국에 부정적인 시선을 가질 수 있을지도 모르겠다. 무려 6년에 걸친 무력을 동원한 서방 원정에서 보듯 파괴의 제국이 아니냐고 할 수도 있는 것이다. 하지만 이미 앞에서도 단언한 것처럼 그렇게만 볼 일은 아니다. 필자는 그러한 시각이 마치 일본인의 눈으로 한국의 역사를 파악하는 것과 크게 다르지 않다고 감히 주장하고 싶다. 일본만의 시각에서 한국사를 보면 엄청난 오류가 따르지 않겠는가? 솔직히 정신이 이상한 사람이 아닌 한 손해

볼 일을 무리하게 추진하는 경우는 거의 없을 것이다. 이런 기본 전제를 깔고 칭기즈칸의 서방 원정을 보면 한 가지 사실이 분명하게 드러난다. 일관되게 실크로드의 무역권을 확보, 장악하려고 노력했다는 사실이 그 것이다. 이 사실을 상기하면 그가 왜 하필 전성기에 굳이 중국 전체를 통일하지 않고 대업을 후손들에게 넘겨줬는지를 어렵지 않게 이해할 수 있을 것이다. 중국은 우선순위에서 뒤져 있었다는 얘기이다. 다시 말해 송이 위치한 남중국은 당시 세계사는 말할 것도 없고 동아시아에서도 교류의 중심은 아니었다.

그의 이런 생각은 이미 강조한 바 있는 정보와 물류 네트워크의 정비, 지폐를 통한 무역의 편리성 도모, 수많은 통행세를 소비세로 단순화한 조치 등 이른바 몽골 제국의 3대 시스템 구축 업적으로도 우선 확인 가능하다. 이런 제도나 조치들이 '글로벌 무역 제국'의 건설이라는 뚜렷한 어젠다 없이 우연히 나타난 결과일 수는 없는 것이다. 만약 그렇게 본다면 그건 너무나 비논리적이지 않은가. 이뿐만이 아니었다. 정복한 지역의 외래문화를 흡수하려고 했던 노력 역시 여실히 그의 생각을 반영하는 것이었다. 예컨대 샤머니즘 신자였음에도 다른 종교에 관대했다거나 이슬람교 공예가와 장인들을 포로로 데리고 온 것이 대표적인 조치였다. 한마디로 몽골 제국이 개방성과 포용성을 바탕으로 건설된 세계 최초의 무역 제국이었다는 결론은 더 이상 거론할 필요조차 없다.

당연히 팍스 몽골리아 체제 하에서 세계 무역은 대대적으로 촉진됐다. 당시 세계 무역이 바로 직전 시대보다 약 열 배나 증가했다는 설까지 있을 정도이다. 팍스 몽골리아 하의 세계에서 교역이 이뤄진 제품들의 종류는 당연히 과거보다 엄청나게 늘어났다. 우선 유럽의 유리, 모직물 등이 쉴 새 없이 아시아로 흘러들었다. 또 아시아에서는 면직물, 비단, 향료, 도자기, 설탕, 차 등이 엄청난 규모로 이동했다. 이중 도자기 문화는 유럽인들에게 큰 충격을 줬다. 급기야는 연구를 거듭해 18세기에 들어서는 제작 기술을 습득하기에 이르렀다.

당시 『동방견문록』의 저자인 마르코 폴로를 비롯한 유럽 사람들에게 이런 사실들은 무척이나 생소했다. 심지어 교역에 반드시 필요한 3대 요소인 정보와 물류 시스템, 화폐 시스템, 세제 개혁 등에 대해서는 필요성을 절감하는 사람들이 드물었다. 무역 자체가 시스템을 완벽하게 구축하고 실크로드를 장악한 몽골 제국에 의해 장악되어 있었으니 말이다. 유라시아의 부가 몽골 제국을 중심으로 한 주변에 대규모로 축적된 것은 어쩌면 당연할 수밖에 없었다. 마르코 폴로가 묘사한 황금의 나라 몽골 제국의 수도 대도大都, 당시 원나라의 수도로 지금의 베이징는 당시 유럽인들로서는 상상을 넘어서는 규모의 도시였다.

몽골 제국에 의해 축적된 부는 자연스럽게 문화의 발전에도 상당한 영향을 미쳤다. 특히 유럽에 미친 영향은 대단히 컸다. 실제로 서양사에서도 5세기에 있었던 로마 제국의 몰락과 함께 시작된 중세를 '암흑의 시대', 인간성이 말살된 시대라고 부른 적이 있었다. 화려한 로마 제국의 열린 시대에 번영한 유럽이 중세의 닫힌 시대에 쇠락의 길로 떨어졌던 것이다. 이 시기에는 오히려 이슬람이 열린 세력으로 문화의 꽃을 피웠고, 이 이슬람 문화를 침입한 것이 십자군 전쟁이라는 것이 역사에 대한 공정한 시각일 것이다. 그러나 이랬던 유럽이 14세기 후반부터 달라지더니 16세기에는 문화의 꽃을 피웠다.

이 시기를 역사에서는 이른바 르네상스라고 부른다. 후일 산업 혁명을 불러온 원동력이 되는 시기이기도 했다. 나아가 유럽으로 하여금 문화적으로 아시아를 결정적으로 앞서 나가면서 세계를 지배할 세력으로 만든 준비 기간이었다고도 할 수 있다. 정통 역사에서는 유럽의 입장에서 볼 때 너무나도 고마운 이 르네상스가 11세기 말에서 13세기 말까지 이어진 십자군 전쟁에 따른 문화 충격의 결과라고 단정하고 있다. 2세기에 걸친 이슬람 국가들과의 전쟁이 엉뚱하게 문화의 부흥을 가져왔다는 주장인 셈이다. 그러나 이 학설은 시기적으로 너무나 차이가 나서 수긍하기 어렵다. 필자는 르네상스를 가져다준 주인공이 십자군 전쟁이 아니라 1세기 가량 앞선 시대인 팍스 몽골리아라는 가설을 제시하고 있다. 앞 절에서 설명한 바와 같이 문화는 부의 축적 이후에 나타나지 않는가!

그러나 '3대 가는 부자 없다' 는 말처럼 세상에 영원한 것은 없다. 르네상스에도 적지 않은 영향을 미친 세계 최초의 글로벌 교역 대국 몽골 제국 역시 예외는 아니었다. 그러나 막강했던 제국이 급작스럽게 역사의 뒤안길로 사라진 것은 아이러니컬하게도 페스트의 창궐이 이유였다. 유럽 인구의 3분의 1을 사망하게 만든 페스트는 원래 지금의 광둥성인 중국 남부와 미얀마 등지의 풍토병이었다. 현지의 토착민들의 경우에는 면역이 되어 생명을 잃는 정도의 치명상은 입지 않았다. 그러나 몽골 제국이 전 세계를 통일한 다음 구축한 개방적인 무역 네트워크는 이 페스트까지 유럽으로 확산시켰다. 결과적으로 이 때문에 전 세계에 괴멸적인 타격을 가했다. 한반도에 있던 고려 역시 예외는 아니었다. 이 병의 피해를 입었다는 기록이 『고려사』 등에 등장하고 있다. 요즘 질병으로 비교할 경우 신종 플루 이상 정도는 된다고 하면 딱 맞을 것 같다.

문제는 팍스 몽골리안 시대의 주요 교역로들이 저리잡고 있던 중앙아시아가 유럽과는 비교하기 어려울 만큼 엄청난 피해를 입었던 점이었다. 이는 몽골 제국이 그동안 구축해 놓은 교역로가 완전히 무너지게 됐다는 것을 의미했다. 국가의 대동맥이 막혔다고 해도 과언이 아니다. 자연스럽게 조세 수입의 태반을 교역에 의지하던 몽골 제국의 기반은 붕괴될 수밖에 없었다. 황금의 땅으로 불린 교류와 교역의 상징적 도시인 원나라의 대도는 완전히 재정적으로 고립되지 않을 수 없었다. 게다가

14세기 중반의 기상 이변으로 인해 촉발된 홍건적의 난을 비롯한 중국의 농민 반란은 완전히 끝내기 한방 격이었다. 세계 최초의 대제국 몽골 제국의 적자인 원나라는 바로 이렇게 허무하게 무너져 내리고 말았다. 실제로 원과 명나라의 교체기에 중국 대륙에서는 이 두 국가 간의 패권을 쟁취하기 위한 큰 전쟁이 없었다. 그저 현실을 감당하지 못한 몽골 세력이 다시 초원으로 조용히 돌아갔을 뿐이다. 이 덕에 한족 중심의 명나라는 나라를 거의 줍다시피 하면서 건국에 성공할 수 있었다.

몽골 제국의 붕괴 이후 중국 대륙을 장악하고 들어선 명나라는 대외적으로 봉쇄 정책을 편 것으로 유명하다. 중국의 콜럼버스로 불리는 정화鄭和 함대의 총 일곱 차례에 걸친 해외 원정을 마지막으로 문을 걸어 잠근 15세기 중반 이후부터는 해금海禁 정책을 비롯해 쇄국 정책이라고 할 만한 조치들을 많이 취했다. 정화 함대와 콜럼버스 함대는 초등학생과 대학생이라는 비교조차 어울리지 않을 정도로 규모에서 엄청난 차이가 있었다. 이로써 유라시안의 몽골리안 루트는 역사의 기억 저편으로 당분간 물러나지 않으면 안 됐다. 당연히 세계 무역은 대대적으로 축소됐다. 유럽에서 동방 국가들의 상품 값은 폭등이라는 표현이 좋을 만큼 품귀 현상을 빚었다. 반대의 경우 역시 마찬가지였다. 동서양의 교류와 무역은 10세기 이전으로 완전히 회귀하지 않으면 안 되었다. 이만한 역사의 후퇴가 따로 없었다.

그나마 다행이었던 것은 유럽에 몽골 제국을 대신해 동서양을 이어준 세력이 이 와중에 등장했다는 사실이다. 얼마 전까지만 해도 이슬람의 지배를 받고 있던 이베리아 반도 서쪽 끝의 포르투갈이 바로 이 세력이었다. 정말 전혀 생각지도 못한 의외의 세력의 대두라고 해도 과언이 아니었다. 이처럼 별 볼일 없던 식민지 국가 포르투갈이 갑자기 유럽의 몽골 제국이라고 해도 과언이 아닐 정도로 급성장하게 된 이유는 과연 무엇이었을까?

혼일강리역대국지도

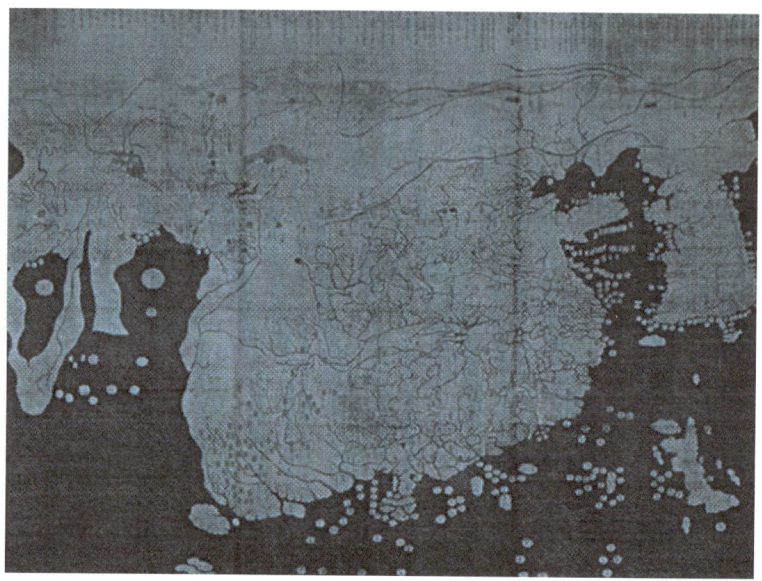

1402년 김사형 및 이무, 이회 등이 제작했으며 권근의 발문이 딸려 있다.

- ◆ 컬럼버스보다 90년 앞선 조선의 지도에 아프리카와 빅토리아 호수가 표기되어 있다.
- ◆ 동서항로는 이미 알려진 항로였다.
- ◆ 포르투갈의 인도 원정은 무슬림 상인이 인도했다.

일부에서는 포르투갈에 이 시기에 지금도 '항해의 왕자'로 불리는 엔리케 왕자가 출현했기 때문에 그것이 가능했다고 보고 있다. 당시 포르투갈에는 막 이슬람 치하에서 독립한 라 콩키스타 국가답게 이슬람 문화의 영향이 남아 있었다. 엔리케 왕자는 이슬람의 항해술과 선박 제조 기술을 발전시켰다. 그 결과 얼마 후에는 정화 함대의 전성기에 비해 고작 10분의 1도에 안 되는 해군력을 보유하고 있었음에도 이를 효율적으로 운용해 바닷길을 개척할 수 있었다.

여기에서 하나 짚어둘 사실은 콜럼버스의 신대륙 발견이 이루어진 1492년보다 90년 앞선 1402년 조선의 권근權近이 작성한 지도 『혼일강리 역대국도지도』에 이미 아프리카를 우회하는 항로와 아프리카 내륙의 빅토리아 호수가 그려져 있었다는 점이다. 이 지도는 원의 지도에 한국 지도를 추가한 지도로 기본적으로 몽골 제국의 지도이다. 오스만투르크의 피리스 제독의 지도는 이보다 더 정교했다고 한다. 즉 이 지도는 콜럼버스나 바스코 다가마의 인도 원정보다 90년을 앞선 시기에 조선에서도 아프리카를 횡단하는 항로를 알고 있었다는 명백한 증거이다. 또 바스코 다가마의 인도양 항로 발견을 이끈 항해사가 이슬람인이었다는 사실도 기억해야 한다. 즉 이 항로는 이미 알려져 있었으나 경제성이 없어 활용하지 않다가 명의 폐쇄 정책으로 생긴 비즈니스 기회를 포르투갈이 활용한 것으로 봐야 할 것 같다.

몽골 제국의 몰락은 한마디로 육상 교역로를 장악한 세력이 해상 교역로를 개척한 세력에 밀려나는 계기가 되었다. 즉 원을 계승한 명의 폐쇄 정책으로 유럽의 해양 세력에 기회를 제공한 것이다. 그러나 해양 세력의 대두가 바로 직전까지 세계를 제패하고 있던 몽골리안을 역사의 무대에서 완전히 몰아낸 것은 아니었다. 몽골리안 국가들은 그래도 17세기까지는 늘 그래왔던 것처럼 해상 세력과 경쟁하면서 세계의 패권을 완벽하게는 아니었어도 상당 부분 쥐고 있었다.

이제 이쯤에서 세계사의 흐름이 바뀌는 17세기의 세계를 한번 재조명해보는 것이 필요한 것처럼 보인다.

몽골리안의
전성시대와
요하 문명

몽골리안 전성시대
몽골 제국과 영국연방 | 세계경제력 지도
실크로드의 붕괴와 몽골리안의 쇠퇴
동아시아의 역사≠한(漢)족의 역사
몽골리안 인종을 아우르는 한국의 리더십

3.

17세기의 세계 지도를 들여다보면 당시 세계를 호령한 제국들을 찾을 수 있을 것이다. 대략 4대 제국이 눈에 들어온다. 당시 이들 제국은 어떤 국가들이었을까? 이 질문에 대한 대답이 가능하면 당시의 세계사의 전체 흐름을 어느 정도 이해할 수 있다.

　일반적으로 17세기의 4대 제국으로는 유럽의 합스부르크 가문의 신성로마제국, 중동의 오스만투르크 제국, 인도의 무굴 제국, 중국의 청 제국이 거론된다. 신성로마제국을 제외한 나머지 제국들이 몽골리안 제국이라는 공통점은 그다지 어렵지 않게 알 수 있다. 이건 우연일까 아니면 필연일까? 이 의문이 풀리면 혹시 세계사의 전체적인 흐름이 보이지는 않을까? 필자는 진짜 그렇다고 자신 있게 말하고 싶다.

01 오스만투르크 제국과 몽골리안 주도의 중근동사

우선 동서양을 잇는 교량 역할을 하는 중근동을 기반으로 했던 오스만투르크 제국을 살펴볼 필요가 있다. 원래 이 중근동은 10세기 이전까지만 해도 몽골리안들이 주인이 아니었다. 물론 수메르, 스키타이, 히타이트의 역사가 있었으나 주도 세력은 아니었다. 그러다가 10세기 이후 이슬람 제국인 압바스 왕조가 지배하던 체제에서 몽골리안 국가들에 서서히 패권이 넘어가기 시작했다.

이 지역 최초의 몽골리안 국가는 투르크 계통의 노예 출신인 알프티긴이 창업한 가즈나 왕조_{가즈니 왕조라고도 한다}였다. 발원지는 아프가니스탄의 가즈니였으나 마흐무드 술탄이 다스리던 최전성기 때의 영토는 동쪽으로 펀자브의 라호르, 북쪽으로 사마르칸트와 브라하, 서쪽으로 이

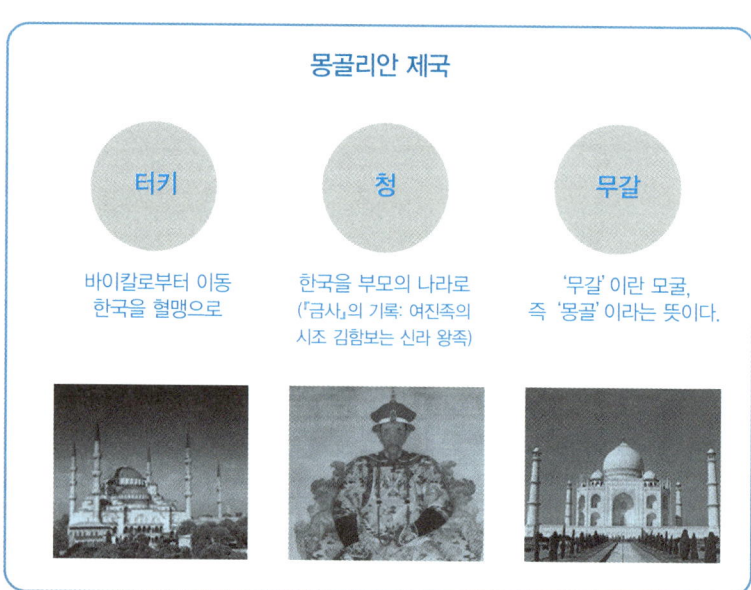

몽골리안 제국

터키	청	무갈
바이칼로부터 이동 한국을 혈맹으로	한국을 부모의 나라로 (『금사』의 기록: 여진족의 시조 김함보는 신라 왕족)	'무갈'이란 모굴, 즉 '몽골'이라는 뜻이다.

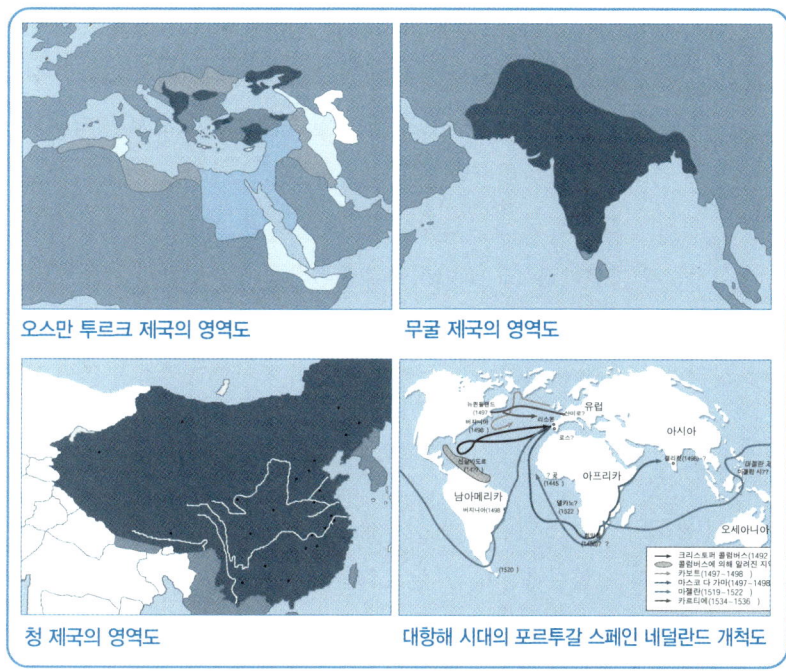

오스만 투르크 제국의 영역도   무굴 제국의 영역도

청 제국의 영역도   대항해 시대의 포르투갈 스페인 네덜란드 개척도

 스파한까지 이르렀다. 학문과 예술 보호 정책으로 그의 궁전에는 학자와 문인, 과학자들이 많았다고 한다.

 그러나 곧 카자흐스탄의 시르다리야 강 하류 지역에서 세력을 키운 투르크계 민족인 오구즈 투르크에 의해 멸망당했다. 이 민족이 세운 나라가 바로 셀주크 왕조였다. 건국 시조는 투그릴 베그와 차그릴 베그 형제였다. 영토는 트란스옥시아나에서 시작해 아제르바이잔, 이라크, 시리아, 소아시아에까지 이르렀다. 전성기는 제2대 술탄인 알프 아르슬란과 제3대 술탄 말리크샤의 치세 때였다.

 이 셀주크 왕조는 정치적으로나 문화적으로 가즈나 왕조를 능가힐 정도의 번영을 구가했다. 특히 알프 아르슬란은 군사적으로도 막강한 역량을 발휘한 최고의 술탄으로 지금도 손꼽힌다. 항상 국경 문제로 충돌한 비잔틴 제국의 대군을 1071년 반^{Van} 호의 북쪽 지역에서 격파한 전공은 중동 뿐 아니라 세계사에도 엄청난 영향을 미친 것으로 평가되고 있다. 이 전투에서 그는 비잔틴 제국의 황제 로마누스 4세를 생포하기도 했다. 이외에 셀주크 본가 왕조에서 분가한 아나돌 셀주크 왕조는 유럽의 십자군과 대결하면서도 소아시아의 투르크화에 상당한 공헌을 했다. 이 왕조는 1194년 사실상 본가 왕조가 붕괴된 이후에도 살아남는 저력을 과시하기도 했다. 그러나 곧 이어진 몽골의 침입으로 무릎을 꿇지 않을 수 없었다. 이후 몽골의 식민지로 존재하다 14세기 초에 완전히 멸망당했다.

이 왕조의 문화는 이란의 옛 전통을 살리면서 이슬람 스타일로 꽃피운 수니 문화로 일컬어지고 있다. 호화롭고 아름다운 견직물을 비롯해 융단, 정교한 금속 세공, 모자이크용 착색 타일 등이 유럽과 송나라에 전파됐다. 도기 제품들은 아름답고 기술적으로도 우수한 작품들이 많았다.

그런데 몽골리안 국가들이 중동의 패권을 본격적으로 장악하는 시기는 당연히 몽골 제국이 발흥하던 시기인 13세기부터 시작된다고 보아야 한다. 몽골 제국이 일으킨 강력한 돌풍은 우선 그동안 명맥만 유지한 압바스 왕조를 1258년 완전히 멸망시켰다. 이 왕조의 자리는 우선 칭기즈칸의 손자인 훌라구칸을 시조로 하는 일칸국이 1256~1353년까지 대신하게 됐다. 수도는 타브리즈로 제7대 가잔칸 때 최전성기를 구가했다. 중동에 근거를 두고 건국했음에도 네스토리우스 그리스도교와 불교를 보호한 이색적인 왕조였다. 로마 교황청과 프랑스와 외교 관계를 맺은 것도 다 이 때문이었다고 할 수 있다. 동방과 서방의 중개 무역 기지로서의 역할을 수행한 것 역시 마찬가지였다.

그러나 동서양과 모두 끈끈한 교류의 네트워크를 과시한 일칸국은 1335년부터 딱 2년간 재위한 아르파칸 시기에 이르러서는 여러 개의 소국으로 분열되는 국운 쇠락을 맞이하게 됐다. 이중 가장 강력한 소국은 바그다드를 중심으로 하는 잘라이리 왕조, 아제르바이잔을 기반으로 한 추판 왕조였다. 추판 왕조는 잘라이리 왕조와의 전쟁으로 몰락하고, 잘라이리 왕조는 서西투르키스탄에서 자칭 칭기즈칸의 후예라는 이름을 내걸고 일어난 티무르의 티무르 왕조에 의해 멸망당했다.

맘루크 왕조는 시기적으로는 일칸국보다 6년 먼저 1250년에 건국됐다. 투르크족과 몽골족으로 구성된 바흐리 계열의 인종들이 이 왕조의 주류였다. 그러나 몽골 제국과는 항상 갈등 관계에 있었다는 점에서 일칸국과는 완전히 달랐다. 주로 중앙아시아와 중동을 기반으로 한 일칸국과 달리 이집트까지 영역을 넓힌 점에서도 마찬가지였다. 몽골 제국과의 갈등은 급기야 1260년 전쟁으로 이어지기도 했다. 하지만 나중에 술탄이 되어 실질적인 창업자로 불리는 바이바르스가 불패의 기마 군단인 몽골 제국을 상대로 한 이 전쟁을 승리로 이끌어 왕조의 기반을 굳건히 했다.

베트남과 더불어 몽골 군대의 육상 전투에서의 패배의 기록이 모두 몽골 계통의 국가들에 의해 기록되었다는 사실은 결코 우연이 아닐 것이다. 술탄들이 대부분 비명횡사해 평균 재위 기간이 6년에 불과했던 것이 이 왕조의 특징이라면 특징이었다. 이 왕조는 지정학적인 이점을 잘 살려 인도양과 지중해 무역으로 한때 전성기를 구가하기도 했다. 이 전성기는 1517년 오스만투르크 제국의 셀림 1세에게 정복될 때까지 이어졌다.

티무르 왕조는 몽골 제국 황실의 후예라고 주장하는 티무르와 그의 자손들이 지배했던 왕조였다. 1369년 나라를 세워 중앙아시아의 트란스옥시아나와 호라산 전역을 점령하기 시작하면서 세력을 넓혔다. 수도는 사마르칸트로 몽골계의 차카타이 부족의 이름을 내세워 본격적인 통치에 나섰다. 1380년부터는 서방 정복에도 본격적으로 뛰어들어 1389년 페르시아와 메소포타미아 지역을 정복하는 데 성공했다. 1401년에는 바그다드도 함락시켰다. 티무르는 이후 동쪽의 명나라까지 정벌하고자 원정에 올랐으나 1405년 병사했다.

창업 군주답게 그가 남긴 업적은 혁혁했다. 14세기 후반에 이미 티무르 왕조의 영토가 러시아 내륙에서부터 북인도, 중국의 변경에서 시리아와 소아시아 반도에까지 걸쳐 있었던 것은 거의 모두 천재적 전략가인 그의 공이었다고 해도 좋았다. 폐위된 조카 칼릴을 대신해 즉위한 그의 4남 술탄 샤루크가 36년 동안이나 왕조를 통치하면서 전성 시대를 이어간 것도 다 그의 유산 때문에 가능했다고 할 수 있다. 이 티무르 왕조는 우즈베크족의 지도자 무하마드 샤이바니에 의해 1508년 간판을 내리게 됐다.

티무르 왕조는 몽골계와 투르크계에 뿌리를 두고 있었으나 자연스럽게 이슬람을 받아들였다. 이후에는 페르시아와 아랍 문화를 흡수해 독특한 문화를 발전시켰다. 특히 상류층의 지배 계층에게는 페르시아의 미술과 문학을 장려하기까지 했다. 나중에 이 왕조의 후손인 바부르는 인도의 무굴 제국을 건국하기도 했다.

몽골리안의 중동 패권 장악은 자연스럽게 이집트에 진출하는 저력으로까지 연결됐다. 그러한 저력을 보여준 최초의 왕조는 대략 8세기경에 건국되어 10세기 후반인 969년까지 존속한 이흐시드 왕조였다. 투르크 계통으로 한창 때는 이집트에서 더 나아가 시리아까지 지배하는 저력을 보여줬다. 그러나 이 영화도 잠시였다. 곧 서방에서 침공해온 파티마 왕조에게 멸망당하고 말았기 때문이다.

하지만 몽골리안 국가를 공략하고 북아프리카 최대의 왕조를 건설한 파티마는 아이러니컬하게 또 다른 몽골리안 국가로 여겨지는 아유브 왕조에 의해 역사의 무대 뒤편으로 사라졌다. 창업자인 알 살라딘은 일설에는 쿠르드족이라고도 알려져 있으나 투르크 계통 민족 출신이라는 설이 더 유력하다. 십자군 전쟁의 백미인 3차 원정군의 주요 인물이었던 영국의 사자왕 리처드와 대적한 살라딘이 바로 이 살라웃딘이었다. 더구나 이 왕조의 막강한 군사력은 잔기이 빈 아크 손구르와 그의 아들 누르 알 딘 등의 투르크계 장군들에 의해 좌지우지됐다. 1171년에 건국되어 같은 몽골리안 국가인 맘루크 왕조에 의해 고작 80년 만에 망했으나 전성기 때 통치한 지역이 이집트를 넘어설 정도로 강력한 국가로 시리아, 팔레스티나, 예멘 등을 실질적으로 지배했다. 그리고 1174년에는 알렉산드리아를 침공한 유럽의 십자군을 격퇴한 후 1187년에는 예루살렘까지 탈환하기도 했다.

10세기 이후 몽골리안 국가들이 이집트까지 포함하는 중근동 지역을 사실상 장악했다는 것은 이제 두 말이 필요 없다. 한마디로 몽골 제국이 세계 최초의 대제국을 건설하기 이전부터 실크로드를 완벽하게 장악하고 있었을 뿐 아니라 아프리카까지 세력권 내에 포함한 채 맹위를 떨치고 있었던 것이다. 그렇다면 이들 중근동의 몽골리안 왕조들은 다른 주변 몽골리안과는 어떤 관계에 있었을까? 한마디로 사이가 그다지 썩 좋지는 않은 친족 관계 비슷한 상태에 있었다고 해야 정답에 가까울 듯하다. 같은 몽골리안이라는 데 대한 동질성 내지 향수는 갖고 있었겠으나 기본적으로 자신들 중심으로 지역의 패권을 차지해야 한다는 입장이 었기 때문이 아닐까 싶다. 이는 일칸국이 아주 가까운 동족 국가인 차카타이칸국과 대립한 사실에서도 잘 드러난다.

이뿐만이 아니었다. 일칸국은 맘루크 왕조와는 계속 전쟁을 치르는 등 늘 긴장과 대립의 끈을 놓지 않았다. 여기에 맘루크 왕조가 몽골 제국의 침략에 저항해 끝까지 항전하다 승리를 거둔 사실까지 더하면 10세기 이후 중근동의 역사는 몽골리안들끼리의 전쟁의 역사라고 해도 크게 틀리지는 않을 듯하다. 서로 물고 물리는 이전투구의 양상을 보이면서 몽골리안 국가들이 끊임없이 탄생했으니까 말이다.

그러나 이런 몽골리안 왕조들의 혼란은 오스만투르크 제국이 서서히 역사에 등장하려는 용틀임을 하던 13세기 말 무렵부터 정리될 기미를 보이기 시작했다.

1922년 공식적으로 해체된 이 제국의 창업 군주는 오스만 1세였다. 그의 제국 창업은 1299년 동로마 제국과 룸 술탄국의 국경 지대인 아나톨리아 서북부에서부터 시작된다. 밑천은 용맹한 정통 몽골리안인 투르크 전사들, 방법은 합종연횡 내지는 당근과 채찍의 전략이었다. 주변의 기독교 세력이나 이슬람교를 신봉하는 영주나 군사 집단과 때로는 전투, 때로는 제휴를 통해 점차 영토를 확대해나간 것이다. 이 전략은 정말 대단한 효과가 있었다. 나중에 오스만 제국으로 발전하게 되는 오스만 군후국君侯國은 바로 바로 이런 과정을 통해 모습을 드러내게 됐다.

오스만 1세의 아들인 오르한 1세는 아버지보다 더 대단한 군주였다고 해도 좋았다. 피는 못 속인다고 유목 민족 국가의 수장답게 즉위하자마자 동로마 제국의 지방 도시 부르사 점령을 시작으로 마르마라 해를 넘어 유럽 대륙에까지 영토를 확대하는 대장정을 시작해 제국의 기틀을 다졌다. 또 1346년에는 아예 다르다넬스 해협을 넘어 발칸 반도의 트라키아에 진출해 유럽에서의 영토 확장에 더욱 적극적으로 나섰다. 영토에 대한 그의 이런 야심은 아들 무라트 1세에 이르러서는 완전히 현실로 나타났다. 콘스탄티노플과 도나우 강 유역을 잇는 중요 거점인 아드리아노플까지 제국의 영토로 편입시킨 것이다. 이후의 역대 술탄들 역시 선조들과 크게 다르지 않았다. 뛰어난 기동력을 바탕으로 가능한 한 영토를 넓혔다.

오스만투르크 제국은 이렇게 해서 1453년 동로마 제국 정복 이후 15세기 말까지 지상에서는 발칸 반도에서 아나톨리아 반도에 이르는 모든 땅을 평정했다. 또 바다에서는 흑해 북쪽 해안과 에게 해의 섬들에까지 세력을 확장했다. 흑해와 에게 해는 아예 오스만투르크 제국의 내해와 다를 바 없게 됐다. 그러나 제국의 최전성기는 16세기 초 10대 술탄 슐레이만 1세가 즉위한 이후부터라고 해야 한다.

그는 우선 베오그라드를 정복해 헝가리까지 진출했다. 이어 로도스 섬에서 이슬람을 대상으로 해적 행위를 벌이고 있던 성 요한 기사단을 쫓아내면서 동지중해의 해상권을 장악했다. 슐레이만 1세의 기세는 이 정도에서 그치지 않았다. 1529년에는 내친 김에 신성로마제국까지 진격해 수도 빈을 1개월 이상이나 포위했다. 이 작전은 결과적으로 실패로 막을 내렸다. 그러나 오스만투르크 군단이 서유럽 내의 심장부까지 들어와 위협한 이 사건은 당시 서구 국가들에게는 엄청난 충격을 안겨줬다. 게다가 슐레이만 1세는 1538년 프레베자 해전에서 스페인과 베네치아 공화국 등을 위시한 기독교 세계의 연합 함대까지 대파했다. 이로써 그의 제국은 지중해 전역을 거의 손아귀에 넣는 데 성공했다.

슐레이만 1세를 이어 1566년 제국의 술탄에 즉위한 아들 셀림 2세 역시 9년 동안의 짧은 재위 기간 동안 소극적인 수성守成에만 머물지 않았다. 키프로스를 확실하게 점령하는 외에 북아프리카의 트리폴리까지 공략하는 등 선대의 적극적인 대외 확장 정책을 이어갔다. 그 결과 오스만쿠르크 제국의 전성기 때 영토는 북으로는 오스트리아와 러시아 경내까지 이르게 됐다. 또 동으로는 아시아의 코카서스와 페르시아 만, 서로는 아프리카의 모로코, 남으로는 아프리카 내륙으로까지 넓어졌다. 지금의 판도로 보면 유럽, 아시아, 아프리카 3대륙에 40여 개국의 영토를 장악하고 있었던 셈이다. 어느 정도인지는 수치로도 짐작이 가능하다. 통치 가능한 영토가 지금의 중국이나 인도보다 넓은 1,200만 평방킬로미터에 이르고 있었던 것이다.

이랬으니 원래 기동성이 뛰어난 몽골리안 국가인 오스만투르크가 동서양의 교류와 교역을 장악하는 것은 당연할 수밖에 없었다. 실제로도 14세기부터 17세기 말까지는 진짜 그러했다. 그리하여 실크로드와 지중해를 장악한 오스만투르크의 활약은 과거 로마 제국과 몽골 제국을 넘어설 정도였다. 막 제국으로 떠오르고 있던 스페인과 영국이 도리 없이 바닷길을 개척하려 나선 것은 다 이런 현실과 밀접한 관련이 있었다. 그러나 이런 욱일승천의 기세는 메흐메트 4세의 치세가 끝난 이후인 18세기 초부터 서서히 꺾이기 시작했다. 특히 1789년의 프랑스 대혁명 이후에는 더욱 심해졌다. 민주주의 혁명과 각 민족의 독립을 추구하는 경향이 오스만투르크의 기세에 제동을 건 것이다. 급기야 제국은 19세기 들어 더욱 쪼그라든 다음 해체의 수순으로 서서히 접어 들어갔다. 지금은 각종 우여곡절을 겪은 끝에 과거의 영화가 무색할 정도로 영토가 크게 줄어든 터키로 정통성이 계승되고 있다.

하지만 '썩어도 준치'라는 말이 있듯 오스만투르크의 위용은 아직도 터키 곳곳에 남아 있다. 무엇보다 술탄 메흐메드 2세가 동로마 제국의 수도 콘스탄티노플을 점령한 다음, 1459년 건축한 토카피 궁전의 존재가 놀랍다. 무려 400년 동안 제국의 황궁 역할을 한 궁전답게 규모가 엄청나다. 조금 허풍이 센 터키 사람들은 중국의 구궁 보다 큰 세계 최대의 궁전이라고 주장하기도 한다. 전성기 때 무려 4,000여 명이 살았다는 사실에 비춰보면 공연한 과장만은 아닌 듯하다. 정말 그런지는 대리석으로 만들어진 궁전의 바닥과 실내의 화려한 전시물 등을 보면 잘 알 수 있다. 여기에 관람에 꼬박 하루가 소요되는 보석 전시실까지 감안할 경우 토카피 궁전의 위용은 혀를 내두를 정도이다. 굳이 다른 유물을 볼 필요도 없다. 무려 86캐럿에 이르는 다이아몬드인 스푼 메이커스 다이아몬드만 봐도 충분할 것이다. 전성기 시절 베네치아와 제노바 등 유럽의 대표적 무역 도시의 대사들이 이권 획득을 위해 각축을 벌인 정경이 마치 어제 일인 양 스쳐지나가는 기분을 느끼게 된다. 토카피 궁전이 어느 정도의 가치가 있는지는 반드시 농담만은 아닌 터키 국민들의 말에서도 확연하게 알 수 있다. 바로 "토카피 궁전의 보물들을 다 팔면 8,000만 명에 이르는 터키 국민들이 수십 년은 먹고 살 수 있다"라는 말이다. 궁전 하나에 수장된 보물의 가치가 중동 국가의 석유보다 못할 것이 없는 것이다.

그렇다면 지금의 터키 국민들은 자신들을 몽골리안이라고 생각하는지 의문이 들 수밖에 없다. 결론부터 말하면 100% 그렇다고 해야 한다. 한국인들을 보기만 하면 누구나 할 것 없이 '칸 카르데쉬', 다시 말해 피를 나눈 형제라는 말을 입에 올리는 습관이 무엇보다 이 사실을 잘 말해 준다. 말로만 그러는 것이 아니다. 한국과는 달리 역사 교과서에서까지 고구려와 돌궐이 같은 조상을 가진 형제 국가였다는 사실을 기술하고 있을 정도이다. 한국인을 친근한 뉘앙스를 듬뿍 풍기는 '코렐리'라는 별칭으로 부르거나 이스탄불에 이런 이름의 간판을 내건 상점들이 있는 것은 다 이유가 있는 것이다. 바이칼 호수 근처에서 함께 생활한 형제라는 인식은 터키 지도자들의 방한에서도 확인이 가능하다. 이러한 정상급 교류는 1982년 에블렌 대통령의 방한을 시작으로 1991년 아크불루트 총리, 2010년 6월 압둘라 굴 대통령의 방문으로 이어지고 있다. 2004년에는 노무현 대통령이 답방을 하기도 했다.

한국이 유라시안 네트워크 구축에 주도적으로 나서게 된다면 가장 끈끈하게 교류해야 할 국가로 손색이 없다고 하겠다. 의지와 나름의 일익을 담당할 능력 역시 충분히 가지고 있다고 해도 괜찮을 듯하다.

02 무굴 제국과 몽골리안 주도의 인도사

인도 역사를 살펴봐도 몽골리안 국가들의 왕성한 활약상은 금방 눈에 띈다. 가장 최초로 등장한 주인공은 역시 몽골리안이라고 해도 좋은 스키타이족이라고 해야 할 것이다. 이들은 역사상 최초로 실크로드를 장악한 몽골리안 중의 하나답게 대월지국을 거쳐 인도까지 진출해 다양한 왕조를 세웠다. 사카, 파라마, 캄보자, 발리카스, 리시카스 등의 왕조를 꼽을 수 있을 것이다. 특히 사카 왕조의 초대 왕 마우에스는 간다라를 기반으로 세력을 키워 북서 인도를 장악하는 기염을 토했다. 민족의 이름에서 석가모니가 이 민족 출신이 아닌가 하는 가정도 해볼 수 있을 것이다.

그러나 몽골리안의 진정한 인도 장악은 975~1186년까지 존속한 가즈니 왕조에서부터 시작된다고 해야 한다. 아프가니스탄에서 창건된 이 왕조는 다음 창업 군주 알프티긴의 손자인 마흐무드가 10여 차례 원정을 통해 펀자브의 라호르 일대를 통치했다. 전성기 때는 초호화 궁전과 모스크 등을 건립하는 등의 영화를 구가했으나 아프가니스탄의 고르에서 세력을 키운, 동족이나 다름없는 구르 왕조에 의해 멸망당했다.

이 구르 왕조의 창업 군주는 기야드 우딘과 시하브 우딘 형제였다. 동업으로 창업한 탓에 각각 왕국의 동서를 관할했는데 동생 시하브 우딘이 북인도로 진출, 물탄 및 펀자브 지방을 병합한 다음 라지푸트족을 격파하고 델리 지방을 포함하는 북인도 지역을 평정했다. 그는 이후 가즈니로 돌아가 호라산 경영에 주력했으나 1206년 내분으로 암살되고 왕조는 1215년 고작 28년 만에 막을 내렸다.

구르 왕조 몰락의 원인이 된 시하브 우딘의 죽음은 그의 투르크계 노예 출신 장군인 우딘 아이바크에게는 절호의 기회를 제공했다. 인도 북부 지역의 권력을 장악하고 새 왕조를 열 기반을 다질 수 있게 만들어준 것이다. 수도는 델리였다. 특이한 점은 인도 최초의 이슬람교 국가인 이 파탄 왕조가 나중에 노예 왕조로도 불렸다는 사실이다. 아이바크를 비롯해 다수의 술탄 중에 노예 출신이 많았기 때문에 이렇게 불려졌다. 물론 정확하게는 노예가 아니라 용병이었다는 학설이 요즘은 더 정설이 되고 있다. 전성기는 독재 군주제를 강화함으로써 세력을 더욱 크게 떨친 술탄 기야스 발반 때였다. 이후 당쟁과 내란에 시달리다 역시 투르크계 이슬람 왕조인 힐지 왕조에 의해 1290년 멸망당했다.

투르크계와 이슬람 국가라는 점에서 여러모로 전 왕조와 유사한 힐지 왕조는 2대 술탄 알라우딘 힐지 때 세력이 강대해져 전성기를 구가했다. 귀족 세력을 억제하고 지조_地租, 토지세_의 징수 제도를 실시한 것으로 유명했다. 그러나 1316년 그의 갑작스런 사망으로 국운이 기울어 1320년 멸망의 길로 내달렸다.

고작 30년 만에 망했으나 인도 역사에 남긴 족적은 무수히 많다. 우선 몽골 제국의 위협을 물리쳤다. 또 인도 북부에서 더 나아가 인도 전역의 정복을 기도했다. 특히 남인도에서 번영을 구가하고 있던 힌두의 여러 왕조를 정복하기 위한 원정군을 여러 번 파견했다. 결과 역시 좋아 막대한 전리품을 얻기도 했다.

세 번째의 투르크계 및 이슬람 왕조인 투글루크 왕조는 창업 군주 기야스 우딘이 힐지 왕조를 무너뜨리고 세운 것이었다. 역시 델리에 수도를 건설한 다음 왕조의 기반을 굳혔다. 아들 무하마드 이븐 투글루크 때인 1327년에는 델리에서 데칸 고원의 서부로 천도했다 다시 7년 후 델리로 옮겨왔다. 3대 술탄 피로스 샤는 이 왕조의 가장 뛰어난 군주로 평가되는 인물이었으나 토목 건설 사업에 너무 힘을 기울여 사후 국력이 기울고 말았다. 1399년 티무르 왕조의 침략으로 더욱 쇠퇴해져 1414년 사이이드 왕조를 창건한 티무르의 수하 장군인 귀족 히즈르 칸에게 투글루카바드델리의 세 번째 도시. 델리에는 20세기 초 들어선 뉴델리까지 모두 여덟 개의 도시가 건설되었다를 점령당한 끝에 멸망했다.

델리를 수도로 하는 네 번째 이슬람 국가인 사이이드 왕조는 존속 기간이 37년으로 짧기도 했으나 국력 역시 이전의 다른 왕조들보다 상대적으로 약했다. 왕조의 지배 범위가 겨우 델리 주변에 그쳤다. 수도를 제외한 곳에서는 당연히 반란이 끊임없이 일어났다. 따라서 1451년 델리 주변을 본거지로 한 5왕조 중의 마지막 술탄 정권이자 10세기 이후 최초의 비몽골리안 국가인 로디 왕조에게 멸망당한 것은 크게 이상할 것도 없었다.

그러나 이 정권도 크게 오래가지는 못했다. 75년을 버티다 1526년 다시 몽골 제국의 후손을 자처한 티무르의 5대손이자 아프가니스탄의 토호 세력인 바부르에 의해 무너졌다.

17세기까지만 해도 오스만투르크, 청 제국 등과 함께 몽골리안의 트로이카 제국이었던 무굴 제국이 비로소 고고의 성을 울린 것이다. 무굴 제국은 인도 역사상 가장 뛰어난 군인이자 정치인으로 평가되는 바부르의 맹활약으로 처음부터 엄청난 영토를 가진 대국으로 출발했다. 역사에 길이 남을 이 제국은 하지만 자칫했으면 탄생과 동시에 사라질 뻔했다. 바부르의 후계자인 장남 후마윤이 우아하고 현명한 군주였음에도 불안정한 성격과 고무줄보다 질긴 고집, 타고난 게으름과 부주의로 아버지가 물려준 많은 것을 잃어버렸기 때문이다. 심지어 그는 서쪽의 아무 강에서부터 시작해 카불을 거쳐 동쪽의 벵골, 남쪽의 나르바다 강에 이르는 광대한 영토를 제대로 지키지도 못했다. 1540년에는 급기야 아버지와 동맹을 맺은 다음 은인자중하면서 남(南) 비하르에서 힘을 기르던 셰르 칸 수르와 치른 두 번의 전쟁에서 모두 패해 북인도를 버리고 아프가니스탄으로 후퇴하기까지 했다. 그의 아버지의 위업과 무굴 제국의 인도 경략 야심이 모두 물거품이 되는 것은 너무나 명약관화한 것처럼 보였다. 다행히 그는 1556년 세상을 떠나기 직전 무굴 제국을 인도 밖으로 쫓아낸 수르 왕조의 2대 군주 이슬람 샤가 내전을 치르는 틈을 이용해 재기에 성공했다. 15년여 만에 인도에 재진출해 델리와 과거의 수도 아그라를 재점령한 것이다.

천신만고 끝에 재기의 발판을 마련한 무굴 제국은 중흥 군주인 후마윤의 아들 악바르가 역사에 본격적으로 등장하면서 화려한 꽃을 피우는 전기를 맞았다. 13세의 어린 나이에 왕위에 오른 그는 누구보다 군사적인 역량이 뛰어났다. 게다가 그는 자신에게 주위의 시선을 집중시키는 탁월한 인간적인 매력이 있었다. 전략을 수립하고 상황을 판단하는 능력은 더 말할 것이 없었다. 몽골 제국을 계승한다는 제국의 이념에서 보듯 유목민 특유의 빠른 기동력을 가진 군대 역시 보유하고 있었다.

그는 이전 왕조의 술탄이나 선조들과는 상당히 다른 특이한 군주로 열린 사고에 개혁, 개방적이었다. 무엇보다 그는 몽골 제국의 후계 국가의 지도자로서만 만족하지 않으려 했다. 인도에 거주하는 모든 힌두인들의 지도자가 되려고 했다. 이를 위해 그는 힌두인들에게 부과된 인두세를 과감하게 철폐하는 용단을 내렸다. 강력한 다민족 제국을 만들기 위해 자신이 힌두교를 믿는 라지푸트의 여러 왕조들의 공주와 결혼하는 파격적인 행보 역시 서슴지 않았다. 이러한 그의 행보는 왕조의 강성에 단단히 한몫했다. 여기에 신분고하를 막론한 문호의 개방, 정부 시스템의 조직화 등 역시 그의 업적으로 돌리지 않으면 안 된다. 마지막으로 인도에 제국 개념을 도입한 것 또한 그의 보이지 않는 업적이라고 할 수 있다. 실제로 그의 재위 시절 무굴 제국은 데칸 고원 남쪽을 제외한 인도 대륙 대부분과 아프가니스탄에 이르는 대제국을 건설했다. 인도의 알렉산더 대왕이라고 해도 좋을 정도였다.

무굴 제국의 4대 군주 자항기르는 악바르의 유업을 계승해 영토 확장 정책을 이어나갔다. 그는 1608년 영국 상인들에게 수라트에 동인도회사를 설립하는 것을 허락한 군주로도 유명하다. 영국 세력의 인도 진출이 본격화되는 계기를 마련해준 셈이다. 영국이 해양 세력으로 발돋움하게 되는 결정적인 기회를 그가 제공했다고 해도 틀리지 않을 듯하다. 자항기르의 아들인 샤 자한은 악바르 시대보다 더 넓은 영토를 차지한 군주였다. 또 타지마할을 비롯해 델리 성, 자마 마스지드 사원, 아그라 성 등 무굴 제국의 대표적 건축물들도 세웠다. 그는 그러나 말년에 아들인 아우랑제브에 의해 폐위되는 비운을 겪은 군주이기도 했다.

아버지를 유폐시킬 정도로 잔혹한 군주였던 아우랑제브는 아버지로부터 찬탈한 것보다 더 넓게 영토를 확장했다. 악바르 시대에 뒤이은 제국의 전성 시대가 도래했다. 하지만 그는 과도한 이슬람 근본주의 정책을 실시했다. 그의 이런 정책은 당연히 반대급부도 가져왔다. 급속도로 재정이 고갈되고 반대 세력의 반란이라는 위험에 직면하게 된 것이다. 결국 1707년 그의 사후 제국은 서서히 몰락의 길을 걷다 1857년 영국의 식민지 세력에 의해 멸망하고 말았다.

무굴 제국은 이름에서부터 몽골리안 국가라는 느낌을 물씬 풍긴다. 발음 자체가 '몽골'에서 온 것이라는 사실은 전혀 의심의 여지가 없다. 이뿐만이 아니었다. 창업 군주 바부르는 몽골 제국의 부활을 당부한 티무르 왕조 선조들의 유지를 한시도 잊지 않았다고 한다. 이는 자신의 힘으로 제국의 청사진을 완성한 다음 지체 없이 무굴이라는 이름을 붙인 것에서도 잘 드러난다. 왕건이 고구려를 계승하겠다는 필생의 염원을 고려의 개국으로 실현에 옮긴 것처럼 말이다.

그러나 무굴 제국의 탄생은 단순히 과거의 영광의 부활에 집착한 몽골 제국 후손들의 집념의 결과물이라고만 할 수 없다. 그렇게 될 수밖에 없는 나름의 필연적인 이유가 있었다. 이 점에서는 앞선 10세기 이후 북인도의 델리를 중심으로 탄생한 이른바 5왕조 중 마지막 로디 왕조만 유일한 비몽골리안 국가였던 것도 마찬가지 아닐까 한다. 무엇보다 당시 인도와 아프가니스탄을 중심으로 한 지역에 몽골리안들, 특히 이슬람화한 투르크 족이 어느 인종보다 왕성하게 활약하고 있던 사실을 꼽아야 한다. 많은 세력이 서로 경쟁하면서 힘을 키우다보니 자연스럽게 잇따른 왕조나 제국의 건설이 가능하게 됐다는 이야기이다. 한마디로 잇따른 몽골리안 왕조의 건국과 무굴 제국의 탄생은 도저히 거스르기 어려운 역사적 당위였던 것이다.

미시적으로 들어가면 인도가 몽골리안의 주요 활동 무대가 된 이유는 더 나온다. 몽골리안의 막강한 전투력이 대표적으로 꼽힌다. 태생적으로 용맹한 성격에 몽골리안 특유의 기동성이 전투력 증강에 큰 역할을 했다고 보면 틀리지 않을 것이다. 동양과 서양을 넘나들면서 얻은 문명과 문화적 경쟁력을 몇 단계 더 업그레이드시킨 빼어난 식견과 실크로드의 교역로와 무역로 장악을 통한 경제력 확대는 더 말할 것이 없을 것 같다. 인도의 정주민들인 힌두족들은 도저히 상대가 되지 않았다는 결론을 내려도 좋을 듯하다.

인도의 델리의 음악은 고구려 음악과 비슷하다. 인도의 구자라트 문자는 티베트 문자 그리고 우리 한글과 비슷하다. 이는 우연이 아니라 이러한 교류의 자연스러운 결과라고 보아야 할 것이다. 앞으로 인도와 한국의 문화적 유사성은 많은 연구 대상이 될 것이다.

이러한 사실을 몽골리안들이 실질적으로 지배했던 10세기 이후 중국 대륙의 상황과 비교해 보아도 좋을 것이다. 정주민들인 한족들이 기를 펴지 못한 채 막강한 군사력으로 무장한 주변의 유목 몽골리안들에 의해 지배당하고는 했던 것이다. 더구나 한족은 이들을 그저 오랑캐라고만 부르고 무시했을 뿐 이들이 실크로드를 들락거리면서 쌓은 경제력이나 민족적 경쟁력을 대수롭지 않게 생각했다. 따라서 10세기 이후의 중국 대륙에서 인도와 완전히 비슷한 이민족 지배라는 똑같은 버전의 역사가 동일하게 진행되고 있었던 것은 전혀 우연이 아니다. 진짜 그런지는 청 제국 성립 전후의 역사와 청 제국의 모습을 살펴보면 알 수 있을 것이다.

03 청 제국과 몽골리안 주도의 중국사

일반적으로 한족이라 불리는 중국인들은 자신들을 삼황오제^{삼황은 복희伏羲, 신농神農, 여와女媧를, 오제는 황제黃帝, 전욱顓頊, 제곡帝嚳, 요堯, 순舜을 가리킨다}의 후손으로 자임한다. 또 중화^{中華}라고도 부르는 중국이라는 국명에는 세상의 중심이라는 자존심이 짙게 배어 있다. 이 정도 되면 중국의 역사는 한족들의, 한족들에 의한, 한족들을 위한 찬란하기 그지없던 역사가 되어야 한다.

그러나 과연 그럴까? 전혀 그렇지 않다. 그러한 사실은 중국 최초의 사서라는 『사기』의 기록만 봐도 잘 알 수 있다. 중국이 고대부터 부족 국가이기는 할망정 완벽한 나라 형태를 갖춘 주변의 몽골리안들에게 얼마나 시달렸는지가 생생하게 기록되어 있는 것이다. 이들 몽골리안들이 바로 동이, 서융, 남만, 북적이다. 중국의 사서들에서는 비록 오랑캐라는 이름으로 불렸으나 이들은 중국 역사의 상당 부분을 차지하는 무시할 수 없는 당당한 몽골리안들이었다. 게다가 은나라는 동이의 국가, 진나라는 서융의 국가였다. 이들은 4세기 초엽에 접어든 이후부터 약 140여 년 동안은 중국 역사의 주역으로도 등장했다. 흉노, 갈^羯, 선비, 저^{氐, 티베트족의 일종}, 강^{羌, 티베트족의 일종} 등의 오호^{五胡}가 중원까지 진출해 16국을 잇달아 세우고 중국을 좌지우지한 것이다. 중국사에서 말하는 소위 오호십육국^{五胡十六國} 시대가 바로 이 시기이다. 이 직후 세워진 수와 당나라 역시 크게 다르지 않다. 중국의 사학자들은 대체로 부인하고 싶어 하나 당나라는 몽골리안인 선비족의 북위^{北魏}가 방어기지로 세운 무천진^{武川鎭}의 군벌 출신들에 의해 세워졌다는 것은 사실이다.

10세기 이후에 들어서면 더욱 놀라운 사실을 발견할 수 있다. 완전히 인도에서 벌어졌던 역사가 재현되는 듯한 느낌까지 들 정도이다. 이를테면 중국 버전의 몽골리안의 지배의 역사가 중국 대륙에서 마치 판박이처럼 재현됐다고 해도 틀리지 않을 정도이다. 자세히 살펴보면 정말 그렇다는 것을 별로 어렵지 않게 알 수 있다.

주지하다시피 당나라의 멸망에 뒤이어 등장한 오대십국^{五代十國}의 혼란기를 평정한 나라는 조광윤^{趙匡胤}이 세운 송나라였다. 그러나 송나라의 치세는 뒤이어 일어선 거란의 요^遼나라와 여진의 금^金나라에 밀려 건국 60년도 채 채우지 못한 채 대륙 남쪽으로 밀려나 반쪽 왕조가 되어버린다.

이후의 1,000여 년 가까운 역사는 이전의 역사와 비교할 경우 상대적으로 간단하다. 즉 1279년에 중원을 통일하고 등장한 몽골 제국, 즉 원나라가 90년, 1368년 원나라가 몽골 초원으로 물러남에 따라 대륙을 거의 줍다시피 한 한족 정권인 명나라가 276년, 만주족이 1636년 세운 청나라가 1911년까지 275년 동안 대륙을 각각 지배했다. 명나라를 제외하고는 이민족, 즉 몽골리안 정권이 대륙을 지배했다는 것은 깊이 생각하지 않아도 바로 알 수 있다.

특히 이중 청 제국은 우리 한민족과 가장 가까운 몽골리안 국가에 속한다. 진짜 그런지는 역사를 하나씩 더듬어 가면 어렵지 않게 확인할 수 있다. 원래 만주족은 여진족에 뿌리를 두고 있다. 따라서 청 제국은 금나라의 후신이라고 해도 틀리지 않는다. 그런데 이 금나라의 뿌리가 놀랍게도 간단치 않다.『요사遼史』나『송사宋史』등의 중국 정통 사서를 보면 금나라의 시조는 아골타阿骨打로 나온다. 얼핏 보면 그저 평범한 여진족의 어느 부족의 수장 정도로 생각할 수 있다. 일설에 따르면 야율아보기의 아보기가 '아버지'라는 뜻이듯이 아골타는 '아뼈치아버지라는 뜻'의 이두식 표현이라 한다참고로 야율씨의 기록을 보면 원래 고씨라는 기록이 있다. 그러나『금사金史』를 더 자세하게 읽어보면 얘기는 확 달라진다. "금나라 시조의 이름은 함보函普라고 한다. 고려에서 왔다"라는 기록이 있는 것이다.

> 金之始祖諱函普(금나라 시조는 이름이 함보이다).
> 初從高麗來, 年已六十餘矣(처음 고려에서 나올 때 60세가 넘었다).
> 兄阿古好佛, 留高麗不肯從(형 아고호불은 따라가지 않고 고려에 남았다).

이뿐만이 아니다. 청 제국 때의 전적典籍인『흠정만주원류고欽定滿洲源流考』는 더욱 눈에 두드러지는 기록을 남기고 있다. "〔많은 사서들은 금나라의〕 선조가 신라에서 왔다고 적고 있다. 신라는 고려와 더불어 옛 땅이 서로 맞물려 있었다. 그래서 사서들에서는 두 나라의 이름을 구별하지 않고 썼다. 신라의 왕은 김씨 성을 썼다. 금나라의 시조가 신라에서 왔다는 사실은 의심의 여지가 전혀 없다." 한마디로 금나라, 나아가 청 제국의 시조가 고려라고도 불렸던 신라 왕족 출신이라는 얘기이다. 한편 부안 김씨 족보에는 이렇게 적혀 있다. "함보는 법명이고 그의 본명은 김행 혹은 김준으로 마의태자 김일의 아들이자 경순왕 김부의 손자이다. 김행은 여진으로 갔지만 다른 두 형제는 고려에 남아 부안 김씨의 시조가 되었다."

이처럼 청 제국이 한민족과 상당히 가까운 국가라는 가설은 충분히 성립한다. 혹자는 이에 대해 너무 비약이 심한 게 아니냐고 할지도 모르겠다. 그러나 이 역시 청 제국 황실의 성이 애신각라愛新覺羅라는 사실을 감안하면 달라진다. 이와 관련해 이것이 '신라를 사랑하고 깨달으라'는 의미라는 주장도 있음을 염두에 둘 필요가 있다. 필자의 생각으로 이것은 아이신, 즉 만주어 '금'과 '겨레'의 융합어인데, 복합적 의미를 주기 위한 단어가 아닌가 한다. 중국의 정통 사서들의 기록과 성이 의미하는 내용이 같다면 굳이 앞의 가설을 부인해야 할 필요는 없지 않을까?

일반적으로 삼국시대의 신라는 중국 북방의 소수민족인 흉노와는 거의 관계가 없었던 것으로 인식되어 왔다. 그러나 최근 조선시대에 사라졌다 2009년 200여년 만에 극적으로 다시 발견된 문무왕릉 비문 조각에 따르면 문무왕이 한漢나라에 포로로 끌려가 무제武帝의 측근으로 활약한 흉노의 왕자 출신인 김일제金日磾의 후손이라고 당당하게 적고 있는 것이다. 또 당나라 때 신라인의 묘지명인 대당고김씨부인묘명大唐故金氏夫人墓銘에도 거의 똑 같은 내용이 기록되어 있다. 지금도 간쑤성에 김일제의 동상과 함께 김씨의 후손들이 살고 있다는 KBS 역사스페셜을 한 번 보면 좋을 것이다.

돈황 동쪽에 있는 삼위산三危山이 그래서 김씨의 발원지라고 한다. 간쑤성은 알타이 산맥으로 둘러싸여 있다. 알타이는 몽골어로 金이라는 뜻이고, 그래서 황하 상류의 굽이치는 오르도스 지역을 다스린 흉노왕의 성씨가 金씨가 된 것이다. 만주어 아이신은 몽골어 알타이와 같은 金이라는 뜻임은 더 이상의 설명이 필요치 않을 것이다. 여기서 전 세계에서 가장 많은 금 부장품이 나오는 지역이 신라와 알타이 산록임을 부기해두고자 한다. 고대 흉노의 알타이가 금이 되고 금이 다시 아이신국 즉 청나라로 이어지는 그림은 교류와 융합의 역사관의 대표적인 사례가 아닐까 한다. 필자는 돈황 방문시 이러한 상념에 한동안 빠져 보기도 했다 참고로 단군신화에 나오는 산이 삼위산이며 동진 이후 태백에 정착했다는 점에서 단군의 오르도스 기원설을 주장하는 사람도 있음을 소개한다.

그래도 고개를 갸웃거릴 사람들을 위해 다른 연관성도 몇 개 더 제시해 보기로 하자. 백두산은 의심할 바 없는 한민족의 영산이다. 우리 선조들이 발원한 땅으로 간주되고 있다. 또 고구려나 고려는 광개토대왕비에 나와 있는 이른바 '일월지자 하백지손 日月之子 河伯之孫' 이라는 문구에서 보듯 천손 天孫, '하늘이 내린 민족' 이라는 의미이다 사상을 갖고 있었다. 만약 이런 신앙과 같은 생각과 사상을 만주족도 가지고 있다면 어떻게 될까? 과연 우연일까? 중국의 공식 사서 기록과 애신각라라는 성에 더해 이런 것들까지 더한다면 우연이라고 말하는 것이 오히려 이상하지 않을까 싶다. 게다가 만주족은 한국에서도 보편화되어 있는 나무꾼과 선녀의 설화까지 가지고 있다.

음훈학적으로도 우리와 청 제국은 연결이 된다. 청 제국의 전신인 금나라를 세운 여진족의 여진이라는 발음은 영어로는 Juchen이다. 아무리 생각해도 한민족의 어떤 국명이나 지명, 민족명과도 큰 관계가 없는 것처럼 느껴질 수도 있다. 그러나 가만히 몇 번만 읊조리면 뭔가 귀에 익은 듯한 느낌을 가지게 된다. 최근 정통 사학자들까지 인정하기 시작한 한민족의 별칭인 숙신肅愼, 주신珠申과 연결되는 것이다. 김운회 교수 같은 사람은 여기서 아예 한 걸음 더 나아가 자신의 저서 『대쥬신을 찾아서』에서 이 발음이 쥬신이 된다고 강력하게 주장하고 있다. 고조선과 조선의 국명이 바로 거기에서 유래했다는 주장인 셈이다. 이보다 앞서 원로 만화가 산호씨 역시 대하 장편 극화 『대쥬신 제국사』를 통해 이 학설을 적극적으로 펼친 바 있다. 그렇다고 이 학설이 한국에서만 통용되는 것은 아니다. 『대금국지大金國志』나 『흠정만주원류고』 등이 "여진은 숙신의 후예이고 삼한의 진한辰韓에서 발원했다. 발해의 별족別族이다"라고 기술하고 있듯이 중국에서도 거의 정설로 통하고 있다.

지금까지의 사실을 종합하면 여진족과 이후의 만주족은 중국의 사서들이 주장하는 것처럼 절대로 오랑캐나 야만인이 아니었다. 금나라를 건국하고 청 제국을 운영한 경험이 있는 문화 민족이었다. 중국 중심의 사관이 얼마나 편협하고 잘못된 것인지는 더 이상 설명할 필요가 없을 것이다. 따라서 앞으로 더욱 격렬해질 중국 정부의 동북공정 프로젝트에 대항하기 위해서는 이런 만주족의 역사를 제대로 이해하는 것이 완전히 당위로 대두할 수밖에 없을 것이다.

우리 한민족과 가장 가까웠던 것이 확실한 몽골리안 국가인 청 제국은 건주좌위建州佐衛의 수장인 누루하치努爾哈赤가 여진의 여러 부족을 통일한 후인 1616년 스스로 칸을 칭하고 창업했다. 여진족의 나라를 잇는다는 뜻에서 국호는 후금이라고 했다. 이 사람이 청 제국의 태조였다. 그러나 실질적으로 청 제국이 확실하게 세워진 것은 그의 아들 홍타이지皇太極가 황제 자리에 오른 1663년이었다. 이어 1644년 이자성李自成이 농민군을 이끌고 명나라를 멸망시키자 홍타이지의 아들 순치제順治帝가 북경에 입성, 비로소 진정한 대륙의 패자가 됐다.

이어지는 청의 최전성기는 17세기 말의 강희제康熙帝 때라고 할 수 있다. 이 해에 이른바 『강희자전康熙字典』의 편찬에서 보듯 문화가 절정기에 이르렀을 뿐 아니라 1689년 러시아 제국과 네르친스크 조약을 맺음으로써 대제국의 영토를 비로소 획정하는 토대를 쌓게 되기 때문이다. 그러나 옹정제雍正帝와 건륭제乾隆帝 시대의 극성기를 거치면서 청 제국은 서서히 몰락의 길로 내달렸다. 강희제 시대에 청의 군사력은 네르친스크 조약을 맺게 된 알바진 전투에서 입증되었듯 러시아를 완전히 압도하고 있었다 스페인의 남미 정복의 150년 후이다. 단지 몽골의 일파인 준가르부의 영걸달단과의 전쟁에 집중하기 위해 러시아와 국경 조약을 맺었을 뿐이다. 이어 옹정제 시대인 1727년 러시아와의 카흐타 조약도 청의 주도하에 맺어진다. 건륭제는 준가르부를 제압하고, 티베트의 성인聖人 판첸라마를 열하熱河에 모셔 몽골인을 정신적으로 승복시켰는데, 이 과정을 연암 박지원이 『열하일기』에서 자세히 묘사한 바 있다 열하는 시라무렌강이며 광개토대왕비에 나오는 염하로서 홍산 문명의 중심지였다.

　신장 일대로의 청의 영토 확장은 의도된 결과가 아니라 준가르부와의 전쟁의 결과라고 사가들은 해석하고 있다. 결과적으로 청은 중국 역사상 최대의 제국을 형성하게 되었고, 현재 중국은 이때의 영토를 계승하고자 각종 공정을 추진하고 있는 것이다. 그러나 건륭제 사후인 19세기 초부터 청의 국력은 급격히 기울어져 급기야 19세기 중반부터 아편전쟁과 태평천국의 난으로 엄청난 타격을 입더니 이후 산업 혁명을 완성한 서구 열강의 침략에 힘없이 서서히 무너지다 1911년 쑨원孫文이 이끈 신해혁명辛亥革命으로 제국의 문을 닫고 말았다.

　그러나 청 제국이 남긴 몽골리안 국가로서의 족적은 정말 대단했다. 무엇보다 한 몸속에 여러 개의 DNA를 가진 전설적인 동물 키메라와 비슷하다는 의미에서 '키메라의 제국'으로 불린 융합 국가로서의 모범을 일관되게 보여줬다. 이는 열두 명에 이르는 황제들 대부분이 자신들을 중국의 황제이자 몽골리안 국가의 대칸大汗으로 부르면서 통치 시스템의 이원 구조를 당연시한 것에서 잘 알 수 있다. 여기에 자신을 지배층으로 하면서도 한족을 등용하거나 같은 몽골리안인 티베트, 몽골 사람들까지 개방적으로 포용한 사실까지 더하면 '키메라의 제국'이라는 말은 충분히 설득력이 있다. 황제들이 평소에는 북경의 자금성에서 머물면서 여름을 전후해 대략 6개월 정도 베이징 인근의 열하에서 제국을 통치한 것도 어떻게 보면 이런 이원 구조에 대한 의식이 구현된 시스템은 아니었을까 여겨진다. 실제로 청은 과거 명의 통치 지역에는 한족漢族을, 청의 개척 지역에는 만주족을 파견하였다. 예를 들어 최후에 정복한 대만에는 한족을, 조선에는 만주족을 파견한 것이 기록으로 남아 있다. 즉 청은 두 개의 상이한 통치 방식이 적용된 이원 국가였던 것이다.

기록으로 확실하게 남아 있는 3,000여 년 가까운 중국사에서 몽골리안이 역사를 좌지우지한 시대는 거의 절반 정도에 이른다. 특히 10세기 이후는 60% 이상에 달한다고 해도 과언이 아니다. 여기에 중국 학계에서 한족의 왕조로 생각하는 한나라와 당나라 때 항상 흉노나 돌궐, 티베트 등의 몽골리안들과 대결 양상을 펼쳤다는 사실까지 감안하면 중국사는 시각을 조금 바꾼다면 다민족사, 더 나아가 한민족과 몽골리안 혼합사라고 해도 과언이 아닐 듯하다.

이처럼 한족에 비해 인구가 절대적으로 적었던 몽골리안들이 중국사를 상당 기간 지배한 이유는 과연 어디에 있었을까? 정착민인 한족보다 전투력이 월등했다는 사실을 우선 꼽는 게 가능하다. 이는 기록들을 찾아보면 충분히 증명된다. 대표적인 것이 『동화속록東華續錄』 권48에 나오는 내용이다. 옹정제가 "우리가 중국을 지배하게 된 것은 내실이 없는 헛된 문예文藝가 우수했기 때문이 아니다. 뛰어난 무력과 실천 능력이 강했기 때문에 오늘이 있게 됐다. 한족들은 이런 무략武略이 부족했다. 문예만 숭상했다"라는 요지의 말을 했다는 사실이 기록으로 남아 있다. 만주족 군대의 전투력이 명나라 군대보다 월등히 강했다는 이야기이다.

사실 누루하치가 대륙의 동북에서 세력을 키우고 있을 때 만주족의 군사력은 명나라보다 뛰어나지 않았다. 오히려 병력이나 병기의 수준 면에서는 명나라가 압도적이었다고 해야 옳다. 그럼에도 누루하치 휘하의 팔기八旗군은 명나라 대군과 맞닥뜨리면 지는 법이 거의 없었다. 병사 개개인의 뛰어난 군사적 능력에 더해 몽골리안 특유의 기동력, 여럿으로 나눠져 있던 부족의 부족민들 자체가 병사들이기도 했다는 사실 등이 아마 승리를 안겨준 막강한 원동력이 아니었나 싶다. 이 점에서는 기원전의 흉노를 비롯한 이른바 몽골리안들, 4세기 전후의 오호 등도 마찬가지였다고 해도 크게 틀리지는 않을 듯하다.

게다가 몽골리안들의 경우 유목 민족 특유의 결속력이 정착민인 한족보다 강했다. 죽기 살기로 똘똘 뭉쳐 한족들을 상대하다보니 자연스럽게 일당 십 정도의 능력을 기본적으로 발휘하는 게 가능했다는 이야기이다. 이뿐만이 아니었다. 중국 역사에 등장하는 주변의 몽골리안들은 천손 사상과 무속 신앙 등에서 비슷한 점이 많았다. 아마도 이런 동질성이 때로는 상호 단합과 한족에 대한 합종연횡을 가능케 해 무력에서 밀리지 않게 만들지 않았나 생각된다.

몽골리안에게는 전투가 바로 생활이자 생존 수단이었던 사실도 꼽아야 할 것이다. 이는 전투에서 승리한 부족이나 병사들에게 전리품을 나눠주는 몽골리안 국가들의 전통만 보아도 바로 알 수 있다. 이처럼 생존이 걸린 전투에서 죽자 살자 싸우는데 한족들이 당해낼 재간이 없었던 것이다.

더욱 아이러니컬한 것은 몽골리안 국가들이 한족의 전통적인 이민족 통제 전략을 사실은 한족 정권보다 훨씬 더 많이 사용한 것이 효과가 있었다는 사실이다. 이른바 이이제이以夷制夷, 오랑캐를 이용해 오랑캐를 제압함 전략이 바로 그것이다. 4세기 때의 오호십육국을 비롯해 요, 금, 원, 청 등의 왕조는 주지하다시피 대륙의 전부 또는 일부를 장악하는 데는 성공했다. 그러나 기본적으로 인구는 한족에 비해 월등히 적었다. 나라를 이끌어가기 위해서는 어떻게 해서든 정부의 시스템을 갖춰야 했고 부족한 인재를 등용해야 했다. 그러자면 문화적으로 우월한 맨파워를 가지고 있는 한족의 일부를 이용하지 않으면 안 되었다. 실제로도 역대 몽골리안 왕조들은 하나 예외 없이 모든 한족들을 배척하지 않았다. 오히려 쓸 만한 인재들을 등용하는 것을 마다하지 않았다. 하지만 철저하게 자신들의 왕조에 충성하게 만들었다. 결과적으로 정권에 반대하는 반란이나 반발은 이들을 통해 제압하거나 무마하는 효과를 거둘 수 있었다. 자연스럽게 한족이 써먹은 전략을 원용하게 되었다고 할 수 있었다. 굳이 이름을 붙이자면 이한제한以漢制漢 전략이라고나 할까.

물론 몽골리안 왕조들은 한족 왕조들과 차이도 많았다. 무엇보다 한족 왕조들이 대부분 채택했다고 해도 과언이 아닌 현상 유지를 위한 내부 지향적인 자세와는 다른 외부 지향적인 자세를 취했다. 이는 몽골 제국의 유라시아 원정, 청나라 때 중국 영토가 역사상 최대로 넓어진 사실 등으로도 증명 된다. 여기에 유럽을 비롯한 주변 지역들과의 활발한 교류가 상대적으로 빈번했다는 사실 역시 나름의 차이점이라고 해야 한다. 원나라가 대표적이라고 할 수 있다. 그러나 결정적인 차이는 아무래도 조세 제도에서 찾을 수 있다. 한족 왕조들이 정착민 왕조답게 토지세에 기초한 반면 몽골리안 왕조들은 대체로 무역세에 많은 비중을 두었다.

세상에 영원한 것은 없다는 불후의 진리를 증명하듯 중국 내의 몽골리안 국가들은 모두 사라졌다. 지금은 다시 한족이 지배하는 시대라고 해야 한다. 그렇다면 문화적으로 몽골리안들은 한족에 흡수되었을까? 인종적으로는 동화되었을까? 단순하게 외견적으로만 보면 그렇다는 답이 나온다. 요나라를 비롯해 금, 원, 청나라 등의 거의 모든 왕조가 몽골리안 특유의 유목 습성을 지키기 위해 노력했으나 문화적·인종적으로 대부분 한족에 동화되었다고 봐도 무방하기 때문이 아닐까 싶다. 지금은 더 말할 것이 없다. 아예 거의 완전히 사라진 민족, 문화도 있다. 이를테면 스키타이, 흉노, 선비, 거란족들이 그렇다.

그렇게 된 데에는 나름의 이유가 있었다. 무엇보다 한족의 문화가 소박하고 강건한 몽골리안 문화와는 달리 귀족적이고 사치스러웠다는 사실을 꼽을 수 있다. 소수의 정복자들이 이전에는 느껴보지 못한 향락 문화에 젖지 않을 수 없었다는 얘기이다. 여기에 한족을 확실하게 지배하기 위해 이들의 문화를 이해하려는 노력을 기울이다 마치 늪에 빠진 것처럼 빠져 들어간 것 역시 이유로 꼽을 수 있을 것이다.

하지만 자세히 살펴보면 반드시 그렇지만도 않다. 아직도 중국의 구석구석을 가면 몽골리안들이 여전히 남아 있고 문화 역시 잘 보존되어 있다. 대표적인 민족이 조선족을 비롯해 몽골족, 위구르족, 강羌족 등이 아닐까 한다. 여기에 만주족과 가까운 거란족이 석백錫伯족이라는 이름으로 아직까지 남아 있는 사실까지 더하면 몽골리안들의 생명력은 끈질기다고 해도 좋다. 더구나 최근에는 거의 사라질 위기에 처한 것으로 간주됐던 만주족과 이들의 문화 역시 살아나고 있다.

만주족은 1911년 청 제국이 망한 이후의 격동기를 겪으면서 고유의 언어와 문화를 대부분 잃어버렸다. 그래서 한족에 완전히 동화됐다는 소리도 나왔다. 하지만 몽골족과 만주족 모두 한족과의 결혼은 금지하고 있었다.

그러나 지금은 상황이 다르다. 200만 명에 불과했던 인구가 2010년 현재 갑자기 1,000만 여명으로 늘어났다. 그동안 한족들로부터 당하는 차별을 피하기 위해 만주족이라는 사실을 숨겼던 사람들이 이른바 커밍아웃을 하고 있는 것이다. 또 완전히 사라진 것으로 간주된 만주어 역시 서서히 살아나고 있다. 최근에는 체계적으로 가르치는 대학이나 학원도 늘고 있다. 앞으로는 더욱 이런 분위기가 확산될 가능성이 크다. 1911년 이후 완전히 숨죽이고 있던 중국의 몽골리안들이 서서히 다시 역사의 전면으로 나설 가능성이 전혀 없다고 하기 어려운 현실인 것이다. 만약 여기에 몽골리안 네트워크 구축 프로젝트가 본격화한다면 이들이 일익을 담당할 개연성도 상당히 농후할 것으로 보인다.

04 몽골리안 파워의 원동력

몽골리안들은 이처럼 유럽 제국의 대항해 팽창 시대인 17세기를 전후한 시기까지 여전히 무시 못할 막강한 파워를 과시하고 있었다. 비록 이 시기가 앵글로색슨 네트워크 국가들에게 세계를 좌지우지하는 주도권을 빼앗기기 시작하는 몽골리안 전성 시대의 끝물이기는 했지만 말이다. 더구나 이런 현상은 아프리카의 이집트에서부터 시작해 중앙 유라시아와 동아시아에 걸친 일반적인 흐름이기도 했다.

그렇다면 이런 몽골리안 국가들의 저력은 도대체 어디에 있었을까? 단순하게 말하면 모든 것이 일사분란하게 움직이는 기계적인 시스템에 있었다고 단언하는 것이 우선 가능하다. 또 병력이나 보유 병기에 비해 월등하게 뛰어난 전투력, 일전불퇴의 용감한 습성 역시 무시하기 어렵다. 그러나 역시 가장 결정적인 요인은 다소 엉뚱한 동물에서 찾아야 할 것 같다. 그게 바로 말이다. 말은 사람을 태울 수 있는 동물 중 유일하게 빨리 달리는 것이 가능하다. 천리마라는 말에서 보듯 반나절에 250km까지 달리는 것도 그다지 어렵지 않다. 요즘으로 따지면 자동차라고 해도 좋다. 그리하여 말을 보유한 민족의 군대는 엄청나게 뛰어난 기동력을 갖게 된다는 결론이 가능해지는 것이다. 더구나 말 위에서 무기를 휘두르거나 활을 쏘면 보병들은 아예 상대가 안 된다.

그런데 몽골리안들은 말을 많이 보유하고 있었을 뿐 아니라 천성적으로 말을 다루는 것에 관한 한 다른 인종들보다 월등한 DNA를 보유하고 있었다. 몽골 아이들이 지금도 말을 마치 개나 장난감처럼 다루면서 묘기를 보이는 것은 이런 DNA를 그대로 증명할 수 있다. 지금은 소총이나 권총과 같은 개인 화기를 비롯해 대포, 탱크 등이 등장한 탓에 말의 어마어마한 위력이 거의 사라졌으나 당시의 정착민들에게는 말이 완전히 공포의 대상이 될 수밖에 없었다.

몽골리안과 떼려야 떼지 못할 말의 기동력은 단순하게 군사 방면에서만 유용한 것이 아니었다. 이곳저곳으로 이동해야 하는 유목 민족에게는 밥벌이 수단으로도 유용했다. 나중에는 이 범위가 더욱 넓어져 교역과 무역의 수단이 되기도 했다. 급기야는 막대한 부를 창출하는 원동력으로까지 발전했다. 당연히 이런 형식의 교역은 농업을 기반으로 하는 정착민에게는 거의 꿈같은 현실이었다. 몽골리안 국가들과 비교해 경쟁력을 가진다는 것은 아예 언감생심이었다고 해도 좋았다.

물론 이런 상황은 17세기를 전후해 본격적으로 활용되기 시작한 범선과 기선, 자동차 등의 등장으로 급변하기 시작했다. 이제야 비로소 몽골리안 제국들이 앵글로색슨 네트워크 국가들에게 서서히 밀리기 시작할 수밖에 없게 된 것이다. 그러나 이런 상황은 역설적으로 이전까지는 몽골리안 국가들이 다른 인종의 국가들에게 얼마나 압도적인 우위를 차지하고 있었는지를 잘 보여준다.

세금이 정착 민족으로 이뤄진 국가들보다 단순하고 액수도 많지 않았던 사실 역시 거론해야 한다. 진짜 그런지는 10세기 이후 등장한 몽골리안 제국들의 대표적인 조세 관련 조치들을 살펴보면 바로 알 수 있다. 예컨대 통행세를 소비세로 단일화한 몽골 제국, 지정은제를 실시한 청 제국, 인두세를 폐지한 바 있는 무굴 제국의 사례만 보아도 충분할 것이다. 기본적으로 사람은 소유욕이 강하다. 배고픈 것은 참아도 배 아픈 것은 못 참는다는 말은 괜히 있는 것이 아니다. 여기에서 더 나아가 불의는 참아도 불이익은 못 참는다는 중국 속담까지 더하면 사람의 소유욕은 정말 지독하다고 해도 좋을 것이다. 따라서 국가에서 이러한 사람들에게 세금을 덜 거둬들이는 조치를 취하거나 제도를 운용하면 환영받는 것은 너무나 당연할 수밖에 없다. 아무리 국가에 불만이 있어도 가능하면 참을 것이다. 이러니 몽골리안이 지배했던 제국 하에서는 민중 반란이나 쿠데타 등으로 이어지는 사례는 아주 드문 현상이 됐다. 당연히 반대의 경우는 그렇지 않았다. 몽골리안 국가들이 경쟁력을 가지는 것은 절대로 이상할 게 없었다.

배타적이지 않은 열린 생각을 통해 주변의 모든 것을 받아들여 융화시키는 DNA는 더 말할 필요도 없을 듯하다. 주변국이나 자신들이 통치하는 타 인종들에게 일방적으로 자신들 것만 강요하지 않은 포용력과 개방적인 자세가 경쟁력을 배가시켰다는 이야기이다. 이러한 사실은 인도 5왕조 중 4왕조와 무굴 제국, 오스만투르크 제국 등이 몽골리안 이민족의 정복 왕조이면서도 현지인들의 이슬람을 신봉한 국가로 변신한 사례에서 무엇보다 잘 알 수 있다. 이 점에서는 몽골 제국이나 청 제국 역시 크게 다르지 않았다. 우선 몽골 제국의 경우 인종을 비롯해 민족, 문명, 언어, 종교 등의 차이에 의해 사람을 차별하지 않았다. 비록 몽골족이 1등 계급, 색목인^{色目人}이 2등 계급, 한족이 최하위 계급이라는 인식이 없지는 않았으나 인도의 카스트 제도처럼 노골적이지는 않았다. 최하위 계급인 한족이라도 능력만 있으면 몽골족처럼 출세를 하는 것이 언제 어디에서든 가능했다. 그래서 아마 대제국을 하나로 뭉뚱그려 만들어 내는 능력을 기를 수 있었던 것처럼 보인다.

청 제국은 '키메라의 제국'이라는 별명으로 불리는 만큼 더 이상의 설명을 필요로 하지 않을지 모른다. 대표적인 분야가 종교가 아닌가 싶다. 청 제국은 천손 사상을 가지고 있었음에도 티베트 불교를 황실에서 믿는 등의 포용력과 개방성을 보여주었다.

유목 문화는 이제 지구상에서 거의 사라졌다. 그러한 생활을 아직도 고수하는 민족도 그리 많지 않다. 중동의 베두인족을 비롯해 러시아 캄차카 고원의 원주민, 모로코의 베르베르족, 몽골 유목민, 알래스카의 에스키모, 아프리카의 마사이족, 유럽의 집시들이 아직까지 이런 민족에 속한다. 이중 몽골 유목민, 캄차카 고원의 원주민, 알래스카의 에스키모 등이 몽골리안이라고 할 수 있다. 재미있는 사실은 몽골 유목민들의 경우 이동 생활을 하면서도 핸드폰이나 태양광 TV를 갖고 다니는 등 모바일과 IT 기기와도 친숙한 사실이 아닐까 싶다. 한마디로 피에 흘러넘치는 디지털 노마드 기질을 속이지 못하는 것이다. 만약 몽골리안의 이런 DNA와 개방적이고 단결을 잘 하는 장점들이 다시 한 번 발양된다면 어떻게 될까? 디지털 몽골리안 네트워크가 결성되지 말라는 법이 없다고 단언해도 좋다. 당연히 주축은 한국이 되어야 한다. 그러면 이쯤에서 디지털 내지는 모바일 형식으로 다시 복원되어야 할 몽골리안 네트워크의 주역이 될 수밖에 없는 우리 한민족의 노마드적인 기질은 어떠했는지를 한 번 살펴보는 것은 어떨까? 상당한 의미가 있을 것 같다.

05 요하 문명과 고조선

사람은 모름지기 자존, 자애해야 한다. 그래야 다른 사람들로부터 업신여김을 당하지 않는다. 민족은 더 그렇지 않을까 싶다. 자신들이 자존하지 않는데 다른 민족이 우러러 볼 까닭이 없다. 우리 한민족은 이런 점에서는 반성해야 한다. 불과 얼마 전까지만 해도 스스로를 '엽전'이라고 비하했으니 말이다. 모든 것이 정체된 열등 민족이라는 식의 인식을 강요한 일제 식민지 교육 탓도 컸겠으나 해방 이후 못 먹고 못 살던 때의 기억이 아마 이런 자기비하의 패배 의식을 갖도록 하지 않았나 싶다.

그러나 과연 우리가 '엽전' 운운해야 할 정도로 열등 민족인가? 전혀 그렇지 않다. 만약 지금 세계인들의 눈앞에 펼쳐진 각종 경제적·사회적 실적만 놓고 엽전 운운 하면 아마 세계인들은 깜짝 놀랄 것이다. 그러면 한국과는 비교도 안 되는 다른 나라 국민들은 뭐라고 불러야 좋으냐고 물으면서 말이다. 모르기는 해도 아마 화를 낼지도 모르겠다. 실제로 그렇다. 일부 부정적인 시각이 전혀 없는 것은 아니나 외국을 나가보면 한국이나 한민족에 대한 평가는 일단 대단히 긍정적이다. 하기야 세계 역사상 전무후무한 경제 기적을 일군 나라와 국민들을 우습게 볼 세계인은 단언컨대 없을 것이다.

그러나 한민족이 자긍심을 가져야 하는 분야는 이 정도에서 그치지 않는다. 우리가 일반적으로 생각하는 것 이상으로 장구한 역사와 대륙을 호령하던 기상, 찬란한 문화를 꽃피운 몽골리안 민족이라는 사실에도 긍지를 가져야 한다. 역사를 잘 살펴보면 우리 민족의 활동 범위가 지금은 반쪽으로 나눠진 한반도 아래쪽만이 아니었기 때문이다.

한국의 주류 사학계에서는 대체로 고구려가 망한 해인 668년까지를 한민족이 만주 일대를 지배한 시대로 본다. 이 경우 고조선이 중국 고전 『관자管子』에 등장하는 기원전 7세기부터 시작하면 한민족은 만주 일대를 대략 1,400여 년 동안 지배한 것이 된다. 이 움직일 수 없는 역사적 진실도 사실 엄청 대단하기는 하다. 그러나 이게 다는 아니다. 고구려를 계승했다고 자부하는 발해의 영토가 만주 일대와 지금의 러시아 땅까지 이르렀다는 사실, 고려가 끊임없이 고토 수복을 노렸다는 사실 등을 더하면 만주는 내부 지향적 국가인 조선 시대 500여 년을 제외하면 한민족이 사실상 지배했거나 아니면 떼려야 뗄 수 없는 관계에 있었다. 한마디로 중국이 실효적 지배를 하고는 있으나 만주 일대의 역사가 한민족의 역사라는 이야기라고 할 수 있다. 더구나 지금의 동북 3성인 만주 일대는 청 제국을 세운 만주족이 자신들의 발원지로 신성시하기 전까지만 해도 한족들의 관심 밖에 있기도 했다. 당연히 실효적 지배조차 하지 못했다.

문제는 이 지역에 황허 문명보다 최소 2,000년 정도는 앞서는 문명이 존재했었다는 충격적인 사실이 지난 세기 말에 밝혀졌다는 점이다. 지금까지 통설로 알려진 인류의 4대 문명 외에 5대 문명이 존재했었다는 얘기이다. 그것도 한반도와 아주 가깝고 한민족이 1,400여 년 동안 실질적 지배를 했던 과거의 만주 땅에.

때는 지금으로부터 대략 30여 년 전인 1983년 초여름. 당시 중국 전역의 내로라하는 저명한 고고학 전문가들은 거의 예외 없이 정부의 문화 당국으로부터 은밀한 통지를 받았다. 내용은 황허 문명에 비견될 만한 문명의 존재를 입증하는 엄청나게 중요한 유적이 발굴됐으니 랴오닝遼寧성 젠핑建平현과 링위안凌源시 사이의 뉴허량牛河梁이라는 곳으로 집결해달라는 당부였다. 흔히 랴오시遼西로 불리는 현장으로 달려간 이들은

5,500년 전의 제단, 여신전, 여신상, 적석총 등 진짜 놀라운 유적들을 목도하고 깜짝 놀랐다.

이후 이에 대한 면밀한 집체 조사가 은밀하게 행해졌다. 결론은 예상대로 인류 제5의 문명이 이 지역에 존재했다는 내용으로 발표되었다. 문명의 이름은 광의의 개념으로는 '홍산紅山 문화', 지역 이름을 따서 '요하遼河. 이 문명은 한족의 문명이라고 하기에는 의구심이 많으므로 중국어 발음을 따르지 않는다 문명'으로 명명됐다. 당연히 중국 문화부 당국과 언론은 이 문명을 일군 주역들을 한족의 시원인 황제黃帝의 한족이라고 강력하게 주장했다. 그러나 이는 "한족 이외의 오랑캐들이 살던 만리장성 밖에는 문명이 존재하지 않았다"라는 자신들의 통설을 스스로 뒤집는 것이었다. 더불어 지금의 중국이 황허 유역에서 시작해 은과 주나라로 이어지는 것으로 봤던 중국 사학계의 통설 역시 완전히 무너뜨리는 결과를 가져오는 주장이었다. 이처럼 기존의 전통적인 학설을 뒤집는 꽤나 모순적인 발표였다.

지금까지 공개된 유적들을 자세히 살펴보면 진짜 중국 사학계의 발표에는 모순이 적지 않다. 무엇보다 랴오시 지역에서 발견된 피라미드식 적석총, 빗살무늬 토기, 비파형 청동검은 이른바 중원의 황허 문명에서는 거의 나타나지 않고 한반도와 일본에서 집중적으로 발견되는 유물이라는 사실을 꼽을 수 있다. 이러한 유물과 유적들은 이 요하 문명이 황허 문명을 비롯한 인류의 4대 문명과 교류했을 수 있었는지는 몰라도 완전히 주인공이 다른 문명이라는 사실을 말해주는 확실한 증거라고 할 수 있다. 더불어 그것들은 요하 문명이 동쪽으로 영향을 미친 것이 아니라 주로 한반도를 거쳐 일본까지 전래된 동북아 문명의 시원이었다는 움직이기 어려운 증거이기도 하다. 실제로 이 지역의 치성을 이빨처럼 울퉁불퉁 쌓는 방식를 갖춘 석성石城이나 비파형 청동검, 다뉴세문경, 한반도에 지천으로 널려 있는 고인돌 등은 중원의 다른 왕조에서는 찾아보기 어려운 고조선 문화의 상징으로 손꼽힌다. 그대로 전형적인 몽골리안 유목민 계통의 고구려 특유의 문화로 연결된 특징이기도 하다. 이에 대한 증거 역시 많다. 대표적인 것이 바로 고조선이 이 지역에서 발원했다는 내용을 분명하게 담고 있는 『산해경山海經』, 『시경詩經』 등의 존재가 아닐까 한다. 중국 사학계의 발표는 또 자신들 스스로 만주 일대의 땅을 동이족의 나라라고 했던 주장과도 배치된다. 여기에 중국 혁명 1세대들이 살아 있던 당시만 해도 고구려사를 한국사로 인정했던 사실을 더하면 이들의 주장은 완전히 모순의 삼종 세트까지 된다고 해도 과언이 아니다.

그럼에도 이 문명은 지금 중국의 동북공정으로 인해 황허 문명과 함께 중국의 대표적인 문명으로 둔갑해 있다. 전형적인 '내 것은 당연히 내 것, 네 것도 지금은 우리 땅에 있으니 내 것'이라는 논리인 셈이다. 물론 요하 문명 세력들이 전부 한반도로 내려왔다고 보기는 어렵다. 당연히 황허 문명의 발원지 쪽으로도 흘러갔을 가능성이 전혀 없지는 않다. 동일한 인종 간의 교류는 아니었더라도 문명의 중첩이 일어났을 가능성은 어느 정도 있다고 봐야 하는 것이다. 고대로 올라갈수록 '역사라는 것은 흐름과 교류의 결정체'니까 말이다.

중국 측 주장을 일부 받아들이더라도 여러 상황을 종합하면 고조선은 한반도 북부를 포함한 만주 땅에 존재했던 것이 확실하다. 일부 학자들은 네이멍구자치구까지 포함시키기도 한다. 이 경우 한민족이 만주 일대를 장악한 역사는 거의 기원전 3,000년 가까이로까지 거슬러 올라간다. 고구려와 발해까지 포함하면 한민족이 거의 4,000년 동안 활동한 지역인 셈이다. 대략 단군의 역사와 비슷해진다. 일부 학자들이 단군이 절대 신화 속 인물이 아니라는 주장을 하는 것도 이로 보면 허무맹랑한 것 같지만은 않다.

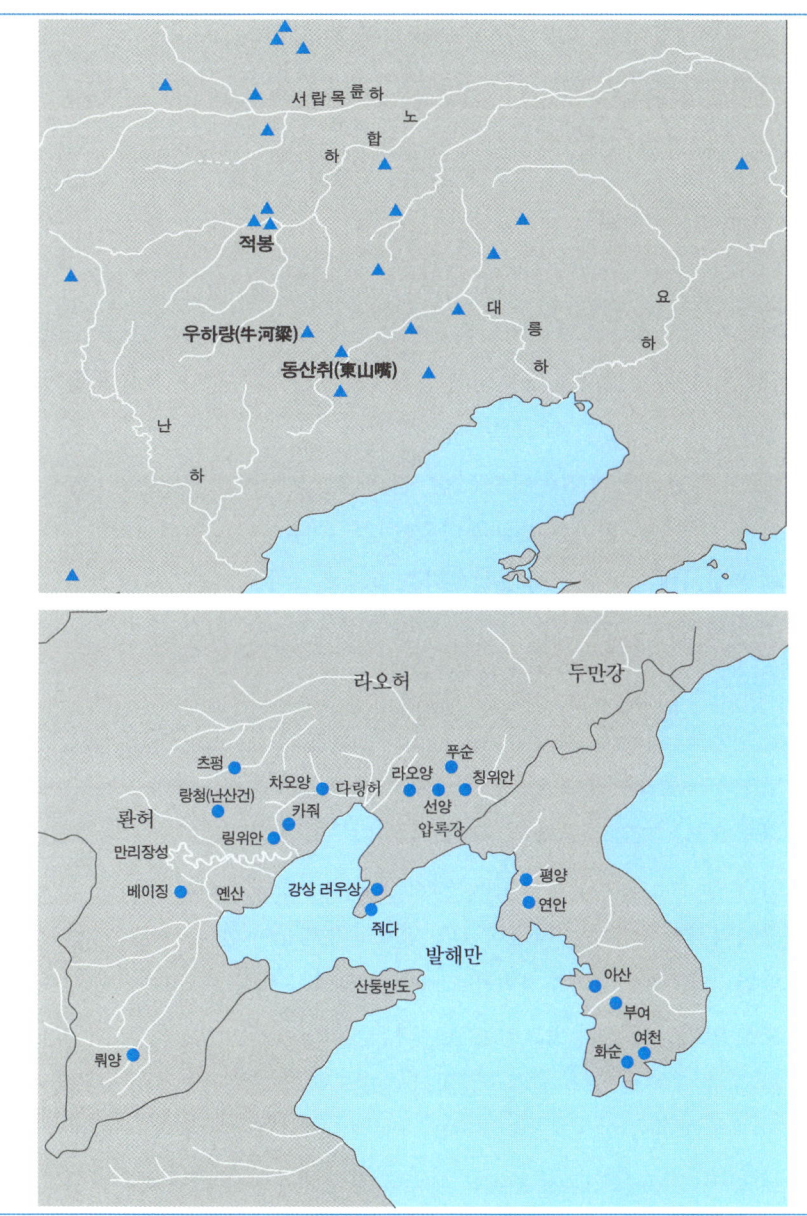

홍산문명 영역도(위)와 유적의 분포(동검, 동복, 토기, 명도전)(아래)

그렇다면 요하 문명은 몽골리안 문화와는 어떤 관계가 있는지에 대한 의문이 들지 않을 수 없다. 필자는 아마도 몽골리안 문화의 시원이 아니었을까 조심스럽게 판단해본다. 이를테면 이 문명에서 고조선과 고구려가 배태됐고 말갈, 여진, 거란족들과 이들의 문화가 퍼져 나오지 않았나 생각한다. 이러한 사실은 이 일대의 산들이 거의 대부분 몽골어나 만주어 등으로 불린다는 점으로 미뤄 봐도 상당히 개연성이 농후하다. 여기에 나머지 몽골리안 국가들의 언어인 일본어, 몽골어, 터키어 등이 한국어와 어순이 같다는 사실 역시 간과해서는 안 될 듯하다. 요하 문명이 몽골리안 문화의 젖줄이라는 사실을 보여주는 증거일 수도 있는 것이다. 이 점은 지구의 기온이 온난한 시기에는 시베리아 초원의 길이 동서의 주 교역로가 된다는 가설을 따르면 당연한 결과로 보인다. 10세기 이후 온난기에 초원의 길이 활성화되고 말의 위력이 발휘되면서 몽골리안의 전성기가 도래했다는 이론은 고대 문명의 중심이 왜 홍산 일대의 요하인가를 설명하는 이론이 될 것이라고 필자는 주장한다.

그나마 중국에 유리하다고 인정되어 왔던 증거로 고조선 일대에서 엄청나게 출토된 중국 연나라의 화폐라고 하는 명도전明刀錢이 있기는 하다. 그러나 명도전에 새겨진 명문들은 아무리 해석해보아도 중국의 한자가 아니라고 볼 수밖에 없다. 이에 대한 관점의 획기적인 전환을 재야 문자학자인 허대동이 마련하였다. 명도전의 명문이 한자가 아니고 알파벳과 같은 음소 표음문자임을 입증하고 나아가 이를 해독하여 고대 고조선 언어임을 밝혀가고 있는 것이다. 놀라운 사실은 그렇게 해서 해석된 고대 문자의 구조가 세종대왕의 훈민정음과 너무나 일치하고 있는 것이다. 사실상 몽골리안의 언어는 대부분 뿌리를 같이하고 있음이 점차 밝혀질 것이다. 우선 티베트 문자는 모양과 음가가 한글과 사촌지간이다. 인도의 브라미, 구자라트 문자 역시 그러하다. 심지어는 가획의 원리 등도 동일하다.^{이에 대한 자세한 내용은 유라시안 재단의 다음 출판 성과를 기다려 보기로 하자.}

중국은 요하 문명이 나타나자 처음에는 상당히 당황했다고 한다. 한족들과는 거의 관계가 없는 것이 확실한 문명이 등장했으니 당연할 수밖에 없었다. 그래서 역사학자들이 머리를 맞대고 아이디어를 짜낼 수밖에 없었다. 이렇게 해서 등장한 것이 다름 아닌 하상주단대공정夏商周斷代工程에 이은 동북공정이었다. 역사적 기록이 거의 없는 저 전설상의 시대를 자국의 완벽한 역사로 만들기 위해서는 요하 문명을 어떻게든 자국 중심으로 해석할 필요가 있었던 것이다. 게다가 지금의 자국 영토에서 일어난 문명을 자신들의 것이 아니고 한민족을 비롯한 몽골리안 문명이라고 인정하면 이야기가 여러모로 복잡해진다. 소수민족의 동요가 심각해질 뿐 아니라 분리 독립 운동이 더욱 열기를 띨 가능성도 배제하기 어려워지는 것이다. 한족을 중심으로 하는 중화민족이라는 개념을 내세워 이른바 동북공정, 서북공정^{위구르신장자치구를 대상으로 하는 프로젝트}, 서남공정^{티베트 대상의 프로젝트} 등의 하상주단대공정에 이은 세부 역사 연구 프로젝트를 추진하고 있는 것은 바로 이 때문이라고 해야 한다.

지금도 변함없이 국제 사회를 향해서까지 외치는 중국 역사학계의 주장에 따르면 몽골 제국과 청 제국을 비롯해 베트남 북부, 티베트, 위구르, 고조선과 고구려의 역사는 전혀 빈틈이 없는 중국의 역사가 된다. 이 경우 완전히 중국에 복속된 티베트의 장족藏族이나 만주족은 그렇다 치더라도 같은 역사를 공유하는 민족의 국가가 존재하는 북한을 포함한 한국, 베트남, 몽골, 터키 등의 반발은 전혀 이상할 게 없다. 또 이 반발은 현재 진행형이기도 하다.

경제 대국 중국의 오늘이 있게 한 일등공신인 덩샤오핑은 세상을 떠나기 전 후계자들에게 유언과 다름없는 당부를 통해 "소수민족을 조심하라"는 말을 했다고 한다. 일부에서는 그러한 당부가 바로 하상주단대공정으로 이어졌다는 주장을 하고 있기도 하다. 또 사실 1억 명 전후의 55개 소수민족을 아우르는 가운데 지금의 영토를 확정한 입장에서 그렇게 하지 않기도 어려운 상황이라고 할 수 있다. 그러나 중국이 이처럼 다소 무리하게 나오는 가장 결정적인 이유는 아무래도 한족을 중심으로 하는 중국의 힘이 급속도로 커지고 있는 현실에서 찾아야 할 듯하다. 이를테면 앵글로색슨 네트워크에 대항할 차이니스 네트워크가 21세기를 지배할지도 모르는 막강한 파워로 부상하고 있기 때문이라고 해야 한다. 이는 달리 말해 17세기 이후의 몽골리안 국가 내지는 몽골리안 네트워크의 몰락이 이런 계기를 제공하게 됐다는 사실과도 통할 것 같다.

06 머나먼 남미에도 몽골리안 네트워크가 있었다

남미의 잉카 문명, 아즈텍 문명은 인류의 찬란한 또 하나의 문화유산이다. 그런데 이들은 몽골리안의 특성인 천손 설화를 공유하고 있다. 또 몽고반점도 가지고 있다. 그러나 이들과 우리의 관계에 대한 연구는 아직 미약하다. 이 책에서는 이미 잉카 제국과 아즈텍 제국에 대한 기존의 컨텐츠는 충분하다는 전제하에 일반적인 이야기는 생략하고 새로운 연구 결과로서 배재대학교 중남미학과의 손성태 교수의 이야기를 소개하고자 한다.

> 저는 변형생성문법이론1957년에 촘스키가 제창한 문법 이론을 전공한 언어학자입니다. 언어학 중에서도 가장 최신 이론을 공부한 사람이죠. 그런데 아스텍어

는 옛날 역사언어학이고 고고학이며 민속학이잖아요. 저하고는 거리가 너무 멀 수 있어요. 물론 저는 학창시절부터 아메리카 원주민의 언어가 우리말과 비슷하다는 것을 알았어요. 이야, 참 재미있다. 어떻게 같을까. 왜? 가령 우리하고 가까이 사는 중국인들의 말도 우리 민족하고는 어순語順이 달라요. 어순이 다르다는 건 단순한 문제가 아니죠. 천년 만년이 지나도 어순은 절대로 변하지 않아요. 따라서 중국인과 우리 민족은 황인종으로 외모가 비슷하지만 절대로 같은 민족이 아니라는 얘기입니다. 근원부터가 다르다는 얘기죠.

그런데 어떻게 아메리카 인디언들의 말이 우리와 똑같은 어순을 사용하느냐 이거에요. 그리고 TV에서 중미 지역의 원주민 아기들이 몽고반점을 가지고 태어난다는 얘기도 몇차례 들었어요. 중국인들도 몽고반점이 없거든요. 그런데 아메리카 원주민은 말의 어순이 우리말과 같을 뿐 아니라 우리처럼 몽고반점이 나오니, 이것은 연구를 해봐야 되지 않나, 언어학적으로 살펴봐야 한다, 이런 생각을 갖게 되었죠. 하지만 그때는 학생이었고 유학을 가서 생성문법을 했으니까 그 언어 이론에 빠져서 세월을 보냈죠.

그런데 제가 이 연구를 시작하게 된 것은 2007년 대학교수가 된 지 15년 만에 첫 연구년을 가서였어요. 미국 아리조나대학교 도서관에서 원주민 언어에 관한 책을 훑어보다가 눈에 띄는 제목의 책 한권을 탁 펼쳤어요. 원주민 언어에 관한 자료집이었죠. 거기에 이런 말이 있었어요.

알파벳 발음기호로 적어놨는데 읽으면 '꽘 약이 있다', 이렇게 되어 있는데 '약이 있다' 란 말이 have medicine이라고 번역되어 있는 거에요. '약이 있다' 란 말은 우리말이잖아요. 거기서 제가 충격을 받았어요. 어순만 같은 것이 아니라 '약' 이란 말과 '있다' 라는 동사가 합쳐져 있단 말이에요. '있다' 란 말을 우리 민족은 '가지고 있다' 라는 소유의 의미로 사용하잖아요. 이건 특이하거든요. 언어학자의 입장에서 보면 개별적인 단어, '약' 이라는 명사 하나가 일치하는 것보다 동사까지 합쳐져서 '약이 있다' 라는 하나의 구(句) 수준으로 똑같은 말이 나오고, 뜻까지 우리말과 같다는 것은 엄청난 충격이거든요. 그러니까 언어학자의 시각에서 보면 '이건 예삿일이 아니다!' 란 걸 바로 느낄 수 있어요. 그래서 다른 페이지를 펼치니까 '이것' 이란 말이 나와요. 영어로 this. 다음에는 '이히 내꺼', 이래 놓고 this mine 이렇게 영어로 해석이 되어 있단 말이에요. 그때 저는 책을 서고書庫 바닥에 내려놓고 주저앉아 울었어요. 눈물이 나오더라고요. 왜? 저는 스페인어 전공자니까 멕시코 원주민의 고난의 역사를 알잖아요. 정복당하면서 엄청나게 죽은 그 고난의 역사를 알고, 또 미국의 인디언들도 어마어마한 고난이 있었다는 것을 알잖아요. 그걸 아는데, 딱 보니 이게 우리 민족이더라고요! 그러니 우리 민족이 그 먼 곳까지 바다를 건너와서 살았고, 또 이곳에서 고난의 역사 끝에 멸망당하여 역사속으로 사라지고 만 것이죠. 그러니 눈물이 날 수밖에요. 언어는 거짓말을 못하거든요. 같은 민족이라는 것을 결정하는 최후의 보루는 언어란 말입니다. 단순히 말만 일치하는 것이 아니라 민속, 풍습, 의복, 신앙, 고고학적 자료, 심지어는 윷놀이나 제기차기, 격구(공놀이) 같은 오락에 이르기까지 방대하게 일치하는 자료가 쏟아지는 거에요. 〔중략〕

중남미라는 머나먼 곳에서 우리의 원형을 다시 보게 된 것이다. 유라시안 네트워크가 중남미까지도 확장되어야 하는 이유다. '아스텍Aztec'의 어원은 '아사달 阿斯達'이라고 손교수는 주장하고 있다. 멕시코의 아스텍인들은 자기 선조들이 '아스단'에서 왔다고 한다. 유목민들은 자기 민족에게 중요한 지명은 신앙처럼 가슴에 묻고 다닌다는 것이다. 월간 『개벽』에 게재된 손 교수의 말을 다시 인용해보자.

아스텍 역사에 보면, 아스텍인들의 조상이 820년경에 자신들이 살던 '아스단'을 떠나 북쪽으로 이동해서 옛 부여가 있던 땅을 거쳐 알류산 열도를 타고 베링해를 건너 결국엔 멕시코까지 왔다고 기록하고 있습니다. 그런데 '콜와'라 불리던 원주민이 아스텍인의 보호자로 자처하고 나서요. 그리고 이 사람들을 자기네 나라로 데려가서 살 땅을 내줍니다. '콜와' 백성들과 아스텍인들은 만나자마자 서로 말이 통했고 형제자매라고 부르면서 결혼도 하고 그랬다는 거에요. 알고 보니까 콜와족과 아스텍인들이 같은 민족이었다는 겁니다. 멕시코 기록에 그게 나옵니다. 아스텍인들이 기록한 바에 의하면, '콜와'는 아스텍인이 아메리카로 이주하기 전에 아스텍인과 서로 이웃하여 살았고, 또한 아스텍인들이 아스단(아사달)을 떠나 북상하여서 제일 먼저 도착한 곳이 콜와족의 조상들이 살던 땅이라고 기록하고 있어요. 멕시코쪽 기록에 의하면 기원후 49~50년부터 '콜와'라는 민족이 멕시코에 도착하기 시작하여 670년 경에는 대규모로 이동해 왔다, 이렇게 나와요(이 명칭으로 불리는 인디언이 미국, 멕시코, 페루에도 있다). '콜와'에 관한 기록을 보면, 이들은 멕시코에 도착한 이후 다섯 집단으로 나뉘어 한 집단만 지금의 멕시코시티 지역에 남고, 나머지는 동서남북으로 흩어졌다고 해요. 남쪽으로 향한 집단은 중미 지역을 지나 남미로 내려갔다고 봅니다. 남미 잉카 제국의 언어에 다양한 우리말 흔적이 나오는 것이 그 증거죠. 아스텍인들을 맞이한 이들은 바로 멕시코시티에 그냥 남았던 사람들이었어요. 그들을 이끈 지도자가 '케찰코아들'이라 불리던 무당이었어요. 케찰코아들은 우리 민족의 '용龍'이에요. 즉 용을 신으로 모시던 무당이 지도자였지요. 멕시코의 기록에 의하면, '콜와'의 어원인 '고리'라는 말은 '둥글게 휘어진 물건' 이외에 '나직하고 봉우리가 둥근 산' 그리고 '할아버지'를 뜻한다고 해요. 그런데 우리도 이런 산을 고리라고 했단 말이에요. 충청도 옥천군에 환산環山이 있는데, 그 옛 이름이 고리산이라 합니다. 그러면 이건 아스텍 쪽의 문헌과 일치하죠? 또 고리타분하다, 이런 말 쓰죠? 구세대란 말이죠. 할아버지를 가리킬 수밖에 없어요. 이렇게 우리말의 '고리' 와 멕시코의 '콜와' 족을 가리키는 '고리'는 정확히 일치합니다. 그러니까 이 사람들이 부여 계열의 우리 민족일 가능성이 큰 것이죠. 고리족! 바로 코리아Korea 고려인 것이죠.

오늘날 멕시코Mexico는 '맥이가 사는 곳'이란 뜻이에요. 우리 민족이 '맥이'에요. 발해인들이 820년경에 요동을 출발했으니, 5세기 이후의 명칭인 '맥

몽골 제국과 영연방

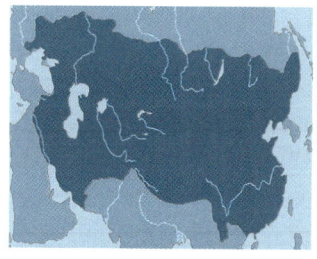

몽골 제국

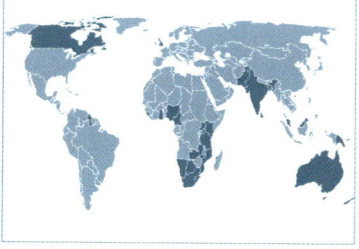

영연방

이'를 사용한 것도 역사적 흐름상 맞지요. 아스텍인들은 그들 제국의 수도를 '맥이곳'이라 불렀어요. 자신들을 가리키는 '맥이족이 사는 곳'이란 뜻이지요. 스페인 사람들이 와서 그 명칭을 듣고 스페인어로 'Mexico'라고 기록했어요. 이 단어는 스페인어 발음 원칙으로는 '멕시꼬'로 읽어야 하지만 아스텍인들이 '맥이곳'이라고 했기 때문에 그 명칭에 따라서 '멕이고'라고 발음하죠. 오늘날에도 스페인어를 사용하는 모든 사람들이 멕시코를

'멕이꼬'라 부릅니다.

아스텍인의 탄생과 육아, 생활과 놀이 문화 전반 및 장례와 제사 문화에 이르기까지 모든 문화와 풍습, 언어가 우리 민족의 것과 너무도 많이 일치합니다. 가령 아이가 태어나면 금줄을 치고 태어난 아이의 머리를 동쪽으로 향하게 하고 정화수를 떠놓고 빌어 주었다던가, 사람이 죽으면 저승가는 노잣돈으로 옥구슬을 입에 넣어 주었으며, 사체 위에는 흰 흙을 뿌려주고 머리에 새 깃털을 꽂아 주었습니다. 제삿상엔 햇과일과 음식을 올리고

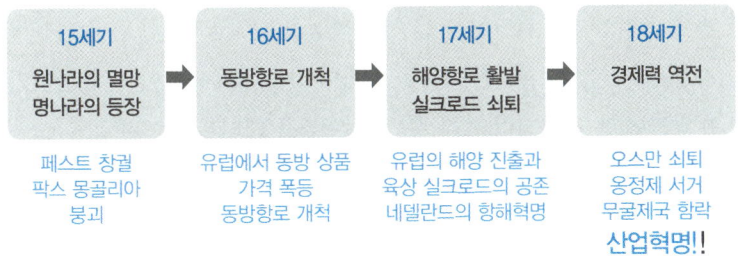

향을 피웠으며 손을 땅에 짚고 엎드려 절을 하고 음식을 나누어 먹었죠. 또한 윷놀이를 한 흔적도 나오는데, 규칙도 똑같고 윷판의 돌을 '말'이라고 불러 영어로는 horse라고 써 놓았습니다. 놀랍게도 아리랑 구절도 일부 남아 있습니다.

이처럼 몽골리안은 멕시코의 아즈텍 제국, 페루의 잉카 제국을 건설

하고 찬란한 문명을 남겼다. 그러나 아직까지 이들과 우리의 역사적 관계는 알려져 있지 않다. 손 교수의 연구가 확대되면서 이 분야의 새로운 관계가 더욱 밝혀질 것으로 본다. 머나먼 남미에도 우리의 뿌리가 있었던 것이다.

07 몽골리안, 석양속에 지다

그렇다면 17세기 이전까지는 상당 기간 세계를 지배했던 몽골리안과 몽골리안 네트워크는 어떤 쇠퇴 과정을 겪었을까? 한 번 알아볼 필요가 있을 것 같다. 그러한 과정을 알아야 한국이 주도해야 할 몽골리안 네트워크의 복구 과정이 보다 수월할 수 있을 테니까 말이다.

몽골리안 국가들은 기원 이전 시대부터 17세기까지 수천 년 동안 유라시안의 교역로를 사실상 일관되게 지배했다. 특히 10~18세기의 세계사는 몽골리안 중심의 세계사라 해도 과언이 아니었다. 유럽을 제외한 중동, 중앙아시아, 인도, 중국의 지배 세력은 대부분 몽골리안 왕조였음은 이미 입증한 바와 같다. 이 시대는 기후적으로 온화하여 초원의 길이 대규모 동서무역을 가능하게 하였고, 말을 지배한 자가 세계를 지배한 노마드의 시대였다. 특히 몽골 제국 시대에는 동서양을 아우르는 대제국까지 건설하는 위용을 보였다. 그러한 몽골리안 제국의 몰락의 시작은 페스트였다고 필자는 보고 있다. 세계 최초의 무역 대국인 몽골 제국에 비운이 찾아온 것이다. 인류 역사의 아이러니는 세계 제국의 건설 이후에는 반드시 세계적인 질병이 창궐했다는 것이다. 몽골 제국의 페스트에 이어 대영제국의 콜레라, 팍스 아메리카나의 에이즈 등이 그러한 예가 될 것이다. 페스트는 무역에 기초한 몽골 제국의 근본을 흔들었다. 그리하여 제국의 재정이 붕괴되자 명과의 뚜렷한 전투없이 스스로 붕괴되어 몽골 초원으로 물러간 것이다.

문제는 바로 원을 계승한 명 제국에서 비롯된다. 명은 북방 민족의 침입을 방어하기 위하여 만리장성을 쌓았고 현재의 만리장성이 명대의 만리장성임은 우리가 알고 있는 바와 같다. 이러한 대역사大役事가 시사하는 바는 명은 닫힌 국가로 정체성을 설정했다는 것이다. 마치 모택동 시대의 중국과 같이 닫힌 국가가 쇠퇴하는 것은 역사 불변의 진리이기에 명대의 중국의 국력은 원에 비하여 급격히 쇠퇴하게 된다. 실제로 필자가 돈황 석굴을 방문하여 확인한 바에 의하면 막고굴과 유림굴을 비롯한 1,000개 이상의 석굴 중 유독 명대의 석굴만 없었다. 한 마디로 명은 대외 무역을 닫은 것이다실제로는 정화의 마지막 원정이후부터. 명의 대외 무역 차단은 몽골 제국의 팍스 몽골리아 하에서 엄청난 무역으로 각종 동방물자의 소비에 길들여진 유럽의 귀족들에게는 거대한 재앙이었다. 비단, 도자기, 차, 향료, 설탕, 종이 등 동방의 물품의 가격은 폭등하였다. 한편 이는 유럽의 변방이었던 이베리아 반도의 국가들에게는 행운으로 찾아 오게 되었다. 즉 이슬람 상인의 인도하에 바스코 다가마는 인도 원정에 나설 수 있었던 것이다. 즉, 인도 항로는 이미 알려져 있었으나 경제적으로 쓸모가 없었는데, 명의 무역로 폐쇄가 새로운 사업 기회를 이베리아 반도 국가인 포르투갈과 스페인에 제공한 것이다.

그러나 유럽의 해양 진출 이후인 16세기까지도 교역의 주역은 역시 실크로드였고 몽골리안의 세계 제패는 이어지고 있었다. 이때의 주된 교역로는 초원의 길이며, 러시아의 흑해 무역이 번성하게 되는 기간에 해당한다. 인도 항로 발견 이후에도 오스만투르크는 유럽을 공략하고 무굴 제국은 인도 남부를 제압하며, 청은 러시아를 압도하고 있었다. 그리고 17세기에는 명을 대신해 열린 국가인 만주족의 청 제국이 무역로를 열게 된다. 『열하일기』에는 청 제국의 부의 편린이 박지원이 경악한 마술 놀이에 현란하게 그려져 있다. 그러나 다시 실크로드의 경쟁력은 회복되지 못했다. 그 이유는 17세기 네덜란드가 등장하면서 해양 무역의 효율성이 극적으로 증가하게 된 데 있었다. 갑판이 좁고 선창이 큰 형태의 배가 1595년 홀란트 주 북부 도시 호흔의 한 조선소에서 개발되기 시작하는데, 이러한 종류의 배가 플류트Fluyt선이다. 플류트선은 배의 건조 비용을 줄이고 운송의 효율성을 배가하여 주식회사 제도와 더불어 포르투갈을 제치고 네덜란드가 세계 무역의 중심 국가로 부상하게 되는 계기가 된다<대국굴기>를 참조하라. 그리고 네덜란드의 무역 혁명에 이어 18세기 중반 영국의 산업혁명이 뒤따르면서 육상 교역에 비하여 해상 교역의 절대 우위가 확립된다. 결국 18세기 접어들어서면서부터는 이때까지 신성로마제국과 함께 세계를 호령했던 나머지 3대 몽골리안 제국은 약속이나 한듯 급격하게 몰락의 길로 내달았다. 극성기를 지나 서서히 황혼기에 접어들고 있었다.

이유는 큰 어려움 없이 간단히 찾을 수 있다. 말의 경쟁력이 더 이상 통하지 않게 된 것이 무엇보다 결정적인 이유였다. 단순하게 당시의 전쟁들을 보면 알 수 있다. 말의 기동력보다 대포가 중요해진 것이다. 무역 역시 크게 다르지 않았다. 아무리 뛰어난 속도를 자랑한다 해도 말을 이용한 육로보다는 이제 해로가 아무래도 유리할 수밖에 없었다. 더구나 대량 운송에서 말과 배는 아예 상대가 되지 않았다고 해도 과언이 아니다. 배 한 척이 말 100마리가 해내는 일을 하게 되는 상황이었으니 말이다. 자연스럽게 전 세계의 부는 서서히 몽골리안 제국에서 해양 세력 쪽으로 흘러들어갈 수밖에 없었다. 여기에 1760년대부터 영국을 중심으로 일어난 유럽의 산업혁명은 몽골리안 제국에 대한 해양 세력의 우위를 결정적으로 굳혀주었다.

몽골리안 3대 제국의 몰락 과정을 보면 진짜 그렇다는 것을 알 수 있다. 우선 가장 끝까지 살아남은 오스만투르크를 볼 필요가 있다. 앞에서 언급했듯이 총포의 발달과 해양 세력의 대두는 오스만투르크 제국에게도 엄청난 위협을 안겨주었다. 중계 무역을 통한 부의 축적, 용맹무쌍한 투르크 기마대에 의한 영토 확장이 더 이상 불가능하게 된 것이다. 게다가 이집트 등의 제국 변방에서는 사병을 이용한 지방 권력자들의 반란이 계속 일어났다. 엎친 데 덮친 격으로 주변 국가와의 전쟁으로 인한 국력 쇠약 또한 끊이지 않았다. 대표적인 것이 이란과의 전쟁이었다. 무려 25년 동안이나 지속됐다. 아무리 막강한 제국이라 하더라도 근간이 흔들리지 않을 까닭이 없었다.

18세기 후반기에 지중해 연안에 출현한 유럽의 해양 세력의 군사력은 오스만투르크 제국에게는 거의 치명적인 한방이었다고 할 수 있었다. 1715년 오스트리아와의 전쟁에서 패배함에 따라 이미 유럽 열강에다 빼앗겨버린 유럽의 영토에 더해 근거지까지 위협받게 된 것이다. 실제로 오스만투르크는 이후 러시아와 싸워 무참하게 패했다. 그 결과 흑해 연안의 크림 반도 북부 일대를 잃었다. 또 1798년에는 나폴레옹의 이집트 공격에 의해 이 일대를 잃는 수모도 감수해야 했다. 그리스 독립은 때문에 별로 이상한 일도 아니었다. 대제국의 위용과 체면은 이미 어디에도 존재하지 않았다.

1914년부터 5년 동안 이어진 1차 세계대전은 생존만을 위해 겨우 숨을 헐떡거리고 있던 이런 오스만투르크 제국에게는 완전히 최후의 한방이었다. 독일이 주도하는 동맹국 측에 가담했으나 패배함으로써 더 이상 버틸 힘까지 잃게 됐다. 결국 오스만투르크 제국은 패전의 대가로 연합국의 가혹하기 이를 데 없는 세브르 조약을 받아들이지 않으면 안 되었다. 영토 역시 아나톨리아 고원을 비롯한 일부 지역으로 국한되어야 했다. 1922년 술탄 정부가 폐지되고 공화제가 도입된 것은 당연한 결과일 수밖에 없었다.

무굴 제국은 19세기 중반인 1859년에 멸망한 데서 보듯 몽골리안 3대 제국 중에서 가장 빨리 역사 속으로 사라졌다. 이유는 우선 최대 규모로 영토를 확장한 술탄으로 손꼽히는 아우랑제브가 1707년에 사망한 것과 관련이 있었다. 그가 죽자 제위 계승을 둘러싸고 분쟁이 일어나 중앙 권력이 급속도로 약화된 것이다. 게다가 세금에 관해서는 간소화하거나 단일화하는 것이 전통인 몽골리안 제국답지 않게 세금을 늘린 것도 이유였다고 할 수 있었다. 결과적으로 피지배 계층인 힌두 백성들의 불만을 촉발시켰다. 사회가 혼란해지는 것은 너무나 자연스러운 결과였다. 여기에 관료들의 부패를 비롯해 융합의 제국이라는 말이 무색한 종교 탄압, 지방 제후들의 분리 독립 등도 역시 설상가상의 이유로 부족함이 없었다. 급기야 1739년 이 틈을 이용해 페르시아의 나디르 샤가 델리를 침공하기에 이른다. 이후 제국의 국력은 급속도로 기울어지기 시작했다. 나중에는 걷잡을 수조차 없었다.

1757년 해양 세력을 대표하는 영국의 동인도회사가 침략에 나서 사실상의 식민 통치를 시작한 것은 그래서 전혀 이상한 일이 아니었다. 그럼에도 무굴 제국은 인도에 대한 식민 지배 통치 수단으로 제국을 이용하고자 한 영국의 속 들여다보이는 배려 덕에 실권은 없었으나 멸망하지는 않은 채 100년을 더 버텼다. 하지만 1857년 북인도를 중심으로 세포이 반란이 일어나자 이미 앵글로색슨 네트워크의 확실한 수장이 된 영국도 더 이상은 참지 않았다. 반란군들이 무굴 제국의 술탄을 추대해 새 정권을 수립하자 반란을 진압한 다음 기다렸다는 듯 가차 없이 제국의 문을 닫게 만든 것이다.

청 제국의 쇠퇴 과정 역시 다른 두 몽골리안 대제국과 크게 다를 것은 없다. 전성기 때는 세계 역사를 다시 써야 할 정도로 대제국을 일구기는 했으나 예상보다 빨리 멸망으로 내달려갔다. 더구나 산이 높으면 골이 깊다고 강희제, 옹정제, 건륭제 등을 거치면서 중국 역사상 최고의 국력을 과시한 것이 무색하게 마지막에는 비참한 지경에까지 이르렀다. 전 국토가 구미 열강에 의해 거의 갈기갈기 찢기면서 반식민지 국가로 전락한 다음 1911년 신해혁명에 의해 역사 속으로 사라진 것이다. 이로 인해 중국인들은 1949년까지 동아시아의 병자라는 치욕스런 별칭까지 들어야 했다. 지금에야 전 세계의 달러와 자원을 독식하려는 괴물이자 블랙홀로 변해가고 있기는 하지만 말이다.

아이러니컬한 것은 청 제국 멸망의 원인을 다름 아닌 몽골리안 국가들의 특기인 무역에서 찾아야 하는 사실이 아닌가 하는 것이다. 지금도 그렇지만 중국은 차와 도자기, 비단 등으로 유명하다. 특히 차는 예나 지금이나 차의 제국이라는 말을 들을 정도로 세계적이다. 문제는 이 차를 비롯한 중국 제품을 영국인들이 엄청나게 좋아했다는 사실이다. 급기야 영국의 은이 차 수입 대금으로 대책 없이 중국에 흘러 들어가게 되었다. 요즘 말로 하면 엄청난 무역 역조가 생겼다고 할 수 있다. 그러자 영국은 무역 역조를 해소하기 위해 식민지 인도의 아편을 중국에 수출하는 고육책을 생각해냈다. 이렇게 되자 막대한 양의 은이 다시 영국인들 손에 들어갔다. 청 제국의 입장에서는 영국이 자국민을 아편 중독자로 만들고 은까지 수탈하는 악마처럼 보일 수밖에 없었다. 급기야 청 제국 정부는 임칙서林則徐를 흠차대신으로 파견해 아편 무역을 금지하는 강경책을 폈다. 속된 말로 돈이 개입된 이해관계에서 양측의 충돌은 불가피했다. 아편전쟁으로 불리는 1840년부터의 3년 간에 걸친 양측의 충돌은 청나라의 일방적 패배로 결론이 났다.

이후 청 제국은 급속도로 쇠락의 길을 걷지 않으면 안 됐다. 더구나 61년 동안이나 황제 자리에 머물면서 중국 역사상 최장수 군주의 기록을 세운 건륭제가 타계한 1799년 이후의 후계자들은 선조들과는 달리 대체로 조로하거나 무능했다. 어떤 황제에게서도 몽골리안 제국 수장으로서의 패기나 건강은 눈 씻고 찾으려고 해도 찾을 수가 없었다. 심지어 일부 황제들은 매독 등 서양에서 들어온 화류병으로 고생을 하기도 했다. 제국의 잔명이 100년 이상이나 간 것이 오히려 신기할 정도였다. 그러나 여기에서 크게 문제를 보면 개별적인 전투와 사건이 아니라 육상에서 해상으로의 무역로의 이전이 몽골리안 제국 붕괴의 근본적인 원인임을 알 수 있을 것이다.

막강하기 이를 데 없는 제국을 건설한 대표적 국가들이 이랬으니 다른 몽골리안 국가나 민족들은 더 말할 필요가 없었다. 세계 곳곳에서 구미 열강의 식민지로 전락하거나 망국의 길을 걷지 않으면 안 됐다. 17세기 말까지만 해도 최소한 1세기 이상은 갈 것만 같았던 몽골리안의 세계 제패 신화는 바로 이렇게 해서 조용히 막을 내렸다. 더불어 세계를 종횡으로 연결한 몽골리안 네트워크도 언제 그랬냐는 듯 완전히 역사의 무대 저편으로 사라지고 말았다.

조선이라고 이 운명을 피할 재간이 있을 리가 없었다. 아니 오히려 무역 국가로서의 오랜 전통과 뛰어난 DNA를 스스로 내팽개친 채 반도에 안주하고자 했던 탓에 대가는 더 혹독했다. 36년에 걸친 식민 지배와 동족상쟁의 한국 전쟁이 바로 그러한 대가라고 해도 틀린 말은 아닐 것이다. 섬 아닌 섬에 갇혀 오랜 시간 본능을 발휘하지 못한 채 '엽전'이라는 자조를 입버릇처럼 토해내는 신세타령이나 해야 했던 처지는 이런 시각에서 보면 스스로 자초했다고 해도 과언이 아닐 듯하다.

실크로드를 빛낸 몽골리안 영웅들

한민족의 시원으로 부상하는 치우
아틸라, 흉노의 영원한 아이콘
모돈 선우, 신라인으로 부활하다
차마고도를 장안까지 잇게 만든 주역 송첸 캄포
몽골 제국을 인도에 부활시킨 바부르
누루하치, 용이 되어 승천하다

4.

역사를 지배하는 기간이 길면 영웅들도 많이 나오는 법이다. 앵글로색슨 네트워크가 지배하는 요즘 이들 국가에서 젊은 사람들이 멘토로 본받을 만한 영웅들이 많이 나오는 것은 그래서 별로 이상할 것이 없다. 그들이 거의 3세기 동안 세계사를 지배해오고 있는 지금의 현실에서 그렇지 않다면 오히려 그게 더 이상할 것이다. 이러한 점에서 볼 때 17세기까지의 장구한 세월 동안 세계사를 지배했던 몽골리안 네트워크 국가들 또한 일일이 열거하기 힘들 만큼 많은 영웅들을 낳을 수밖에 없었다. 또 유무명의 수많은 실크로드 도시들도 탄생시켰다.

물론 이들 영웅들과 도시들은 지금 상당 부분 세계인의 기억 속에서 가물가물해지고 있다. 3세기 동안의 간극이 그만큼 크지 않았나 싶다. 실제로 요즘 지구촌 사람들은 싱가포르는 알아도 한때 실크로드를 대표하던 인구 100만 명의 메가 시티 사마르칸트의 영화(榮華)에 대해서는 잘 모른다. 따라서 20여 년 전 구소련이 무너지면서 중앙아시아의 카자흐스탄, 우즈베키스탄 등의 구 몽골 제국 국가들이 세계에 얼굴을 내밀었을 때 세계인들이 저런 나라도 있었나 하는 생각을 했던 것은 너무나 당연한 일이었다. 그러나 불과 3세기 전까지만 해도 세계사는 바로 이들 영웅들과 도시들에 의해 돌아가고 있었다. 이 장에서는 수많은 메가 시티들을 무대로 활약한 이 영웅들에 대해 한번 살펴보는 것도 좋을 듯하다.

01 한민족의 시원으로 부상하는 치우

중국의 사서에 항상 등장하는 상고 시대의 치우라는 인물이 있다. 바로 한국인에게 너무나도 익숙한 치우蚩尤는 전쟁의 신으로 일컬어지는 전설 속 인물이라고 한다. 그런데 묘하게도 중국의 사서 기록에는 이 치우가 한족이 아닌 것으로 나온다. 대표적인 것이 『산해경』의 기록이다. 대략 5,000여 년 전 치우가 한족의 시조인 황제와 탁록涿鹿에서 싸우다 응룡應龍에서 죽었다고 나온다. 황제와 대립해 싸웠다는 기록이니 확실히 한족은 아니라고 해야 한다.

자국 영토에서 일어난 역사나 생활한 인물들은 웬만하면 중국화하려는 한족의 입장에서는 정말 뼈아픈 기록이 아닐 수 없다. 하지만 이 정도에서 그치지 않는다. 치우는 소수민족인 묘족苗族의 신화에서는 아예 이들의 옛 나라인 구려九麗 또는 구려九黎의 군주로까지 등장한다. 눈썰미 좋은 사람들은 아마 이 부분에서 즉각 눈이 번쩍 뜨여 주의를 기울이지 않을까 싶다. 혹시 고구려와는 관계가 없는 것인가 하는 생각이 들 수 있는 것이다. 하지만 안타깝게도 중국의 사서나 묘족의 전설은 딱 여기까지이다. 더 이상 나가지 않는다.

하지만 한국의 기록은 그렇지 않다. 치우가 기록되어 있는 최초의 문

잊혀진 몽골리안 영웅들

모돈 선우 / 아골타 / 아틸라 / 칭기즈칸
치우 / 광개토대왕 / 티무르 / 효문제
술탄 메메드 2세 / 송첸 캄포 / 누루하치 / 강희제

헌은 조선 숙종 1년에 북애노인北崖老人이 지은 것으로 추정되는『규원사화揆園史話』로 추정된다. 이 책에서 치우는 한 시대의 특정한 인물이 아니다. 환웅과 단군을 보좌한 부족장으로 묘사되고 있다. 이 책에 따르면 치우는 환웅의 명에 따라 백성들의 거주지를 만들고 병기를 제작했다. 이어 탁록에서 헌원軒轅을 격파한 다음 한족의 본거지인 회대淮岱와 기연冀燕

의 땅을 모두 점령했다. 이후 단군 조선 때는 고조선의 서남쪽인 남국의 왕으로 봉해졌다.

『규원사화』는 1972년 국립중앙도서관에서 실시한 고서 심의를 통해 진본이라는 사실을 인증받았다. 드라마 <선덕여왕>이나 소설 『미실』의 모티브가 된 『화랑세기花郞世記』처럼 위작이라는 의심은 받지 않는다는 얘기이다. 적어도 역사를 왜곡하기 위해 후세에 악의적으로 쓴 책이나 소설은 아니다. 그럼에도 일부에서는 실제의 역사로 받아들이기 어렵다는 견해를 피력하고 있다. 또 그것이 정설로 통하고 있기도 하다.

치우에 대한 기록을 담고 있는 또 다른 고서로는 『환단고기』가 있다. 계연수桂延壽라는 학자가 1911년에 편찬한 책으로 알려지고 있다. 내용은 『규원사화』보다 훨씬 더 구체적이다. 우선 치우가 배달국倍達國의 제14대 천왕으로 기원전 2707년에 즉위해 109년 동안 나라를 다스렸다고 서술하고 있다. 특히 그는 여섯 개의 팔과 네 개의 눈, 소의 뿔과 발굽, 구리로 된 머리와 쇠로 된 이마를 갖고 있었다. 앞선 금속 문화를 입증하고 있다. 게다가 무려 81명에 이르는 형제를 가지고 있었고 병기 제작 능력이 뛰어났다. 이러한 재능 덕택에 활을 비롯해 화살, 창, 갑옷, 투구 등의 각종 무기를 만들어 신농이 이끄는 한족을 무찔렀다. 이어 열두 개의 제후국을 합병한 다음 70여 회의 전쟁을 치렀다. 놀랍게 단 한 번도 패하지 않았다. 나아가 나중에는 헌원을 황제로 임명하기도 했다. 전쟁의 신이라는 말이 과언이 아니라고 할 수 있었다.

그러나 이 책은 『화랑세기』처럼 위서라는 의심을 받고 있다. 하지만 일부 재야 사학자들의 생각은 다르다. 이 책을 마치 『성경』처럼 신봉하고 있기도 하다. 필자는 어느 쪽의 입장도 아니나 교류와 융합의 역사관에서 상징성에 주목하고자 할 뿐이다.

지금까지의 분위기로 볼 때 치우 관련 기록은 역사적 사실로 공인받기는 어려울 듯하다. 그러나 중국 사서들의 기록과 묘족의 설화, 위작일 가능성이 없지 않음에도 왠지 완전히 허구는 아닐 것 같은 느낌을 주는 국내 문헌들의 존재를 감안하면 얘기는 달라질 수도 있다. 신자들이 아닌 경우에는 황당하게 생각할 수 있는 『성경』의 내용 상당수가 새로운 유물이나 사료 등의 발견으로 역사적 사실로 증명되고 있는 현실을 떠올릴 경우에는 더욱 그렇다. 더구나 지난 세기 말 결코 존재하지 않을 것 같았던 요하 문명이 발굴된 사실까지 더하면 치우의 존재는 언제든 역사적 사실로 공인받을 가능성이 크다. 최소한 몽골리안 유목민 계열의 민족, 다시 말해 고조선을 건국한 다음 고구려, 신라, 백제 등의 국가로 뿔뿔이 흘러들어간 민족이 통칭 치우라는 이름으로 불린 영웅의 지도하에 크게 왕성했던 것은 사실이지 아닐까 여겨지는 것이다. 한국 축구 대표 팀의 트레이드마크가 치우천왕인 것을 말이 안 된다고 굳이 스스로 폄훼할 필요도 그래서 없을 것 같다. 스토리텔링은 국가경쟁력의 일부이기도 하기 때문이다.

02 아틸라, 흉노의 영원한 아이콘

기원전과 기원후의 중국 대륙의 몽골리안을 대표했던 흉노족은 용맹성과 막강한 전투력에 관한 한 비견될 만한 종족이 드물었다. 심지어 진나라나 한나라에게도 대단히 부담스러운 존재로 여겨졌다. 한나라의 역대 황제들이 가능하면 충돌을 피하기 위해 황실의 공주들을 왕인 선우들에게 시집을 보내는 형식으로 화친을 도모하고자 한 데에는 다 이유가 있었던 것이다.

이런 흉노족의 후신으로 여겨지는 훈족은 말할 것도 없이 선조들의 DNA를 잃지 않았다. 게다가 몽골리안 유목민답게 5세기 전후의 민족 대이동 시기에 지금의 헝가리인 트란실바니아를 본거지로 해서 동쪽의 카스피해, 서쪽의 라인 강에 이르는 지역을 지배하는 대제국을 건설하기까지 했다. 이때 주변의 게르만족과 동고트족을 굴복시키기도 했다. 그러한 역사를 만들어낸 주역이 바로 당시 유럽 사람들이 이름만 들어도 자다가 벌떡 일어났다는 전설적인 훈족의 왕 아틸라였다.

그는 이후 여세를 몰아 동로마까지 위협, 조공을 바치도록 하는 개가를 올렸다. 이어 451년에는 갈리아에 침입해 오를레앙을 공격했다. 서로마는 이에 서고트 및 프랑크와 동맹군을 편성해 맞섰다. 그야말로 배수의 진을 친 셈이었다. 천하의 맹장 아틸라로서도 이처럼 옥쇄를 각오하고 덤비는 데야 어쩔 도리가 없었다. 그리하여 정복 전쟁을 단념하고 본국으로 돌아오지 않으면 안 됐다. 그러나 그는 이듬해 다시 북이탈리아에 침입, 로마를 압박했다. 묘하게 그는 이때에도 교황 레오 1세의 설득을 받고 철군했다. 하지만 그는 453년 본국으로 돌아오자마자 다시 동로마 침공의 의지를 불태우다 47세의 나이로 급사하고 말았다. 그의 갑작스런 죽음은 곧 대제국의 붕괴로 이어졌다.

그는 흉노족 특유의 용맹한 군주답게 유럽에서는 별로 좋은 인상을 남기지 않았다. 심지어 지금까지 아돌프 히틀러나 폴 포트 같은 살인마로 불리기도 한다. 식인을 즐겨 했다는 억울한 누명을 쓰고 있는 것은 그래서 별로 이상할 것도 없다. 그러나 그는 유럽 사람들이 생각하듯 그렇게 야만적인 인물은 아니었다고 한다. 일부 기록에는 상당히 검소하고 지적인 인물이었다는 호평 역시 남아 있다. 실제로 그는 어린 시절 지금의 뉴욕이나 워싱턴에 버금가는 로마에서 자랐다고 한다. 여기에 추운 지방에 사는 몽골리안들에게는 열대 지방 풍습인 식인 풍습이 전혀 없었다는 사실을 감안하면 그에 대한 부정적인 인상은 아마도 자주 정복당한 유럽인들의 피해 의식에서 큰 영향을 받지 않았나 싶다. 이뿐만이 아니다. 그는 훈족의 후예들이 세운 것으로 알려진 헝가리에서는 거의 국민적 영웅으로 손꼽히고 있다. 어마어마한 동상들이 곳곳에 세워져 있을 정도이다.

그는 또 독일 문학사에서는 불후의 서사시로 불리는 『니벨룽겐의 반지』에 등장하는 낭만적 인물이기도 했다. 비록 자신이 정복해 취한 게르만 왕조의 왕비와 잠자리를 함께하다 급사하는 인물로 등장하기는 하지만 말이다. 이후 그의 행적은 불세출의 작곡가 R. 바그너의 걸작『니벨룽겐의 반지』와 F. 헤벨이 쓴 『니벨룽겐의 사람들』이라는 희곡에 모티브를 제공하기도 했다.

지금도 그는 유럽에서는 영화나 드라마, 온라인 게임, 애니메이션 등의 소재로 종종 등장한다. 물론 아직도 악감정과 트라우마가 남아 있는 유럽 사람들의 정서 때문에 정의의 사도나 의인이기보다는 잔혹한 전사 등의 부정적 이미지로 묘사되는 경우가 훨씬 더 많기는 하다. 아무려나 그가 유럽에서는 칭기즈칸에 못지않은 몽골리안 영웅으로 대접받고 있다는 사실은 굳이 장황하게 설명할 필요가 없을 것 같다. 또 동방 문화를 서방 문화에 접목시킨 몽골리안 노마드의 수장이었다는 사실 역시 간과해서는 안 될 듯하다.

03 모돈 선우, 신라인으로 부활하다

기록을 비롯한 여러 정황으로 미뤄볼 때 신라 왕족은 진짜 흉노와 밀접한 혈연관계가 있었을 가능성이 상당히 높다. 신라의 뿌리라고 해도 과언이 아닌 이 흉노의 왕인 선우 중에서 가장 뛰어난 인물은 단연 모돈冒頓 선우라고 해야 한다. 그는 기원전 2세기 말과 3세기 초에 활약한 인물로 이름은 투르크어의 바야투르Bayatur, 용감한 전사라는 의미를 한자로 음역한 것으로 알려져 있다.

그는 장남으로 태어난 덕분에 원래는 아버지인 두만頭曼 선우를 뒤이어 왕위를 물려받아야 할 위치에 있었다. 그러나 진시황이 세상을 떠난 다음 나중에 실크로드의 요충지가 되는 자신들의 옛 근거지 오르도스를 평정, 대 동방 교역로를 확보하고 흉노의 전성 시대의 기반을 닦은 두만 선우는 생각이 달랐다. 모돈의 이복동생에게 왕위를 물려주려고 한 것이다. 두만 선우는 자신의 계획을 실행에 옮기기 위해 그를 월지국에 인질로 보낸 다음 전쟁을 일으키는 황당한 전략을 채택하기도 했다. 그를 죽이기 위해 그랬다고 밖에는 하기 어려운 행동이었다. 하지만 그는 아버지의 기대와는 달리 월지국의 손에 죽지 않았다. 오히려 월지국의 명마를 훔쳐 흉노로 귀환했다. 두만 선우는 이에 어쩔 수 없이 태자에게 주는 것이 관례인 좌현왕의 자리를 그에게 주었다. 흉노의 최강 전력인 기병 부대 병력 역시 1만여 명이나 줬다. 그럼에도 그의 지위는 안정적이지 않았다. 급기야 그는 부친인 두만 선우를 제거하는 특단의 결단을 내렸다.

다음부터는 거칠 것이 없었다. 같은 몽골리안 민족인 동쪽과 서쪽 변방의 동호와 월지까지 무찌르고 대제국의 기틀을 다지게 된 것이다. 최전성기 때에는 막 태동한 중원의 한나라를 위협할 정도로까지 국력을 키웠다. 심지어 한고조 유방을 백등산白登山에 7일 동안 고립시키는 전과를 올리기도 했다. 한나라가 이후 거의 60여 년 동안 대 흉노 정책을 화친조공 정책으로 전환한 데는 다 이유가 있던 셈이다. 중국의 통일 왕조는 항상 대치하고 있는 몽골리안 국가에 조공을 바쳐왔으니, 한나라는 흉노에, 당나라는 토번에, 송나라는 거란에 조공국 위치를 감수해야 했던 것이다.

모돈 선우도 그러한 호기를 놓치지 않았다. 먼저 그는 주변의 북방 유목 민족까지 완전히 하나로 통합하는 개가를 올렸다. 이어 서역의 여러 나라를 점령하는 행보에도 나섰다. 여기에 서방과의 교역을 통해 부까지 축적하는 능력을 발휘해 흉노 역사상 가장 막강한 시대를 열 수 있었다. 그러나 그는 백전불패의 기병을 비롯한 막강한 군사력과 주변 국가들과의 교역으로 얻은 경제력을 하나로 꿰지 못했다. 완벽한 대제국을 건국하는 데까지는 이르지 못한 것이다.

그 결과 그의 죽음 이후 노상老上, 군신君臣 선우로 대가 이어진 흉노는 쇠락의 길을 걷지 않으면 안 됐다. 동쪽으로 만주, 서쪽으로 아랄 해, 북쪽으로 바이칼 호와 이르티쉬 강 유역, 남쪽으로 위수渭水와 티베트 고원에 이르렀던 방대한 영토가 곧 쭈그러들기 시작했다. 더구나 후한의 광무제光武帝는 국가 경제의 주요 재원인 비단 수출의 증대를 위해 대서방 교역로인 비단길을 장악하고 있던 흉노 정벌에 본격적으로 나섰다. 설상가상으로 결정타를 맞은 흉노의 분열과 갈등은 이후 더욱 가속화됐다. 특히 비단길에 대한 장악력 상실은 경제력까지 약화시켜 아예 흉노를 멸망의 길로 걸어가게 만들었다. 실제로도 155년 몽골계인 선비족의 협력을 얻은 후한 정권에 의해 멸망하고 말았다. 이후 흉노는 서진에 나서 훈족의 대제국을 건설하게 된다.

모돈 선우는 아버지를 죽이는 패륜을 저질렀으나 군주로서는 꽤나 훌륭했다. 무엇보다 초원길을 장악해 흉노의 세력을 확대하는 전기를 마련했다. 나아가 몽골리안의 교역 본능 DNA를 사통팔달로 뚫린 광대한 영토를 통해 마음껏 발휘하도록 만든 것도 상당한 업적이라고 해야 한다. 여기에 초원의 길의 확대를 통해 중국에게 실크로드를 만드는 발판을 마련해주는 기여를 한 것까지 더하면 그는 세계 교역사에 더 빛나는 이름을 남겨도 무방할 듯하다.

04 차마고도를 장안까지 잇게 만든 주역 송첸 캄포

토번이라는 이름으로도 익숙한 티베트는 지금 공식적으로는 중국 영토에 속해 있다. 국제법적으로는 아무 문제가 없다. 그러나 달라이 라마 14세를 비롯한 티베트인들이 인도를 비롯한 해외에서 치열한 분리, 독립 운동을 전개하고 있는 모습을 보면 생각이 달라진다. 민족이 다름에서 보듯 한 때는 독립 국가였을 것이라는 생각이 자연스럽게 든다. 실제로도 14세기의 명나라 때까지만 해도 국력이 만만치 않은 독립 국가이기도 했다. 국력이 막강했을 때는 중국의 왕조들도 함부로 하지 못했을 정도였다. 이때의 국호가 다름 아닌 토번이었다.

이 왕조를 건국한 시조는 고대 티베트의 33대 왕 송첸 캄포松贊干布로 알려져 있다. 출생 연도는 불분명하나 13세 때인 629년 왕위에 오른 것으로 추측된다. 그는 이때까지만 해도 나이 어린 힘없는 군주에 불과했다. 그러나 그는 곧 특유의 유능한 군주로서의 능력을 발휘하기 시작했다. 우선 티베트 고유의 문자를 만들기 위해 차마고도를 통해 교류가 빈번했던 인도에 특사를 파견하는 용단을 내렸다. 이 조치는 상당한 효과가 있었다. 지금도 사용되는 티베트어를 만들 수 있었던 것이다. 이후 이 문자는 티베트의 문학과 법률 조문을 기록하는 데 유용하게 사용됐다. 이뿐만이 아니었다. 그는 왕조가 자신의 영도력으로 점차 안정되어가면서 국력이 강해지자 당나라와도 빈번한 교류에 나섰다. 얼마 후에는 당 태종에게 외교 사절을 파견해 자신을 사위로 삼으라는 부탁인지 압력인지 모를 제안까지 과감하게 하게 되었다. 태종은 이 제안을 받고 고민에 빠졌다. 그러자 당나라 조정의 대신들이 머리를 맞댄 끝에 절묘한 아이디어를 쥐어 짜냈다. 태종은 즉각 송첸 캄포가 보낸 사절단의 대표를 불러 말했다.

"우리는 귀국 사람들이 똑똑하다는 말을 들었소. 정말 그런지 내가 풀기 쉽지 않은 문제 다섯 가지를 내보겠소. 이걸 풀면 귀국의 왕을 내 사위로 삼겠소. 내가 멍청한 사람들만 가득한 조정의 왕을 사위로 삼을 수는 없지 않겠소?"

"좋습니다. 문제를 내 보십시오."

당 태종이 처음 입에 올린 문제는 기가 막혔다. 도저히 해결 불능이었다고 해도 좋았다. 어미 말 100마리와 새끼 망아지 100마리의 모자 관계를 정확하게 가려내라는 것이었으니까 말이다. 그러나 티베트 사절단의 대표는 당황하지 않았다. 그는 우선 어미 말들과 망아지들을 분리했다. 그런 다음 망아지들을 하루 종일 꼬박 굶겼다. 이어 망아지들을 어미 말들이 있는 벌판에 풀어놓았다. 망아지들은 헐레벌떡 달려가 모두 어미젖을 빨았다. 가볍게 문제를 해결한 것이다. 사절단의 대표는 이후 네 문제 역시 가볍게 풀었다. 이렇게 해서 태종의 딸인 문성文成 공주가 송첸 캄포의 왕비로 간택되어 시집을 가게 됐다. 물론 이건 당나라의 기록이다. 실제로는 토번의 군사적 위협의 결과로 봐야 한다. 이후 티베트와 당나라의 관계는 전쟁을 벌인 기간보다는 화친의 기간이 더 많았다고 해도 괜찮을 정도로 좋아졌다. 송첸 캄포의 토번 왕조는 그의 치적이 너무 대단했던 탓에 649년 그가 세상을 떠난 후에도 전성기를 구가했다.

돈황은 실크로드의 눈동자라고 해도 과언이 아니다. 막대한 통행세 수입을 올릴 수 있는 전략적 요충지이기도 하다. 이런 돈황 석굴의 문서 상당수가 토번 문서라는 사실은 당나라에 대한 토번의 우위를 무엇보다 확실하게 설명해준다. 그러나 이후 토번은 불교를 둘러싼 내부의 대립과 왕위 계승 문제로 남북이 분열되어 급작스럽게 멸망의 길을 걷게 됐다.

송첸 캄포가 일으킨 토번 왕조는 단순한 군사강국이었을 뿐 아니라 찬란한 문화도 이룩하였다. 몽골 제국의 정신적 스승은 항상 티베트였다. 송첸 캄포의 공로는 지금도 티베트인뿐만 아니라 한족들까지 찬탄할 정도로 대단했다. 무엇보다 차마고도를 장안까지 연결시킨 공로를 잊지 말아야 한다. 게다가 그는 중국에서 각종 수공예품과 천문학 등을 들여오는 등 교역에도 적극적으로 애썼다. 또 인도에서는 불교와 문자, 네팔과 몽골에서는 각종 소비재 등을 대대적으로 들여왔다. 북쪽의 위구르에서 행정 체계와 법률을 수입한 것은 그다지 이상할 것이 없었다. 한마디로 전천후 교역 국가로서의 위상을 한껏 뽐냈다고 할 수 있다. 이후 실크로드를 완벽하게 지배한 것은 그래서 너무나 당연한 결과였다고 할 수 있다.

05 몽골 제국을 인도에 부활시킨 바부르

앞에서도 언급한 것처럼 바부르는 무굴 제국의 초대 황제, 술탄이었다. 이 '무굴' 제국이라는 이름은 한마디로 '몽골' 제국의 인도식 발음에 지나지 않았는데, 바부르는 할아버지 티무르가 이루고자 했던 몽골 제국의 부활을 할아버지 대신 그렇게 선언한 것이다. 재위 기간은

1526~1530년까지 딱 5년에 불과했으나 후세에 미친 영향은 지대했다는 표현이 절대 과하지 않다. 그는 칭기즈칸과 티무르의 후예였다. 요즘 말로 하면 대스타로서의 기본적인 조건을 갖추고 있었다.

그는 원래 중앙아시아의 작은 왕국인 페르가나의 왕이었다. 그러나 피 속에 흐르는 몽골리안의 기상, 대제국의 후예라는 자존심은 그를 현실에 안주하지 못하는 야심가로 만들었다. 결국 그는 왕국을 잃기도 하는 온갖 간난신고를 다 겪으면서 1504년 아프가니스탄의 카불과 간다라를 점령하는 개가를 올렸다. 그러나 그는 1513년 선조들의 땅이었던 북쪽 지방을 정복하려는 꿈을 버리고 남쪽으로 눈을 돌렸다.

사실 그게 더 현실적이기도 했다. 간헐적인 인도 침공을 통해 같은 아프가니스탄 계열의 로디 왕조가 여러 가지 면에서 허약하다는 사실을 알게 된 것이다. 더구나 로디의 마지막 술탄인 이브라힘은 당시 기울어가는 왕권을 마구 휘둘러 귀족들의 반감까지 사고 있었다. 호시탐탐 기회만 노리던 그는 드디어 1526년 로디 왕조의 내분을 틈타 델리의 지척에 있던 파니파트에서 이브라힘의 대군과 대결전을 벌이게 됐다. 이때 그의 군대는 100마리의 코끼리로 무장한 적군과 비교해 전력이 상당한 열세에 있었다. 병력 수에서도 압도당하고 있었다. 하지만 그에게는 빠른 전술을 펼칠 수 있게 해줄 몽골리안 기병대가 있었다. 게다가 활발한 무역을 통해 서방에서 들여온 신식 무기인 대포도 있었다. 전투 결과는 이브라힘의 전사로 막을 내렸다.

그는 즉각 자신이 무굴 제국의 파드샤칼리프, 술탄, 칸 등과 비슷한 의미로 무굴 제국의 군주들은 초창기에 술탄보다는 파드샤로 불렸다라는 사실을 선포했다. 하지만 제국의 건설은 쉽지 않았다. 인도의 토착 힌두 세력인 라지푸트족의 위협이 여전히 상존해 있었던 것이다. 가장 직접적인 위협을 준 세력은 메와르 지역의 라나 상가였다. 아니나 다를까. 그는 10만 명의 대군을 이끌고 무굴 제국의 수도 아그라로 쳐들어왔다. 그러나 10만 명의 대군도 무굴 기병대의 기동력과 신출귀몰한 전술에는 속수무책이었다. 전투는 가볍게 무굴 제국의 완승으로 끝났다. 이후 바부르는 아프가니스탄의 비하르 지방까지 직할 영토로 삼았고, 벵골의 이슬람 술탄의 항복도 받아냈다. 대제국의 밑그림은 이로써 확실하게 그려지게 됐다.

바부르는 인도 역사에서 가장 매력적인 군주 중의 한 명으로 꼽힌다. 군인이자 정치가 였을 뿐 아니라 감수성이 풍부한 문인으로 유머 감각 역시 뛰어났다고 한다. 투르크어로 쓴 회상록 『바부르 나마』는 지금도 영어로 종종 번역되는 불후의 명작으로 알려져 있다.

그는 아들을 위해 자신의 목숨을 바치겠다는 맹세를 한 다음 세상을 떠난, 부성애로도 유명한 인물이다. 마치 전설과도 같은 이 감동적 실화는 1530년 일어난 일로 기록되고 있다. 당시 큰 아들인 후마윤이 병석에 누웠다. 그러자 그는 자신이 대신 죽겠다는 맹세를 신에게 하면서 아들이 누워 있는 침대를 일곱 번이나 돌았다. 그의 부성애에 하늘도 감동했는지 진짜로 후마윤은 이후 병을 떨치고 일어났다. 하지만 그는 약속을 지키려고 했는지 얼마 후 시름시름 앓다가 세상을 떠났다.

그도 몽골리안으로서의 DNA를 제국을 통치하는 데 유감없이 발휘했다. 무엇보다 몽골 제국이 그랬던 것처럼 세금을 단순화한 것이 돋보인다. 그가 인도에서 명멸한 여러 왕조의 군주들 중에서 징세를 가장 잘한 인물로 손꼽히는 것은 바로 이 때문이었다. 또 그는 인종, 종교, 계층을 모두 아우르는 융합 정책을 통해 무굴 제국의 반석을 튼튼하게 놓았다는 평가도 듣고 있다. 그가 몽골 제국의 후손을 늘 자처한 것은 공연한 게 아니었던 것 같다.

06 누루하치, 용이 되어 승천하다

1559년에 출생한 누루하치는 요즘 말로 하면 완전히 개천에서 난 용이라고 해야 한다. 누루하치는 몽골리안 영웅들 중 우리에게 가장 많이 소개된 바 이 책에서는 간단한 정리만 하고자 한다.

누루하치의 '하치'는 우리말 '아찌'와 통한다는 주장이 있다. 사서에 물길勿吉·말갈靺鞨의 후예로 소개되는 여진족女眞族은 앞서 언급한 바와 같이 조선朝鮮, 숙신肅愼, 주신珠申 등의 여러 명칭과 음운학적으로 동일한 쥬신이다. 이성계가 개국 후 국호를 조선이라 한 것은 여진족과 생활을 같이한 영향이 아닐까 하고 필자는 추정하고 있다.

그는 여진족 중에서도 가장 세력이 약한 건주 여진 출신의 추장에다 20세 이전까지는 한마디로 별 싹수가 보이지 않던 인삼 상인이었다. 게다가 할아버지와 아버지를 죽인 원수인 명나라 장군 이성량李成梁, 임진왜란 때 조선 지원군 대장이었던 이여송李如松의 아버지 집에 볼모로 잡혀 있기까지 했다. 하지만 그에게는 '멧돼지 가죽'이라는 의미의 이름처럼 은인자중하는 끈질김이 있었다. 복수의 기회를 노리면서 칼을 간 것이다. 24세 때인 1583년 그는 드디어 처음으로 독자적인 길을 가기 위한 군사를 일으켰다. 곧 이어 건주 여진을 통일하고 요동 반도의 무시하기 어려운 세력으로 성장했다. 이성량은 그의 급성장에 깜짝 놀라지 않을 수 없었다. 그를 회유하기 위해 명나라 정부에 건의, 용호 장군이라는 직함을 내린 것은 괜한 게 아니었다.

그러나 이미 세력 확장에 가속도가 붙은 누루하치는 남몰래 더욱 힘을 키워나갔다. 1613년에는 우라 부족까지 병합해 주변의 여진족을 거의 대부분 통일하기까지 했다. 3년 후인 1616년 마침내 때가 왔다고 판단한 그는 나라를 건국, 스스로 칸의 지위에 올랐다. 금나라를 잇는다는 뜻으로 국호는 후금이라고 했다. 이때 민족의 이름도 여진에서 만주로 개칭했다.

1618년 누루하치는 명나라에 대한 첫 번째 공격을 시도했다. 성과는 예상 외로 좋았다. 명나라 변경의 요충지인 푸순撫順과 칭허淸河를 가볍게 손에 넣을 수 있었다. 하지만 그의 전과는 이 정도에서 끝나지 않았다. 1619년의 사르후薩爾滸 전투에서는 조선의 지원병과 여진족 일부 병력까지 참전시킨 명나라 20만 대군을 불과 5만 명의 팔기병으로 완벽하게 격파해 만주 지역을 차지하는 개가를 올렸다. 1621년에는 요동을 공격, 성공한 다음 허투아라赫圖阿拉에서 랴오양遼陽으로 천도하는 발 빠른 행보도 보였다. 이어 4년 후인 1625년에는 선양으로 다시 도읍을 옮겼다. 이때 그는 이미 옛날의 누루하치가 아니었다. 실제로 대국으로 섬긴 명나라를 침공해 중국 본토를 차지하겠다는 계획을 하나씩 실천에 옮기기 시작하고 있었다. 1626년 2월 옛 고조선의 근거지로 봐도 좋을 요하를 건너 영원寧遠을 공격한 것은 그러한 계획의 일환이었다. 하지만 그는 이 영원 전투에서 대포를 활용한 명나라의 명장 원숭환袁崇煥에게 처음으로 패하는 굴욕을 맛봤다. 게다가 치명적인 부상도 입었다. 결국 그는 이때 입은 부상으로 1626년 9월 세상을 떠났다.

그는 필생의 대업인 중국 본토 점령이라는 목표는 완수하지 못했다. 하지만 그의 아들과 손자는 그가 세운 기반 위에서 청나라를 건국, 300년 가까이 이어가는 대제국을 출범시켰다.

누루하치가 병력 수와 첨단 병기에서의 절대적 열세를 극복하고 대제국 명나라를 멸망시킨 것은 확실히 기적이라고 할 만한 대사건이었다. 그러나 자세히 들여다보면 그럴만한 이유는 충분히 있었다. 무엇보다 그는 가용 가능한 모든 여진족을 전사로 총동원하는 몽골리안 특유

잊혀진 몽골리안 도시들

바미얀

사마르칸트

아스트라한

부하라

팔미가

탈라스

캘리컷[코지코드]

우르겐치

의 전통으로 전력을 극대화했다. 여기에 명나라 군대에게는 공포의 대상인 기병으로 단숨에 명나라 대군의 허를 찔러 초전박살 내는 전략을 구사했다. 칭기즈칸이 사용한 이른바 섬태멸진殲始滅盡, 철저하게 섬멸한다는 의미, 승허섬격乘虛纖擊, 허를 틈타 단숨에 공격한다는 의미의 전략을 성공적으로 사용한 것이다. 게다가 전투에서 사로잡거나 항복한 명나라 병사를 비롯해 몽골 출신 병사들을 전력으로 흡수해 포용하는 융합 전략까지 실시했다. 처음 만주족 병사들 위주로 편성된 팔기군이 몽골, 한족 팔기군으로까지 확대된 것은 이런 전략의 결과였다고 할 수 있었다.

그가 몽골리안의 수장이 아니었다면 사용하기 불가능했을 전략들이 아닐까? 한마디로 그의 성공은 몽골리안 특유의 기동력, 모든 것을 융합시키는 DNA의 소산이었다고 해도 크게 틀리지는 않을 듯하다.

디지털 실크로드와 디지털 노마드

인류 역사 최대의 네트워크, 유비쿼터스 네트워크
인류, 호모 모빌리언스로 새로운 진화를 시작하다
스마트폰을 아바타로 인류는 집단 생명이 되다
몽골리안, 디지털 유목민으로 부활하는가?

5.

몽골리안 네트워크는 대략 3세기 전에 서서히 사라지기 시작하다 지금은 앵글로색슨 네트워크와 차이니즈 네트워크 등에 밀려 거의 자취를 감췄다. 해양 세력에 밀린 나머지 나락으로 내몰린 실크로드의 소멸과 운명을 같이 한 것이다. 비관적으로 보면 이제는 다시 돌아오지 않을 가능성이 더 많다고 할 수 있다. 그러나 역사는 돌고 돈다. 세상에는 영원한 승자도 영원한 패자도 없다.

한때 동양의 병자로 불리던 중국이 지금은 일본 정도는 말할 것도 없고 거의 1세기 가까운 기간 동안 세계의 패자를 자처한 미국까지 제칠 기세를 보이는 것은 무엇보다 이런 불후의 진리를 잘 말해 준다. 몽골리안 네트워크 역시 부활하지 말라는 법은 절대 없는 것이다. 아니 영원할 것 같았던 20세기의 대제국 미국이 심하게 흔들리는 최근의 분위기를 보면 충분히 돌아올 수 있다고 생각한다. 그러나 이 네트워크는 절대로 복고풍의 오프라인 네트워크가 되어서는 안 된다. 과거의 오프라인 네트워크에 온라인 네트워크를 가미한, 이른바 디지털 실크로드를 이용한 모바일 네트워크가 되어야 한다. 이것은 지금의 몽골리안들이 다시 이

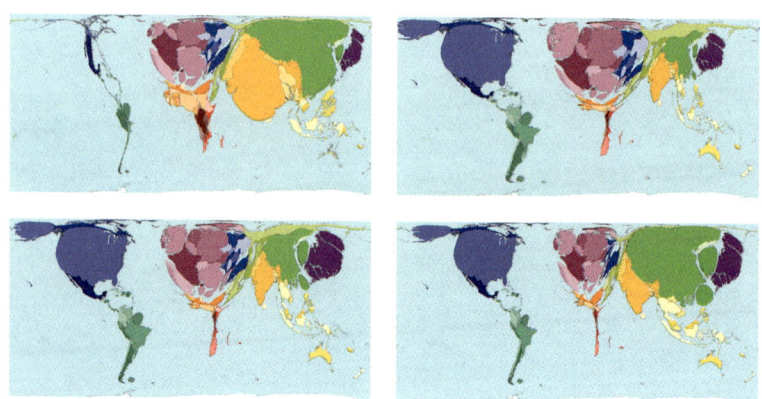

세계 경제력 지도

동과 융합의 DNA를 발휘해 디지털 노마드가 되어야 한다는 이야기이기도 하다. 그렇다면 과연 새로운 시대의 새로운 몽골리안 네트워크는 부활한 것인가? 부활한다면 어떻게 부활해야 하는가? 이제 이에 대해 살펴보기로 하자.

01 인류 역사 최대의 네트워크, 유비쿼터스 네트워크

몽골리안 네트워크의 전성기였다고 해도 좋을 지난 17세기까지는 인류에게 있어 육상 네트워크의 시대였다. 또 현재까지는 앵글로색슨 네트워크가 주도한 해상 네트워크와 이의 연장선상인 자동차, 고속 철도 등을 주축으로 하는 제2의 육상 네트워크 시대라고 할 수 있다. 또 인터넷 네트워크 시대로 불러도 괜찮을 것 같다. 그러나 앞으로는 달라질 것이 분명하다. 단정적으로 결론을 내리자면, 그동안의 모든 네트워크를 다 합쳐 대적해도 상대조차 안 될 모바일 네트워크 시대가 도래할 것이 거의 확실시되고 있다. 그것은 오프라인과 온라인이 결합된 유비쿼터스 네트워크가 될 수밖에 없을 것 같다.

게다가 이러한 유비쿼터스 네트워크는 향후 우리의 일상생활과 밀접한 관련을 맺게 될 것이다. 빠르면 아마 10여 년 이내에 이 네트워크가 완벽하게 구축된 환경에서 생활하는 디지털 노마드들이 대량으로 생겨날지도 모른다.

그러나 정작 이 유비쿼터스 네트워크에 대해 정확하게 설명해 보라면 의외로 머뭇거리는 이들이 적지 않다. 도대체 유비쿼터스 네트워크는 무엇을 의미하는 것일까? 이것을 확실하게 이해하려면 우선 '유비쿼터스'에 대해 알아야 하지 않을까 싶다.

유비쿼터스 Ubiquitous는 라틴어 유비크 Ubique를 어원으로 하는 영어의 형용사이다. '동시에, 어디에서나 두루 존재하는'이라는 사전적 의미를 갖고 있다. 다시 말하면 시간과 장소에 구애받지 않고 언제나 정보통신 네트워크에 접속해 다양한 관련 서비스를 활용할 수 있는 환경을 의미한다. 또 여러 기기나 사물에 컴퓨터와 정보 통신 기술을 통합해 언제, 어디서나 사용자와 소통할 수 있도록 해 주는 환경 역시 뜻한다.

이 말을 처음 사용한 사람은 『디지털이다 Being Digital』라는 저서로 유명한 디지털 전도사 니콜라스 네그로폰테 미 MIT 대학 교수였다. 1974년 네덜란드에서 열린 한 세미나를 통해 그는 "우리는 앞으로 유비쿼터스적이고 분산된 형태의 컴퓨터를 보게 될지도 모른다. 이 경우 아마 컴퓨터라는 것은 장난감을 비롯해 아이스박스, 자전거 등의 물건처럼 가정 내의 모든 공간에 존재하게 될 것이다"라는 말로 지금의 유비쿼터스 개념을 정립한 바 있다.

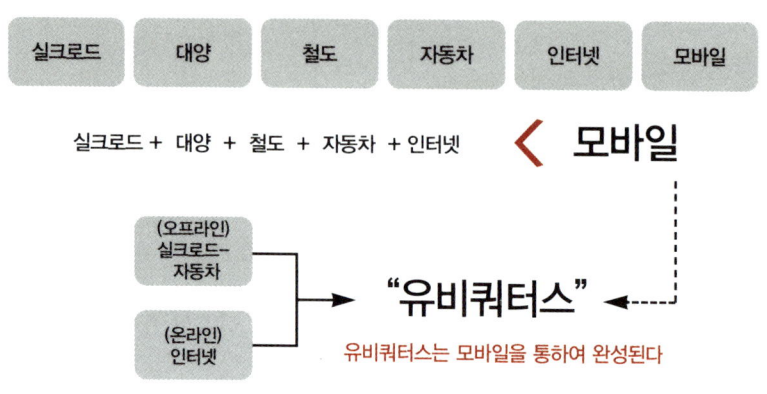

불과 40여 년 전에야 겨우 상상의 단초를 얻을 수 있었던 유비쿼터스 사회가 실현될 경우 인류의 생활은 가히 혁명적인 변화를 맞이할 것이 분명하다. 이와 관련해 추상적인 개념보다 구체적인 적용 사례를 들어보면 이해가 더 빠를 수 있을 것이다.

앞으로 상품화가 더욱 가속화될 RFID^{무선 인식 시스템}라는 전자 테크를 대표적으로 살펴보자. 작은 단추 크기의 칩에 마이크로프로세서를 비롯해 메모리, 안테나, 센서, 통신 제어와 암호 회로 등을 내장하는 이 장치는 현재 다양한 분야에 활용되고 있다. 이를테면 육상선수들의 기록을 재거나 상품의 생산 이력을 추적하는 데서부터 여권이나 신분증 등에 개인 정보를 수록, 인식하는 데까지 폭넓게 쓰이고 있다. '하이패스'라고 불리는 유료 도로 통행료 징수 시스템이나 교통카드에 이용되고 있기도 하다. 심지어 일본의 오사카에서는 유괴 등의 사고를 방지하기 위해 이 장치를 초등학생의 가방과 옷 등에 부착하고 있다. 이 정도면 혀를 내두르지 않을 수 없다.

이처럼 유비쿼터스 사회가 구현될 경우 영화나 드라마에서 보던 가상현실은 바로 눈앞의 일이 될 수 있다. 그러나 이 유비쿼터스 네트워크는 그냥 구현되지 않는다. 관련 네트워크 기술이 전제되어야 한다. 더불어 다른 어떤 것보다 가장 우선시 되어야 하는 것이 사람과 네트워크를 연결하는 인터페이스_{사물이나 사물 또는 사람 사이의 의사소통이 가능하도록 일시적이나 영속적인 접근을 목적으로 만들어진 물리적, 가상적 매개체}이다. 현재 유력한 인터페이스로는 핸드폰이나 디지털 캠코더, PDA 등의 모바일 단말기들이 대표적으로 꼽힌다. 한마디로 유비쿼터스 네트워크는 모바일 컨버전스_{IT의 다양한 기능이 하나의 모바일 단말기에 융복합화되는 현상으로 핸드폰에 카메라나 MP3 등이 결합되는 것이 대표적인 사례이다}를 근간으로 구축되어야 하는 것이다.

유비쿼터스는 또 센서_{다양한 실제 조건을 탐지, 측정하고 신호로 변환시켜 액츄에이터로 전달하는 장치}와 액추에이터_{장치를 작동시키고 물체를 조절 또는 이동시키는 장치}를

모바일 인터넷의 파괴력

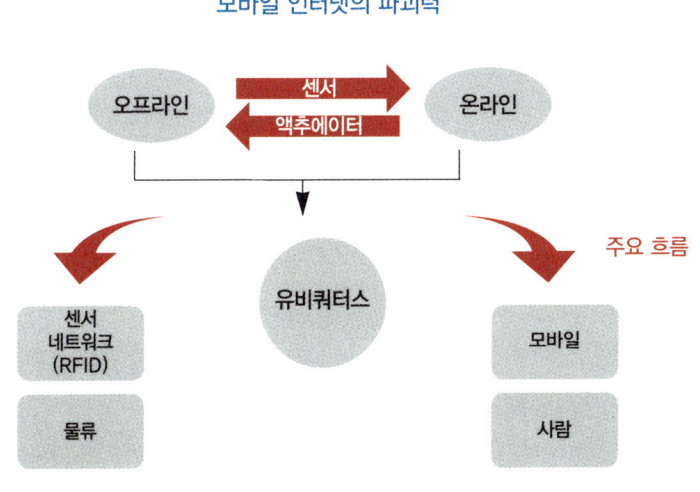

통해 이뤄진다. 당연한 말이겠지만 센서와 액추에이터는 불가분의 관계에 있다. 따라서 센서들의 결합의 구현은 일본이 나름의 강점을 갖고 주도하는 별도의 센서 네트워크[USN]가 아니라 한국이 제조와 응용에 관한 한 단연 세계적 수준에 올라 있는 모바일 기기에 결합되는 형태로 이뤄져야 한다. 사람이 중심이기 때문이다. 역시 답은 다시 모바일 컨버전스로 귀결될 수밖에 없다.

그렇다면 한국은 이런 유비쿼터스 네트워크를 선도적으로 구축해 몽골리안 네트워크에 적용할 능력을 보유하고 있을까? 답은 긍정적이다. 기술적으로 또 트렌드를 주도하는 능력 면에서 일본보다 우위에 올라 있다고 해도 괜찮다. 이 점은 한국 뿐 아니라 일본도 인정하는 사실이다. 하지만 진짜 그러한지는 아무래도 현장을 봐야 할 것이다.

우선 SK 텔레콤이 서울 본사에 마련한 유비쿼터스 체험관인 '티움 2.0'T.um[2.0]'을 살펴보면 좋을 것 같다. 스마트폰 하나만 있으면 미래의 가정, 게임, 미디어 시설, 자동차, 패션가 등을 모두 유무선 네트워크로 연결한 미래의 ICT[정보통신기술]를 쉽게 체험할 수 있는 곳이다.

이 체험관에 들어가면 우선 세개의 벽면을 하나의 대형 디스플레이로 꾸민 유비쿼터스 홈이 시원한 바닷가 화면으로 관람객을 맞는다. 그냥 보기 좋으라고 설치해놓은 것이 아니다. 시연자[試演者]가 손동작으로 벽면의 메뉴를 부르면 다음 상황이 생동감 있게 펼쳐진다. 만약 야경을 선택했다고 하자. 그러면 즉각 방안 가득 폭죽이 요란스럽게 터지는 환상적인 풍경이 시연자로 하여금 감탄사를 터뜨리게 만든다. 바로 옆의 'U 드라이빙' 시연장은 더욱 환상적이다. 스마트폰의 '문 열기' 버튼을 누르면 미래형 스포츠카의 문이 자동으로 열린다. 다음부터는 안내에 따르면 된다. 그러면 자동차가 알아서 가상 운행을 시작한다. 이때 운전 중의 자동차 앞 유리는 첨단 디스플레이로 바뀌게 된다. 이어 도로 표지

판이나 상점의 간판이 나타나고 관련 정보가 유리창에 나타난다. 진짜 공상 과학 영화에 나오는 미래 세계가 따로 없다.

오프라인과 아날로그 중심인 기존 도시의 한계를 극복하고 지속 가능하고 인간 중심적인 온라인 디지털 도시를 뜻하는 유비쿼터스 시티 구축 바람 역시 한국의 가능성을 상징적으로 말해준다. 2008년 9월 준공된 경기도 화성 동탄 신도시를 비롯해 36개 지방자치단체의 52개 도시에서 구축을 추진하거나 계획 중인 것으로 확인되고 있다. 하지만 이 정도에서 그치지 않는다. 2008년 3월 제정된 '유비쿼터스 시티의 건설 등에 관한 법'은 한국이 이 분야에 관한 한 세계를 주도할지 모른다는 가능성을 조심스레 보여주기도 한다. 동탄 지구를 지금까지 20개국에서 200여 명 이상의 해외 정재계 주요 인사들이 방문, 시찰한 것은 무엇보다 이런 개연성을 피부로 물씬 느끼게 해 준다.

유비쿼터스 시티와 관련해서는 최근 인천송도국제업무단지 내에 문을 연 세계 최초의 첨단 미래 도시 체험관인 투모로우 시티도 간과할 수 없다. 세계 최초로 구현되는 AR 증강 현실. 현실 세계에 가상의 물체를 겹쳐 보여 주는 기술을 의미한다 기반의 가상 현실, 미래형 도서관, GPS 기반의 실내 위치 서비스 및 네트워크 기반의 위치 서비스 등을 체험할 수 있는 공간으로 5년 내에 인천경제자유구역청에 그대로 구현될 예정이다. 만약 예정대로 2010년대 중순까지 이 계획이 실현될 경우 인천은 2008년 세계 최초로 유비쿼터스 공항 시스템을 구축한 인천 공항을 보유한 여세를 몰아 일약 미래 지구촌의 디지털 실크로드를 견인하는 핵심 도시로 발돋움할 가능성도 없지 않다. 이미 세계적 수준에 이른 디지털 산업 관련 기술에 더해 법과 제도의 유연성을 높일 경우 성공 스토리를 만드는 것은 어렵지 않을 것이기 때문이다.

한국은 이처럼 현재 상황만 놓고 봐도 모바일 컨버전스를 근간으로 하는 유비쿼터스 네트워크 구축에 관한 한 일본이 부럽지 않을 만큼 세계적인 수준에 와 있다. 실크로드와 인터넷을 합친 파워보다 더 강력한 온오프라인 통합 모바일 네트워크를 주도할 지구촌의 몇 안 되는 국가 중 하나라고 단언해도 괜찮다. 몽골리안 네트워크 구축에 엄청난 시너지 효과를 제공하는 것이 그다지 어려운 상황이 아닌 것이다. 여기에 현재 상당히 많은 국가들에서 한국의 이런 기술과 경험을 적극적으로 공유하려는 노력을 기울이고 있다는 사실 또한 간과해서는 안 된다. 이중에는 터키나 베트남을 비롯한 몽골리안 국가들이 적지 않다.

유비쿼터스 네트워크로 연결된 세상은 지금까지 우리가 살아온 과거와는 완전히 다른 세상을 보여줄 것이다. 당연히 세계를 연결할 네트워크 형태 역시 전혀 다를 수밖에 없다. 키워드는 역시 사람을 중심으로 하는 모바일이다. 21세기를 지배할 네트워크가 앵글로색슨계가 되든 유대계, 중국계가 되든 이처럼 엄연한 현실을 절감하지 못한다면 17세기 이후의 몽골리안 네트워크가 그랬듯 조락의 운명을 면하기 어려울 것이다. 다행히 몽골리안 국가들은 모바일이라는 면에서는 일찍부터 강점이 있었다. 한국과 일본, 핀란드 등이 대표적인 국가라 하겠다. 특히 한국은 더욱 그렇다. 따라서 한국을 중심으로 하는 몽골리안 유비쿼터스 네트워크 세상의 탄생도 전혀 꿈만은 아닐 것이다.

02 인류, 호모 모빌리언스로 새로운 진화를 시작하다

인류는 지금 새로운 진화 단계에 돌입하고 있다. 지금까지 인류는 두 단계를 거쳐 진화해왔다. 첫 번째 단계는 DNA의 변화에 의한 생물학적 진화라고 할 수 있다. 다음 단계는 인류 고유의 진화 방식인 학습에 의한 진화였다. 그런데 이제 인류는 사이보그로서의 진화를 시작하고 있다.

주지하다시피 사이보그는 신체 일부가 기계와 융합되어 있는 인간을 말한다. 그럼에도 과거에는 생명체보다는 로봇 정도로 사이보그를 인식했다. 그러나 IT 기술이 발달한 지금은 그렇지 않다. 진정한 사이보그가 대량으로 나타나고 있다. 이를테면 핸드폰을 비롯한 모바일 장비와 하나로 결합되어 있는 신세대들을 보자. 웬만큼 특별한 경우가 아니면 이들은 스마트폰을 비롯해 넷북, 패드 등 각종 모바일 장비를 거의 24시간 몸에 붙인 채 살고 있다. 이 정도면 인간의 신체 내에 이들 장비들이 삽입되어 있는 것이나 다름없다. 만약 사이보그가 아니면 어떤 다른 말로 이들을 부를 수 있을까?

이처럼 핸드폰을 비롯한 모바일 장비가 인간과 결합하면서 인류는 완전히 색다른 형태로 진화하고 있다. 예를 들어보면 알기가 더 쉬울 것이다. 과거 초능력을 가진 주인공들은 '600만 불의 사나이'나 수십 년 동안의 면벽좌선을 통해 특수한 능력을 익힌 수도자들에 국한되어 있었다. 그러나 이제는 누구나 모바일 장비를 통해 동시성과 원격 투시, 초감각 등의 능력을 보유하게 됐다. 이 경우 인터페이스로는 유비쿼터스 환경과 디지털 카메라, 센서 등을 꼽을 수 있다. 실제로 요즘은 평범한 회사원이더라도 스마트폰을 통해 600만 불의 사나이를 넘어서는 슈퍼맨이 될 수 있다. 인터넷과 연결된 핸드폰을 통해 엄청난 지식을 즉시 검색하고 소유하거나 자신의 입맛에 맞게 활용할 수 있게 된 것이다. 요컨대 스마트폰 같은 모바일 장비는 인간의 5감에 더해진 6감으로 작동한다. 불과 몇 십년 전만 해도 생각조차 못하던 현실이 아닐 수 없다.

이제 핸드폰을 비롯한 모바일 장비는 이미 단순한 기계라고 하기는 어렵게 됐다. 이들 장비들은 기계라는 개념에서 탈피해 인류 역사상 최

6감, 모바일 : 슈퍼맨

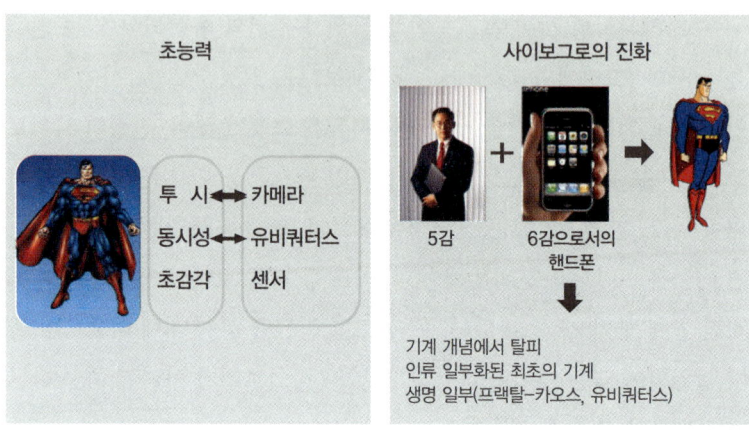

6감, 사이보그 혁명

초로 인간과 일체화된, 생명의 일부가 되고 있다. 믿지 못하겠다면 즉시 핸드폰 등의 모바일 기기 없이 며칠을 살아보라고 권하고 싶다. 아마 성질 급한 사람이라면 머리가 조금 어떻게 될지도 모른다. 또 성질이 느긋한 사람이라도 온 몸이 근질거려 견디지 못할 수 있다. 아이들에게 가장 큰 벌칙이 이제는 핸드폰 일주일 뺏기라고 하지 않는가.

모 핸드폰 제조 회사의 광고 카피 중에 'It is different' 라는 게 있다. 단순한 것 같지만 이 카피는 현실을 너무나도 극명하게 보여주지 않나 싶다. 여기서 '다르다' 는 것은 기계의 속성이 아니다. 오히려 인간의 속성이라고 해야 한다. 다른 말로 하면 생명의 속성이다. 모든 생명은 다 다르기 때문이다. 이 광고 카피가 피부에 와 닿는다면 우리는 이미 핸드폰에 생명을 부여하고 있는 것은 아닐까?

부분이 전체를 반영하는 것이 생명의 속성이라고 한다. 따라서 우리의 손이나 귀, 눈에는 우리 신체 전체의 정보가 다 공유되어 있다고 한다. 하나의 세포가 점점 분화되어 생명이 되는 과정에서 프랙탈 현상에 따라 나타나는 당연한 현상이 아닌가 한다. 이런 관점에서 보면 핸드폰 등의 모바일 기기 역시 크게 다르지 않을 것이다. 나중에는 주인의 의지 전체를 반영할 수 있도록 인간과 더불어 진화해 나갈 것이 분명하다. 우주의 배타율 원리에 따라 항상 다를 수 있게끔 카오스의 원리가 작동할 수도 있다.

　이처럼 인류는 핸드폰 등의 모바일 장비와 더불어 새로운 진화 단계에 접어들고 있다. 필자는 이 때문에 이처럼 새롭게 진화하는 인류를 호모 모빌리언스Homo Mobiliance라고 명명하고자 한다.

　진짜 그래도 되는지는 현실을 살펴보면 된다. 먼저 한국의 이동 통신 가입자 수를 보자. 벌써 전체 국민을 넘어서 5,000만 명에 이르고 있다.

초생명

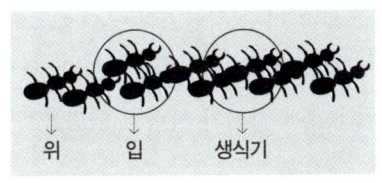
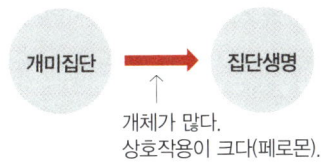

개체가 많다.
상호작용이 크다(페로몬).

실시간 모바일 접속성의 폭발적 증가로 인류가 새로운 진화를 시작한다.

인류의 새로운 진화 코드 예) '붉은 악마', 'Cy질', '트위터 SNS'

1996년 모바일 서비스가 도입된 지 고작 12년 만에 1인 1대의 핸드폰 시대가 도래한 것이다. 핸드폰을 보유하고 있지 않은 경우가 오히려 이상하다고 해야 하는 상황이 되었다. 이 정도면 취학 적령기 이전의 유아들이 핸드폰을 보유하는 것도 그다지 놀라운 일이 아니게 될 것이다. 한 사람이 서너 대씩의 핸드폰을 가지는 것은 더 말할 나위가 없다. 세계적으로 봐도 좋다. 비율로 따지자면 한국보다는 못하나 그래도 중국을 비롯해 미국, 러시아, 인도, 일본 등이 이른바 핸드폰 사용자 1억 클럽 국가로 분류되고 있다.

예측 가능한 앞으로의 세계는 인류가 호모 모빌리언스로 불릴 수밖에 없도록 만들 것처럼 보인다. 알기 쉽게 당장 서울의 몇 년 후 지하철 모습을 상상해 봐도 괜찮을 듯하다. 아마 그때쯤이면 지하철에서 승객들이 대부분 스마트폰으로 화상통화를 하거나 트위터 메시지를 보내는 모습 정도는 정말 흔하게 볼 수 있을 것이다. 또 핸드폰으로 지하철 요금을 결제하는 모습, WIFI를 이용해 인터넷 검색을 하는 모습 역시 별로 이상한 풍경으로 다가오지 않게 될 수 있다. 핸드폰으로 게임을 하거나 DMB를 시청하는 모습은 벌써 누구에게나 아주 자연스러운 풍경으로 비쳐지고 있다. 이뿐만이 아니다. 사회적으로 다양한 변화까지 생겨날 가능성도 농후하다. 이를테면 핸드폰의 GPS 장치가 사람의 생명을 구하거나 범죄자를 추적하는 데 이용될 것이다.

따라서 이제 미래 사회의 경쟁력은 '스마트'라는 단어에 달려있다. 스마트폰을 이용한 '스마트 워커'가 '스마트 오피스'에서 '스마트 비즈니스'를 하는 것이다. 이미 미국에서 사무실을 벗어나 일하고 있는 직장인은 20%에 육박하고 있다. 장소에서 사람으로 패러다임이 이동하고 있는 것이다.

사람을 중심으로 하는 이러한 사회가 바로 스마트 사회인 것이다. 이러한 시대를 스마트 월드라고 부르기로 하자. 이제는 인간에 대한 철학적 정의도 재정립되어야 한다. 사회의 규율도 다시 만들어져야 한다. 사람을 중심으로, 이동을 근간으로 하는 디지털 노마드, 유목민의 시대가 다시 오고 있는 것이다.

호모 모빌리언스의 시대는 변화라는 단어가 무색할 정도로 혁명적인 격변의 시대가 될 수밖에 없다. 때문에 지구촌은 이러한 혁명적 변화에 잘 적응하는 국가군과 그렇지 못한 나라들로 극명하게 갈릴 가능성이 크다. 전자의 경우는 미래에도 생존이 확실하게 보장될 수 있다. 더 나아가 열린 국가를 지향하면서 강력한 글로벌 네트워크를 구축하는 주역이 될 수도 있다. 반면 후자의 경우는 몰락의 길을 걷거나 그저 생존을 걱정하는 정도로 정체되지 않을 수 없을 것이다.

당연히 현재 상황만 놓고 보면 한국은 전자의 국가군에 속한다. 아직은 완벽하게 열린 국가라고 하기는 어려우나 점차 그런 방향으로 나아가고 있어 전망이 상당히 좋다. 이것은 곧 호모 모빌리언스 시대를 선도하는 국가를 자처하면서 진화를 거듭한다면 주위에 몰려드는 몽골리안 국가나 지역이 헤아릴 수 없을 만큼 많을 것이라는 얘기이기도 하다. 따라서 네트워크의 형성은 자연스럽게 실현된다고 해도 틀리지 않을 듯하다.호모 모빌리언스는 유라시안 재단에서 발간될 책의 다음 주제 중의 하나가 될 것이다.

03 스마트폰을 아바타로 인류, 집단 생명이 되다

20세기 말부터 본격적으로 꽃피우기 시작한 모바일 기술은 지구촌의 인류 개개인을 새로운 진화 단계로 접어들게 만들었다. 이러한 사실을 부인할 사람은 문명과는 완전히 단절된 생활을 하는 아마존 밀림의 원주민 정도가 아닐까 싶다. 아니, 그들도 어쩌면 조만간 모바일 세상과 접촉하게 될지도 모르겠다.

그러나 더 중요한 사실은 그것이 아니다. 정작 놀라운 사실은 그것이 인류 전체를 새로운 종으로 변화시키고 있다는 사실이다. 그렇다면 이 새로운 종이란 무엇일까? 집단으로 생명을 가지는 이른바 초생명超生命이라고 이해하면 좋을 듯하다. 다른 말로 하면 초인류超人類로 불러도 좋겠다.

조금 더 이해를 돕기 위해 예를 하나 들어보는 것도 좋을 것 같다. 프랑스의 유명 작가 베르나르 베르베르의 작품 『개미』의 모티브가 된 개미가 대표적인 사례로 꼽힐 수 있다. 개미는 말할 것도 없이 한 마리 한 마리가 다 소중한 생명체이다. 그러나 우리가 일반적으로 말할 때의 개미는 집단으로서의 개미를 의미할 때가 훨씬 더 많다. 개체가 많을 뿐 아니라 서로 간의 상호 작용이 크기 때문에 그렇다. 더구나 그러한 상호 작용은 같은 동물 개체 사이의 커뮤니케이션에 사용되는 체외 분비성 물질인 페르몬에 의해 자동적으로 이뤄진다. 상호 작용이 일종의 선천적인 동류의식 하에 무의식적으로 이뤄진다는 얘기이다. 개미 한 마리의 지능은 매우 낮다. 그러나 집단으로서의 개미는 놀라운 지능을 보여준다. 예를 들어 개미의 무덤은 쓰레기 장 반대편에 만든다. 그리고 개미는 집단 전투에서 기만과 협동 전략을 구사하고, 농사를 짓고 노예를 사육한다. 그럼 누가 지시하는가? 연구 결과는 지시자는 없다는 것이다. 집단 내부에서 스스로 자기조직화한 결과라고 한다.

이처럼 집단 지능은 개별 지능과는 차원이 다르다. 이러한 창발성의 원리를 스티브 존슨은 『이머전스Emergence』라는 명저에서 상세히 설명하고 있다. 미래와 진화의 열쇠는 바로 집단의 자기조직화에 의한 창발적 집단 생명에 있다는 것이다. 개미 집단은 개체로서의 개미와는 전혀 다른 창발적 특성을 보여준다. 개미 개체의 수명은 1년이나 집단 개미는 15년 정도라고 한다. 그리고 개미 개체와 관계없이 집단의 나이에 따라 개미들의 행동이 달라진다고 한다. 늙은 집단의 개미는 좀 더 조심스럽고, 젊은 집단의 개미는 천방지축이라고 한다. 그러면 이러한 현상은 언제 나타나는가? 복잡계의 네트워크 이론에 따르면 많은 개체가 왕성한 상호작용을 하고 창발성에 대한 경쟁 조건이 구비되면 집단 생명이 자기 조직화한다는 것이다.

다른 예로 한국 축구팀의 공식 서포터스인 붉은 악마의 탄생을 보자. 사실 기존의 통상적 관점으로만 볼 때 붉은 악마의 탄생은 이해하기 어려운 측면이 많았다. 어느 외국 언론이 언급했듯 누군가의 사전 기획과 통제 없이 각각의 축구팬들이 페르몬 역할을 하는 붉은 티셔츠를 입고 핸드폰으로 소통을 하여 스스로 조직화되어 강력한 생명을 불어 넣었으니까 말이다. 어떻게 보면 붉은 악마의 존재 자체가 초생명 현상, 이른바 초인류의 탄생이라는 새로운 현상의 서막을 올리지 않았나 싶기도 하다. 이 점에서는 2008년 전국을 뒤흔들었던 이른바 광우병 파동과 관련한 촛불 시위 역시 언급하지 않을 수 없다. 시위 자체에 대한 시시비비와 공과를 떠나 각자가 자신들의 존재는 적극적으로 내세우지 않은 채 집단으로서의 초인류로 불려도 좋을 정도의 결속력을 보인 것은 분명했던 것이다.

오프라인에서 이 정도면 온라인에서는 이런 현상이나 초인류들이 훨씬 더 많을 수밖에 없다. 실제 그렇기도 하다. 대표적인 것이 싸이 월드에서의 '싸이(Cy)질' 이나 블로거들이 아닐까? 지금 트위터나 페이스북과 같은 세계적인 소셜 네트워크는 이러한 현상을 더욱 가속화시키고 있다. 개인을 넘어 집단 행위화나 초인류화는 온라인 세계의 키워드가 되고 있는 것이다.

이제 2015년이 되면 스마트폰이 모든 핸드폰을 대신할 것으로 예측되고 있다. 그리하여 스마트폰은 인간의 아바타가 될 것이다. 예를 들어 인간을 대신하여 자고 있는 시간에 소셜 네트워크[SNS]상의 친구들의 아바타와 대화를 할 수도 있을 것이다. 깨어 있는 시간에는 인간의 비서로서 기분에 따라 적절한 음악과 화면을 제공할 수도 있을 것이다. 그리고 이 스마트폰이라는 아바타를 통해 인간은 다른 인간들과 집단화할 것이다. 그런데 스마트폰은 2030년이 되면 스스로 인지 능력을 갖게 된다는 예측을 하는 학자들이 있다. 2030년이 되면 스마트폰이 인간의 감정을 가지게 되고 2040년이 되면 인간보다 똑똑해지게 된다는 것이다. 분명한 것은 현재의 발전 속도로 보아 언젠가는 인간보다 지능이 앞설 수 있다. 과연 이러한 관점에서 볼 때 인간과 아바타인 스마트폰의 관계는 어떻게 될까? 한스 모라벡은 뛰어난 통찰력을 가진 저서 『마음의 아이들』에서 인간과 로봇[스마트폰]이 결합한다고 본다. 그는 이를 육체의 아이가 아니라 '마음의 아이'라 부른다. 이러한 마음의 아이들이 결합하여 새로운 마음의 아이가 탄생할 수도 있을 것이다. 또 과거의 조상과 결합하여 다른 마음의 아이가 나올 수도 있다는 것이다. 상상력은 참으로 무궁무진하다.

붉은 악마, 싸이질 등 주로 한국에서 두드러지게 나타나고 있는 진화 코드에서 보이는 이런 인류의 새로운 변화는 개개인에게도 상당한 영향을 미칠 개연성이 다분하다. 무엇보다 인류가 다중[多重] 생명을 가지게 된다는 사실을 주목하지 않으면 안 된다. 그렇다면 이 다중의 자아는 오프라인의 자아를 제외하고도 얼마나 될까? 알기 쉽게 한국을 예로 들면 현재까지는 자신조차 얼마인지도 모를 싸이 월드의 일촌들, 각종 블로그에 등장하는 자아 등이 대표적으로 꼽힌다. 당연히 이보다 더 많은 자아를 가지고 있는 사람도 있을 수 있다. 이 경우 인생 역시 다변화하기 마련이다. 한마디로 오프라인의 퍼스트 라이프가 아니라 온라인의 세컨드, 서드, 포스 라이프까지 신경을 써야 한다. 인간에 대한 새로운 철학적 정의까지 요구되는 상황이라고 해도 틀리지 않을 것이다.

물론 이런 현실이 100% 바람직하다고만 하기는 어렵다. 일부지만 사회적으로 물의를 빚고 있는 것이 현실이기도 하다. 한국의 경우 상당히 많은 것으로 파악되는 사이버 폐인들의 존재가 대표적으로 꼽힌다. 일본의 오타쿠_{다른 일은 하지 않고 오로지 만화, 애니메이션, 온라인 게임에 파묻혀 사는 폐인을 일컫는다}와 비슷한 이들은 대체로 사이버 공간에서 생활하느라 진짜 자신들의 오프라인 생활은 엉망으로 만들어버리는 경향이 있다. 심지어 낮에 자고 밤에 활동하는 이른바 '주침야활'이나 라면이나 빵 등으로 끼니를 때우는 폐인들도 적지 않다고 한다. 신체 건강을 해치는 것은 둘째 치고 정신 건강마저 잃을 가능성이 높은 것이다. 이들 중 일부는 심할 경우 이로 인해 학교나 직장에서 낙오되어 더욱 사이버 세상의 생활에 집착하게 된다. 어떤 인생이 중요한지 알려는 생각조차 하지 않으면서 사이버 폐인의 인생을 사는 악순환이 계속된다는 얘기이다. 더 심각한 문제는 이런 생활이 인생을 나락으로 빠트리는 일탈과 연결되지 말라는 법이 없다는 사실에 있다. 이를테면 사이버 범죄를 일으키는 극단적인 경우가 그렇다. 기혼자들의 경우 엉뚱하게 사이버 연애에 빠져 가정을 풍비박산 내는 안타까운 사례들 역시 적지 않다.

당연히 긍정적인 측면이 없을 까닭이 없다. 아니 오히려 훨씬 더 많다. 창조적인 생각을 콘텐츠로 연결하는 능력을 무엇보다 먼저 꼽을 수 있다. 일본의 경우도 오타쿠 문화나 현상이 일본의 문화 콘텐츠 산업의 경쟁력을 키웠다는 평가가 나오고 있을 정도이다. 각각의 초인류끼리의 결속력이 끈끈해 진짜 일사분란하게 움직인다는 사실 역시 간과해서는 안 될 듯하다. 어느 순간 폭발적인 에너지로 승화되는 것이 가능한 것이다. 여기에 초인류들이 오프라인에서보다는 남에게 피해를 상대적으로 덜 주는 생활을 한다는 것도 긍정적 측면이라고 할 수 있다.

그러나 초인류의 등장에 따른 다중 자아의 존재는 선악이나 좋고 나쁘고의 문제가 아니다. 역사가 진보, 발전하듯 받아들여야 하는 분명한 현실이다. 아니 어쩌면 트렌드가 그렇다면 적극적으로 수용하고 더 발전시켜야 한다. 특히 부정적인 현상은 최소화하면서 긍정적인 측면을 극대화하려는 노력이 기울여진다면 더욱 금상첨화일 것이다.

모바일 기술은 사람이라는 개체 자체는 말할 것도 없고 인류라는 집단을 획기적으로 변화시키는 기폭제가 될 수밖에 없다. 지금까지도 그래 왔고 시간이 지나면 아마도 더욱 그럴 것이다. 지금도 티베트나 몽골의 오지에서까지 이러한 현상은 한국처럼 초스피드하게는 아니지만 일어나고 있다. 특히 아직도 국민의 상당수가 유목 생활을 하는 몽골의 경우는 핸드폰이 생활필수품인 탓에 이 속도가 한층 더 빨라질 개연성이 농후하다. 이쯤 되면 모바일 기술 대국 한국이 지향해야 할 길은 굳이 끄집어내려는 노력을 기울이지 않아도 바로 나온다.

마치 16세기의 대항해 시대에 포르투갈이라는 작은 선단이 유럽을 바다라는 새로운 트렌드로 이끌어 간 것처럼 해야 한다는 결론이 말이다. 이 경우 몽골리안이라는 초인류 내지 초생명의 탄생은 그다지 먼 미래의 일이 아닐 수 있다. 페르몬은 말할 것도 없이 한국이 적극적으로 나서서 강조해야 할 몽골리안이라는 동질성이 있기 때문이다. 미래는 스마트폰을 매개로 스마트 오피스에서 스마트 워크를 하고 스마트 플레이스로서의 도시에서 사는 스마트 월드가 될 것이다. 인류는 새롭게 진화하고 있다.

04 몽골리안, 디지털 유목민으로 부활하는가?

유목민, 즉 노마드는 어떻게 보면 불안한 느낌을 주는 개념이다. 이 곳저곳을 떠돌아다니면 아무래도 정착민보다 좋을 것이 없다는 생각이 일반적일 것이다. 문화나 문명도 수천여 년 동안 정착민들이 유목민들보다 훨씬 더 우위에 있었다는 견해가 지배적이다. 그러나 이미 살펴본 바와 같이 노마드는 인류의 교류를 지속한 주도 세력이었다. 인류는 교류를 통하여 현재의 문명을 이룩하였다. 그리고 노마드가 연결되는 점들을 중심으로 번성을 구가했다. 부는 농경보다는 무역에서 증폭되었기 때문이다.

네트워크가 세상의 권력이라는 점에서 노마드는 사실상 17세기까지 권력의 중심이었다. 그러나 실크로드의 쇠퇴와 함께 노마드의 시대는 역사의 뒤꼍으로 사라졌다. 그리고 급속히 인류의 기억에서 사라졌다. 노마드의 지배로부터 독립한 정착민의 염원은 다시는 노마드의 시대가 오지 않는 것이었기 때문일 것이다. 예를 들어 러시아가 킵차카 한국의 지배에서 벗어나면서 끈질기게 추진한 정책은 몽골족의 억압이었다. 중국은 동북공정, 서북공정, 서남공정을 통하여 노마드들을 역사의 기억에서 지우고 있다. 과연 그들의 부활은 불가능한 것일까?

이제, 새로운 노마드의 시대가 오고있다. 디지털 노마드가 그것이다. 과거의 지역 간 이동에서 인간 중심의 새로운 유목민이 등장하고 있다. 이제, 스마트폰으로 무장한 스마트 월드가 다가오고 있다. 바로 디지털 실크로드가 그것이다. 이 새로운 세상의 특징은 바로 이동성이다.

여기에서 질문을 던져보자. 실크로드를 제패한 노마드의 시대가 실크로드의 소멸로 사라졌으나 이제 그것은 다시 디지털 실크로드 시대를 맞아 디지털 노마드로 부활할 것인가? 일견 디지털 실크로드는 실크로드와 전혀 관계없는 은유적 표현처럼 보인다. 그러나 모바일 기술의 강국들은 놀랍게도 몽골리안 국가들이다. 이는 우연일까 필연일까? 한 곳에 머물러 안정을 지향하는 정착민을 의미하는 코쿤Cocoon족도 갈수록 늘어나고는 있으나 모바일 장비로 무장한 노마드가 더욱 폭발적으로 늘어나고 있다. 프랑스의 문명사가 자크 아탈리가 저서 『디지털 노마드』에서 "인류는 1만여 년 동안의 정착 생활을 끝내고 디지털 장비로 무장한 채 도시와 세계를 떠도는 새로운 디지털 유목민 시대를 맞게 될 것이다"라면서 이들의 탄생을 주목한 것은 이 때문이었다. 또 자신이 직접 '디지털 노마드'라고 명명한 이들이 24시간 사용하는 인터넷을 제7의 대륙이라고 강조하면서 앞으로 인류가 굳이 한곳에 정착할 필요가 없어질 것이라고 전망하기도 했다.

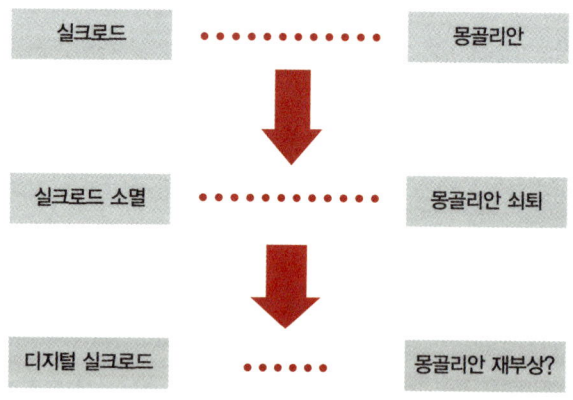

디지털 노마드로서의 몽골리안

현실 역시 진짜 그의 말 그대로 흘러가는 것처럼 보인다. 자신의 삶의 질을 극대화시키기 위해 세계를 떠돌면서 자유롭고 창조적인 생각을 하는 유목민이 증가하고 있는 것이다. 이들은 더구나 생산과 소비를 주도하는 등 사회의 주도 세력으로 떠오르고도 있다. 심지어 일부는 문학이나 예술 방면에서 이런 생활양식을 실천하고 있기까지 한다. 이 정도 되면 디지털 유목민이 아니라 디지털 보헤미안이라고 해야 더 좋을 듯하다.

대표적인 인물이 "예술은 사기다"라는 말로 유명한, 한국이 배출한 세계적인 비디오 아티스트 백남준이 아닐까 한다. 아날로그와는 완전히 다른 비디오 아트라는 예술 장르를 창안한 다음 평생 전 세계를 유랑하듯 활동한 사실이 무엇보다 그렇다. 더욱 중요한 사실은 그가 자신의 정체성을 굳이 한반도에 국한시키지 않고 몽골리안에서 찾았다는 점이다. 실제로 그는 한국인이거나 외국인이거나를 막론하고 대화를 나눌 때면 상대에게 늘 "한국인은 몽골리안이 아닙니까?"라는 말을 입에 달고 다녔다고 한다. 스스로를 아예 디지털 유목민으로 자처했다고 해도 좋을 것이다. 그가 예술을 통해서도 조화와 융합을 중시하고 푸른 하늘을 섬기는 샤머니즘을 강조한 것은 알고 보면 다 이런 정신과 무관하지 않다. 1993년 베니스 비엔날레에서 황금사자상을 받은 그의 작품명이 몽골 제국의 코드의 냄새를 물씬 풍기는 <일렉트릭 슈퍼 하이웨이─베니스에서 울란바토르까지>인 것도 이런 현실을 감안하면 충분히 이해가 되지 않는가. 혹시 그는 은연중에 자신 같은 디지털 노마드에 의한 디지털 실크로드의 구축을 생각했던 것은 아닐까? 필자는 그렇다고 생각한다.

백남준이 화두처럼 던진 디지털 실크로드의 주역이 될 디지털 노마드의 필수 휴대 품목 1위는 두말이 필요 없다. 모바일 장비, 그중에서도 네트워크를 통해 인터넷으로 연결되는 핸드폰이다. 현재 이 유목 품목

들을 보유한 채 디지털 실크로드의 패권을 장악한 주도 세력이나 네트워크는 아직 없다. 앵글로색슨계도 유대계도 중국계도 아직은 이에 천착하고 있다는 느낌은 주지 않는다. 앵글로색슨계의 경우 저 멀리 앞서 가는 미국의 애플 같은 기업이 없지는 않으나 모바일 관련 기술에 관해서는 평균적으로 세계를 좌지우지할 만큼 뛰어나다고 하긴 어렵다.

반면 몽골리안계 국가들은 그와 많이 달라 보인다. 모바일 강국으로 세계가 인정하는 한국을 비롯해 일본, 핀란드 등이 유독 눈길을 끈다. 게다가 몽골리안 국가들은 핸드폰 사용 비율 역시 주변 다른 국가들에 비해 월등히 높다. 몽골 초원의 가정주부들도 멀리 떨어진 친인척들과의 소통 수단으로 핸드폰을 사용할 정도이다. 과연 이런 사실은 우연일까? 필연일까? 혹시 필연이 아닐까? 필자는 조심스럽게 그렇다고 말하고 싶다. 이 정도면 몽골리안계 국가들이 일단 디지털 네트워크의 주역으로 등장할 가능성은 상당히 있지 않을까?

이제 마지막으로 디지털 실크로드가 과거의 실크로드와 연관성이 있는 조어인가에 대해서도 살펴보자. 결론적으로 말하면 분명히 연관성이 많다. 일본에서 시작해 한국을 거쳐 핀란드로 이어지는 길이 그대로 과거의 실크로드, 유라시안 네트워크의 복사판이라고 해도 과언이 아닌 것이다.

결론은 긍정적으로 내려도 좋을 것 같다. 몽골리안 국가들이 과거 노마드로서의 특성을 핸드폰의 이동성으로 극대화한다면 충분히 어느 세력도 선점하지 못한 디지털 실크로드, 스마트 월드의 주역이 될 가능성은 진짜 농후하다. 과거의 영광을 3세기가 지난 21세기에 재현하게 된다는 얘기이다. 그러면 몽골리안 네트워크, 유라시안 네트워크 등으로도 불릴 이 네트워크의 비전을 과연 한국이 제시할 수 있을까?

그렇게 되기 위해서는 한국이 말할 것도 없이 모바일 기술의 경쟁력을 지금보다 훨씬 더 높여야 한다는 조건이 전제되어야 한다. 디지털 시대의 노마드들은 성향이 대단히 특이하다. 무엇보다 새로운 것을 좋아한다. 이 경우 과거의 것은 아무리 손에 익숙해도 과감하게 버린다. 자신이 머무를 장소 역시 한 곳으로 고정하지도 또 오래 머무르지도 않는다. 좋은 곳이 있으면 그저 금방 옮겨버린다. 그래서 디지털 시대의 정신은 '길 위의 정신' 이다. 디지털 노마드들이 유목민을 자처하는 것도 바로 이런 현실과 관련이 있다. 길 위에 답이 나와 있으니 그럴 수밖에 없다. 따라서 모바일 기술력을 강화해야 한다는 당위성은 더 이상 강조할 필요조차 없다. 모바일 기술은 스피드가 생명이다. 한국의 강점 분야다.

그러나 기술보다 중요한 것이 비즈니스 모델이다. 이에 주목한 기업이 다름 아닌 스티브 잡스가 이끄는 애플이다. 애플은 세계적 돌풍을 몰고 온 아이폰을 비롯한 제품들을 직접 만들지 않는다. 주요 부품은 한국과 일본 기업에서 주로 수입해 해결한다. 또 조립은 중국이나 대만 회사에 위탁한다. 최근 자살자들이 대량으로 속출해 외신을 뜨겁게 달구고 있는 중국 선전의 대만 기업인 팍스콘이 바로 이런 조립 회사에 속한다. 그리고 응용 소프트웨어는 제3의 개발자들이 자비를 들여 완성하여 앱스토어에 올린다. 물론 그들이 70%의 수익을 가지나 나머지의 막대한 수익은 단말기에서 초과 이윤을 창출하는 애플이 가져가고 있다. 완전히 누워서 떡 먹는 격인 이런 애플의 경쟁력은 다른 데 있지 않다. 기획과 발상의 대전환에 있다.

원래 애플은 스마트폰 시장의 후발 주자였다. 하지만 아이폰이라는 감성 혁명을 통해 소비자들을 사로잡았다. 앱스토어라는 개방된 시장을 가지고, 창의력을 통한 개방 네트워크화를 통해 새로운 혁명을 이룩한 것이다. 그러나 스마트폰의 진화는 이제 시작 단계다. 애플, 구글 등이 중심이 되어 앱 시장을 형성하고 있는 중이다. 초기에는 창조적인 애플이 시장을 주도하고 있으나 결국 좀 더 개방된 구글이 이끄는 안드로이드 진영이 시장의 주류를 이루게 될 것으로 필자는 전망한다. 다수의 네트워크의 힘을 믿는 것이다. 애플은 단말기를 독점하기 때문에 노키아, 삼성 등의 협조를 얻기 어렵다. 앱의 수익에 통신사 몫을 배당하지 않으므로 통신사의 충성을 지속시키기기도 어렵다. 그래도 애플은 맥PC에서 그러하듯이 '애플빠'라는 소수의 충성 집단은 유지해 갈 것으로 필자는 추정한다. 필자는 한 사석에서 애플은 나폴레옹과 비슷한 이미지라는 의견을 피력한 바 있다. 여기에서 한국의 전략은 안드로이드 진영에 무게 중심을 둘 수밖에 없다. 안드로이드 진영에서는 단말기의 시장 형성이 가능하기 때문이다. 앱스토어의 차별화가 축소되면 결국 다시 단말기 경쟁으로 회귀하게 된다. 다시 한국, 핀란드, 일본의 주도가 가능해질 것이다. 앞에서 언급한 바와 같이 미래의 스마트폰은 인간을 능가할 것이다. 이러한 진화의 시작점에서 전망할 수 있는 것은 노마드의 전통을 가진 몽골리안의 소비 형태가 결국 스마트 월드를 이끄는 힘이 될 것이라는 것이다. 사람이 중심이 되는 시대에 천손^{天孫} 설화, 천지인^{天地人}의 사상에 기반을 둔 노마드, 유목민의 시대가 재래할 것이라는 것이 필자의 확신이다.

한국이 디지털 노마드 시대에 성공해 지금 막 떠오르고 있는 디지털 실크로드의 주역으로 확고하게 올라서려면 이처럼 길 위에서 해답을 찾아야 한다. 또 애플의 사례에서 보듯 창의력과 네트워크화도 잊지 말아야 한다. 그렇다면 이게 다인가? 그렇지 않다. 보다 광의의 근본적인 답은 몽골리안이 지배했던 과거 실크로드 역사의 흥망, 새로운 디지털 실크로드의 등장이라는 환경을 감안해 새로운 전략을 도출하는 데 있다. 과연 한국은 다시 지구촌을 선도할 몽골리안 네트워크를 구축해가는 과정에서 세계가 놀랄 뛰어난 리더십을 보여줄 수 있을 것인가? 필자는 충분히 역량이 있다고 생각한다. 그리고 그러한 역량을 통해 열린 한국을 위한 3대 전략을 수행할 수 있을 것이라 믿는다.

글로벌 리더십을 향해

개방 무역국가로서의 대한민국의 역사 해석
선도 외교 전략을 위한 우리의 네트워크를 구축하자
유라시안 인문학으로 유라시안 다보스를

6.

필자는 한국의 21세기 국가 발전 전략의 핵심은 '열린 한국'을 만드는 데 있다고 수차례 주장한 바 있다. 이를 '추종을 넘어 선도하는 국가'가 되어야 한다는 말로 정리하기도 했다. 다행히 한국을 둘러싼 시대의 흐름이 그렇게 될 가능성에 힘을 보태주고 있다. 그러나 이에 만족해서는 안 된다. 무엇보다 글로벌 국가의 리더십은 '인문학'의 바탕 하에 가능해진다는 점을 잊어서는 안 된다. 말하자면 인문학을 통해 주변 국가를 한국이 지향하는 방향으로 동참시키는 전략을 끌어낼 수 있어야 한다. 우선 이 사실을 간과해서는 안 된다.

　　또 몽골리안의 역사가 영웅들의 역사라는 사실도 알아야 한다. 평소에 흩어졌던 힘이 기동력과 영웅의 힘을 바탕으로 네트워크화하는 과정을 항상 밟아왔다는 사실을 한시라도 잊지 말아야 한다. 모돈 선우, 광개토대왕, 야율아보기, 송첸 캄포, 아골타, 칭기즈칸, 누루하치 등이 바로 그런 영웅들이었다. 칭기즈칸의 군대는 최고 많았을 때에도 숫자가 10만 명을 넘지 않았다. 그럼에도 금나라의 100만 대군과 호라즘 왕조의 100만 대군을 가볍게 격파했다. 누루하치는 또 어떤가. 사르후 전투에서 고작 5만 명의 군대를 동원했을 뿐이었다. 하지만 20만 대군의 명나라에 궤멸적 타격을 가했다. 이들의 역량은 다른 데서 나온 것이 아니었다. 바로 개방과 포용성에 있었다. 특히 문화적 다양성의 수용은 이 영웅들이 성공한 가장 큰 원인이라고 할 수 있다.

현재 한국의 내부 역량은 과거 칭기즈칸의 몽골, 누루하치의 여진 세력보다 강력하지 않을까? 그렇다면 포용과 개방, 설득의 문화적 역량을 통해 주변의 힘을 결집시키는 것은 그다지 어렵지 않을 것으로 보인다. 또 그렇게 하는 것이 내부의 산업적 역량보다 더 중요한 발전 요소가 될 개연성도 다분하다. 만약 이런 비전을 가지고 적극적으로 한국 내부의 닫힌 집단을 설득하면 어떻게 될까? 과연 가능할까 아니면 불가능할까? 필자는 가능하다고 생각한다. 이 장에서는 바로 이런 시각에서 글로벌 리더십 강화 전략에 대해 살펴보고자 한다.

01 개방 무역국가로서의 대한민국의 역사 해석

한국은 열린 무역 국가인가? 아니면 닫힌 농업 국가인가? 한국의 국가 정체성은 미래 비전의 핵심이다. 지금까지의 통념에 따르면 한국은 '조용한 아침의 나라'이고 '사농공상'의 농업 국가였다. 그러나 한국의 역사를 돌아보면 한국은 그와 반대로 지금의 대한민국과 같은 개방 무역국이 본질적인 정체성이라는 것이 밝혀진다. 이 장에서는 이러한 개방 국가로서의 한국의 역사를 재해석해보고자 한다.

한국은 경제 전체의 70% 이상을 무역에 의존하고 있다. 반면 미국과 일본의 무역의존도는 각각 20%와 30%에 불과하다. 조금 더 깊이 들어

가면 한국 경제가 직면한 대외 무역의존도의 심각성을 더욱 피부로 느낄 수 있을 것이다. 우선 식량 수입 규모를 보자. 무려 75% 전후를 수입에 의존하고 있다. 그나마 25% 전후의 식량 자급률에서도 쌀이 차지하는 비중이 절대적이다. 대외 무역에 의지하지 않을 경우 유사시에는 쌀만 먹고 손가락을 빨아야 한다는 계산이 나온다. 석유 수입에 들어가는 국고 역시 등에서 땀이 날 정도라고 해야 한다. 1년에 무려 800억 달러를 지출해야 한다. 조만간 1,000억 달러를 돌파할 가능성이 농후하다. 한국은 의식주 모두를 대외 무역에 의존하고 있는 셈이다. 이런 나라에서 만약 닫힌 국가를 고집하고 자급자족 경제를 지향하면 결과는 너무 명약관화하해진다. 북한이나 미얀마처럼 된다. 한국으로서는 개방 경제로 갈 수밖에 없는 운명을 타고 난 것이다.

국가의 운명을 무역에 의존해야 한다면 당연히 경쟁력을 키워야 한다. 특히 산업 경쟁력과 무역 조건의 경쟁력은 절대로 놓쳐서는 안 되는 두 마리 토끼에 속한다. 이중 산업 경쟁력은 기업 차원의 과제라고 할 수 있다. 다행히 대그룹을 중심으로 이 분야에서는 전 세계적으로 놀라운 성과를 거두고 있다. 그러나 무역 조건은 개별 기업 차원의 문제가 아니다. 국가 차원의 문제에 속한다. 당연히 어떻게 대비해야 하는가라는 질문이 제기되어야 한다. 일차적인 답은 FTA^{자유무역협정}에 있다고 본다. 기업의 경우 원가를 5% 절감하기 위해 엄청나게 눈물겨운 노력을 해야 한다. 이에 반해 FTA는 국가 전략에 따라 가볍게 이런 5% 정도의 차이는 극복해낸다. 국가 차원의 FTA의 경쟁력이 바로 무역 한국의 경쟁력이 될 수 있는 것이다. 이 점에서 볼 때 미국이나 EU와의 FTA 체결은 너무나도 당연하다. 중국이나 일본과의 FTA 역시 무역으로 먹고 살아야 하는 한국 입장에서는 반대할 이유가 전혀 없다. 하지만 그렇게 하더라도 평균적으로는 몰라도 전체적으로 우리가 주요 경쟁 상대국보다 무역 조건에서 비교 우위에 선다는 보장이 없다. 역시 경쟁력 강화를 위한 특단의 차별화 전략이 마련되지 않으면 안 된다. 이러한 차별화 전략은 바로 우리 주변의 몽골리안 국가들을 포용하는 선택을 통해 상호 융합의 길을 찾는 데 있다. 다시 말해 기업의 산업 네트워크나 국가가 주도해야 하는 대외 경제 네트워크에 시너지 효과를 더해주는 몽골리안 네트워크 구축에 한국이 지향하는 경쟁력 강화의 성패가 달려 있다는 말이다.

FTA와 몽골리안 네트워크 구축에 적극적으로 나서기 위해서는 감수하지 않으면 안 되는 것이 있다. 바로 거의 모든 산업 분야의 적극적인 개방이다. 개방이라는 단어는 어떻게 보면 굉장히 두려운 단어라고 해야 한다. 문제는 그러한 두려움이 심해지면 당하는 입장에서는 극도의 반발만 할 수밖에 없다는 사실이다. 지난 수년 동안 농민이나 축산업자들이 정부의 쌀 시장과 소고기 시장 개방에 반대해 격렬히 시위를 벌이고는 했던 것은 때문에 어느 날 갑자기 툭 튀어나온 엉뚱한 현상이 아니다. 그러나 개방은 장기적으로 볼 때 상당히 긍정적으로 작용한다. 굳이 다른 사례를 애써 들 필요도 없다. 지난 60여 년 동안 개방과 폐쇄라는 극단적인 길을 걸어온 남북한의 경제력만 비교해도 충분하다. 평균적인 능력의 차이가 별로 나지 않는 같은 민족임에도 엄청난 격차가 나고 있는 것이다.

그러면 이제 한국의 정체성은 개방 국가라는 사실을 중심으로 한국 역사를 재해석해 보기로 하자. 먼저 적극적으로 열려 있는 사회를 지향한 경험을 살펴볼 필요가 있다. 신라시대 기록에는 중국 양주에 자리잡은 이슬람 상인들과 교역한 이야기가 나온다. 처용가는 그러한 흔적 중의 하나이다. 뒤에서 다룰 엔닌 이야기도 마찬가지다. 통일 신라를 건너뛰어 고려로 가면 저 멀리 베트남의 왕자들까지 받아들인 사례마저 볼

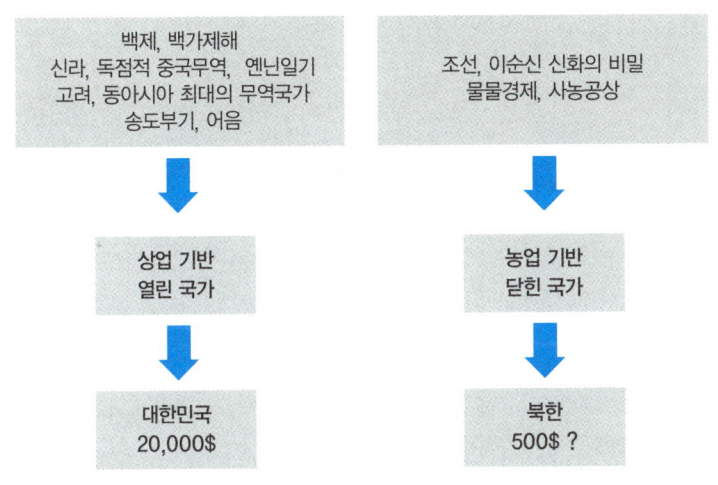

수 있다. 이로 인해 한반도에 정착한 첫 번째 주인공은 화산花山 이씨의 시조로 알려진 이용상李龍祥이다. 모국인 베트남의 리 왕조가 망한 1226년 황해도 화산 땅으로 망명해와 정착했다고 한다. 또 이보다 100년 앞서서는 리 왕조의 셋째 왕자인 리 즈엉 꼰이 고려로 건너와 강원도 정선에 정착했다는 설이 있다. 정선 이씨는 아예 이 사실을 족보에까지 올려놓고 있다. 여기에 아라비아 상인의 후예들인 덕수 장씨, 몽골을 모국으로 하는 연안 인씨, 토번으로도 불렀던 티베트 선조를 가지고 있는 경주 설씨 등의 존재까지 더하면 조선 이전에 한반도에 존재했던 왕조들이 적극적으로 열린 국가를 지향했다는 사실은 의심의 여지가 없다고 해도 좋다. 요즘 인기 프로인 <미녀들의 수다>에 못지않은 시대 상황을 보여줬던 고려 때를 보면 이해가 더 쉬울 것이다. 고려가요 중 하나인 「쌍화점」에 "쌍화 사려 쌍화점에 갔더니, 회회回回아비가 손을 잡더라……" 하는 부분이 있지 않은가. 이미 동네방네에서 외국인들이 장사를 하고 있었던 것이다.

한반도의 왕조들이 열린 국가를 지향해 적극적으로 개방을 했다면 밖으로 진출한 사례 역시 없을 수가 없다. 실제로도 엄청나게 많았다. 신라 시대에 중국의 산둥성 일대에 있었던 신라방新羅坊 등의 존재를 대표적으로 꼽을 수 있다. 여기에 일왕 가문이 백제계일 가능성이 높다는 사실까지 더하면 한국인들의 노마드적 기질은 혀를 내둘러야 할 정도가 아닌가 한다. 유명 인사들도 많았다. 당나라 문인들을 한참이나 아래로 내려다봤던 최치원, 불경을 가지러 멀리 인도까지 다녀온 혜초, 지금의 티베트에서 맹활약한 백제 장군 흑치상치, 서역 원정길을 떠났던 고선지 등 이루 헤아리기조차 어렵다. 한국의 수많은 젊은이들이 지난 1960~1970년대에 서독의 광부와 간호원, 중동의 기능공 등으로 대거 진출한 것은 어느 날 갑자기 일어난 돌발 사건이 아닌 것이다. 피에 넘치는 노마드 DNA가 있었기에 가능했다 단언해도 크게 틀리지 않을 것이다.

이제 경제적 측면에서의 한국의 개방적 정체성을 살펴보기로 하자. 한국은 역사적으로 바다를 이용한 개방 DNA가 대단히 충만한 국가라는 전통이 닫힌 시스템을 지향한 조선 시대를 제외하고는 일관되게 유지되었다. 이에 대해 디지털 노마드를 자처한 백남준은 "동양 3국은 여러 모로 비슷한 것 같으나 사실 많이 다르다. 먹고 사는 방법이 무엇보다 틀렸다. 예컨대 중국은 농업 국가, 일본은 어업 국가였다. 반면 한국은 예로부터 교역, 무역 국가였다"라고 하였다. 바다를 통한 한국의 개방 및 외부 문화의 포용 DNA를 너무나도 잘 나타낸 말이 아닌가 싶다.

우선 백제를 보자.『삼국사기』에 "백제는 원래 십제十濟였는데 나라가 발전하여 백제百濟가 되었다. 백제는 백가제해百家濟海라는 뜻이다"라고 기록되어 있다. 풀이하면 백제의 많은 백성들이 바다를 건넜다는 의미이다. 바다를 이용한 개방과 무역을 통해 국가를 키웠다는 해석이 충분히 가능하다. '백가제해'라는 국명이 실속 없는 국수주의적인 허풍과는 거리가 멀었다는 사실은 당시 무수한 백제의 해외 무역 기지들에서 충분히 엿볼 수 있다. 백제사 자체가 미스터리한 부분이 많다고는 하나 일본의 큐슈, 오사카, 중국의 요동 반도, 산동 반도, 상하이 인근의 영파寧波 등에 무역 기지가 있었다는 것이 외국 사서에 등장한다. 심지어 저 멀리 부남扶南과 참파Champa, 베트남 등과도 교역했다는 기록이 각종 사서에 나오고 있다. 백제는 그저 한반도의 서남부에 자리 잡고 있던 소국이 아니라 동아시아 최대의 해양 무역 국가였던 것이다.

통일 신라 역시 개방을 통해 백제 못지않게 맹활약하면서 동아시아의 해상 무역 패권을 차지한 사실이 기록으로 남아 있다. 바로 일본의 정창원正創院에 보관되어 있는 일본의 왕사王師 엔닌圓仁의 당나라 유학 기록이 그것이다. 일본 천태종의 2대 종정이며 왕사였던 엔닌은 일본을 출발한 이후부터 돌아올 때까지 신라의 선원들이 운항한 선박, 중국 내의 신라 무역 기지, 신라 역관, 환전소 등을 주로 이용했다고 한다. 그러한 사실은 신라가 당시 한반도의 서남 해안을 중심으로 한 무역을 실질적으로 독점했다는 점을 무엇보다 강력하게 시사한다. 당연히 이런 해상 패권 장악은 하루아침에 이뤄진 것이 아니었을 터였다.

이 부분에 대해서는 청해진 대사 장보고의 활약에 대한 역사적 재해석도 필요하지 않을까 한다. 장보고는 재당 신라인구백제인들이 파견한 대사라는 주장도 있다. 아무튼 당시 신라는 실크로드의 종착지로서 수도 서라벌은 인구 10만 명의 메가 시티에다 외국인 주거 시설까지 따로 있었다. 모두가 해상 교역을 통해 엄청난 부를 축적했기 때문에 가능한 일이었을 것이다.

고려 역시 개방적 무역 대국이었다. 몽골 제국의 일본 정벌 때 저 유명한 가미가제神風에 맞닥뜨려서도 부서지지 않았다는 선단을 만든 고려 시대의 조선술, 지금의 중동에서 사용되기도 한 어음을 발행한 비즈니스 마인드 등이 이를테면 그렇다고 할 수 있다. 이뿐만이 아니었다. 고려는 베네치아보다 150년 앞서 복식 부기도 발명했다. 복식 부기는 개방을 통해 무역 국가로 떠오른 고려가 처리하지 않으면 안 되는 대규모의 외상 거래와 재고 자산을 관리하기 위해서는 반드시 필요한 것이었다. 한마디로 고려는 동아시아 최대의 무역 국가였다. 고려 가사 쌍화점은 다문화 국가의 특성을 증명하고 있지 않은가?

그러나 불행히도 조선은 왕조 초창기와 영정조 때의 빛나는 역사가 없지는 않았음에도 전반적으로 개방과는 거리가 멀었다. 어음과 복식 부기의 열린 국가 고려와 반대로 조선에서는 화폐가 실제로 사라져버리고 물물 경제로 복귀한다. 그에 따른 폐해는 북한에서 실감나게 볼 수 있지 않은가? 임진왜란 이후 숙종 연간에 비로소 화폐 경제가 복원되는 모습은 지금의 북한을 상상하면 되지 않을까 싶다. 조선은 북한과 같은 닫힌 농업 국가, 고려는 대한민국과 같은 열린 무역 국가였던 것이다. 그럼에도 놀랍게도 바다를 통한 개방을 지향하는 DNA는 사라지지 않았다. 이러한 사실을 잘 보여주는 것이 임진왜란 당시까지 잘 보존된 수군의 경쟁력이 아닐까 한다. 실제로 당시 판옥선은 동양 3국의 군선 중에서도 단연 최고의 군선으로 꼽혔다. 멀리로는 노를 처음 발명한 백제, 가까이로는 고려의 건함 능력이 면면히 이어져 내려온 결과가 아닐까? 한국이 지금도 질과 양 면에서 세계적인 조선국으로 이름을 떨치는 데에는 다 이유가 있는 것이다.

필자는 한국이 단군 이래 가장 융성하고 있다는 애기에 대해 반대한다. 우리는 원래 역사적으로 세계 10위권 내의 국가였다. 고조선, 고구려 시대는 당연하고 신라의 경우에도 그랬다. 당나라의 동서반(東西班) 서열 중 동반의 1위였다. 아시아에서는 3위 안이었다. 여기에 인도, 중동, 유럽의 가즈니 왕조, 사라센 제국, 프랑크 제국까지 더하면 6위권 안에 들어간다고 할 수 있었다. 고려의 경우에도 장사성의 홍건적을 궤멸시킬 정도의 놀라운 군사 강국이었다. 강감찬, 서희 장군의 무용담은 바로 이런 국력을 바탕으로 한 것이다.

한국은 개방 시대에는 원래 지금의 위치를 점했으나 폐쇄의 시대에 나락으로 추락했던 것이다. 조선은 지금의 북한보다 더 닫힌 국가로서 일부 학자는 조선 500년간의 경제 성장은 제로 수준이었다고 한다. 북한을 보면 상상이 가기는 한다. 광복 당시 우리보다 2배의 국력을 가졌던 북한은 닫힌 농업 국가로서 제로 성장을 했다. 이에 반해 한국은 열린 무역 국가로서 700배의 성장을 했다. 이러한 결과를 지금 우리 세대에 확인하고 있지 않은가? 한국의 에너지는 닫힌 시대에는 내부 분열로 내달리나 열린 시대에는 대외 경쟁력으로 승화되어 왔다. 백제, 신라, 고려를 계승한 대한민국은 이제 세계 10위권의 강국으로 부상하고 있는 반면 조선을 계승한 북한은 세계 최빈국으로 전락하고 있다. 한국의 정체성은 열린 무역 국가인 것이다.

인구 5,000만 명이 채 안 되는 한국이 생존을 넘어 세계 일류 국가로 나아가기 위해 무역 경쟁력을 키워야 한다는 사실은 이제 더욱 분명해졌다. 또 이런 목표를 달성하기 위해 산업 네트워크와 대외 경제 네트워크에 더해 몽골리안 네트워크를 추가해야 한다는 당위성 역시 부인해서는 안 될 듯하다. 다행히 수천 년 동안 해양 대국이었던 한국의 DNA는 500여 년 동안 이어진 닫힌 국가 조선의 존재에도 불구하고 죽지 않았다. 한국이 일류 국가로 진입할 수 있는 지름길은 역시 뻔히 답이 보이는 개방 국가 전략을 강력하게 추진해 실천으로 옮기는 데 있지 않을까?

02 선도 외교 전략을 위한 우리의 네트워크를 구축하자

외교는 그 자체가 바로 네트워크라고 해도 과언이 아니다. 필자 역시 수년 전 열린 APEC^{아시아태평양경제협의체} 회의에 한국 대표로 참가해 그러한 네트워크에서 활동한 경험이 있다. 평생을 학자와 기업인으로 살아온 필자는 이때 상당히 신선한 충격을 받았다. 외교라는 것이 이른바 이너 서클을 바탕으로 하는 네트워크라는 사실을 부끄럽게도 뒤늦게 깨달은 것이다.

〈외교 네트워크〉

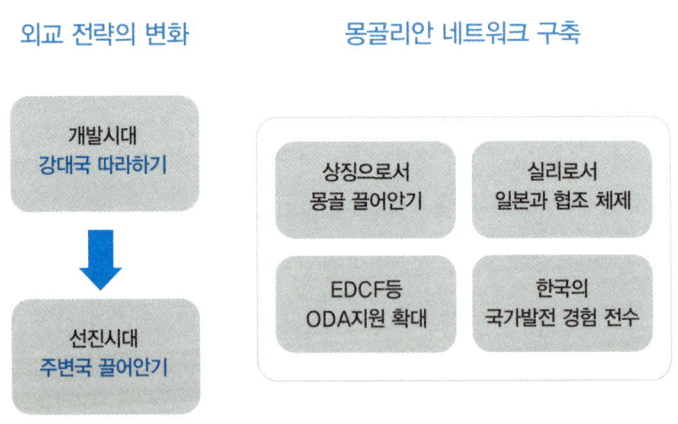

조금 더 자세하게 설명하자면 이렇다. 예컨대 회의석상에서 뉴질랜드 대표가 자국의 이익이나 역내의 중요한 의제와 관련된 발언을 한다고 치자. 그러면 같은 영연방 국가인 오스트레일리아와 캐나다 대표들이 마치 미리 약속이나 한 듯 적극적으로 지지를 표한다. 홍콩이나 싱가포르 대표가 발언할 때도 상황은 크게 다르지 않다. 중국이 전폭적으로 지지하는 것이 거의 관례에 속한다. 심지어 중국은 이럴 경우 화교들이 많은 인도네시아나 태국 등의 대표들까지 자신의 서클로 끌어들여 지지해주는 성의를 표한다. 눈에 확 띄지는 않으나 각각 앵글로색슨계와 중국계 네트워크가 확실하게 존재하고 있는 것이다. 이럴 때면 한국과 일본 대표들은 항상 국력에 비해 외롭기 그지없는 신세가 된다. 아직까지도 국제 사회에서 양국 외교관들이 3S 외교관으로 불리는 것은 그래서 그다지 이상할 것도 없다. 3S라고 해서 무슨 거창한 것을 의미하는 것은 아니다. 침묵Silence과 웃음Smile, 졸음Sleep이 바로 그것이다. 어떻게 보면 당연하기도 하다. 우선 별로 특별하게 발언할 기회가 없으니 수다를 떨 일이 거의 없다. 그렇다고 화가 난 것처럼 뚱하게 앉아 있어서는 안 된다. 억지로라도 얼굴에 웃음을 보여야 한다. 이러니 회의 기간 중에 졸리지 않을 까닭도 없다. 결론적으로 한국과 일본은 외교 무대에서 별다른 네트워크를 가지고 있지 않다는 얘기이다.

문제는 전 세계에는 이런 네트워크가 이 정도만 존재하는 게 아니라는 사실이다. 더 자세히 살펴보면 유대계, 이슬람계, 라틴계, 슬라브계 네트워크 등이 활발하게 활동하고 있다는 사실을 알 수 있다. 당연히 이들 각각의 네트워크에 속하는 국가들은 서로 강력한 연대를 갖고 있다. 오로지 한국, 일본, 몽골, 터키, 핀란드, 헝가리 등의 몽골리안 국가들만 그렇지 못하다. 그저 네트워크 구축에 관심을 갖지 않는 정도라면 그나마 다행이라고 해야 한다. 양국이 터키를 비롯해 카자흐스탄, 우즈베키스탄 등의 중앙아시아 국가들이 같은 몽골리안 국가라고 친밀감을 보이는 것에 거부감을 느끼는 경우도 전혀 없다고 하기는 어렵기 때문이다. 한국과 일본인들이 국제적인 장소에서 3S의 몽골리안으로 불리는 것은 이런 현실을 감안하면 하나 이상할 게 없지 않나 싶다. 아이러니컬하게도 역사상 가장 강력한 네트워크를 구축했던 몽골리안이 현재는 유일하게 네트워크가 없는 인종으로 전락한 것이다. 필자는 이를 우연으로 보지 않는다. 몽골리안 네트워크의 강력한 힘을 견제하기 위하여 과거 피지배당한 러시아, 중국 등이 집요하게 노력한 결과이기도 하다는 것이 사견이기도 하다.

그렇다면 유일하게 네트워크화하지 않은 몽골리안들을 한국을 중심으로 결속시킬 방법은 없는 것일까? 가는 과정이 쉽지는 않겠지만 길은 있다. 일본보다는 그래도 대외적인 이미지가 좋은 한국이 적극적으로 나서는 것이다. 이것은 한국이 자기 공부만 잘 하는 학생에서 남도 보듬어주면서 주위를 아우르는 리더십 뛰어난 반장 같은 국가가 되어야 한다는 이야기이기도 하다. 더구나 일본은 이런 리더십에서는 한국보다는 많이 아쉬운 감이 있다.

이를 위해 한국이 당장 실천에 옮길 방안으로는 여러 가지를 생각해 볼 수 있다. 우선 몽골리안 네트워크의 상징으로서의 몽골을 적극 끌어안는 자세가 필요할 것 같다. 다행히도 몽골은 한국을 솔롱고스, 무지개의 나라라고 부르면서 심정적으로 매우 가까운 느낌을 가지고 있다고 한다. 그래서 그런지 한국에도 가장 많은 자국 인력을 송출하고 있다. 이런 감정을 냉정하게 뿌리치면 곤란하다. 나중에 자칫 잘못할 경우 큰 화를 가져올 수 있기 때문이다. 한국에 대한 몽골 국민들의 끈끈한 느낌을 상기할 경우 냉정해지기도 어렵다. 몽골 사람들은 자신들이 최초로 세운 나라가 고래로부터 지금껏 고리라고 생각해 왔다고 한다. 고리국高離

國, 고리국藁離國, 고리국高利國 등 다양한 한자로 표현되나 이는 고리의 음가를 표현한 한자의 차이에 지나지 않는다.

동명왕의 뿌리가 고리국이라는 것은 여러 사서에 기록되고 있다^{동아시아 역사의 3대 주역은 고리, 부여, 조선이며, 이 이름들은 역사에서 계속 반복되고 있다}. 그중의 한 일파가 몽골^{몽+고리}이기 때문에 고려^{高麗}에 대하여 거의 형제 같은 감정을 느꼈을 수밖에 없다. 참고로 려^麗라는 한자의 음은 자전에 따르면 '아름다울 려, 나라 리'라고 기록되어 있다. 즉 고려^{高麗}는 '고리'로 읽는 것이 옳다는 이야기이다. 한국이 '코리아'인 것이 이를 입증해주고 있다. 이태리어의 어미 아^a가 붙은 코리국인 것이다. 고리라는 나라의 명칭은 몽골리안 전체에 걸쳐 매우 중요한 의미를 갖는다. 고리는 고을, 즉 나라다. 고구려^{高句麗}의 명칭은 고려^{高麗}로 명기된 기록이 절반 정도다. 실제로 당시 음가로는 동일한 '가우리'다. 왕건이 명명한 高麗는 高句麗에서 句를 뺀 것이 아니라 고구려의 명칭인 고려를 그대로 사용한 것이다. 고리는 인도의 코리에서, 멕시코의 콜와까지 광범위하게 나라 이름으로 불리고 있다. 몽골 제국의 조정에서 상당히 오랫동안 고려의 풍습을 고려양^{高麗樣}이라고 부르면서 유행처럼 따른 것은 절대로 괜한 게 아니었던 것이다. 최초의 한류라고 할 수 있을 것이다.

이뿐만이 아니었다. 칭기즈칸은 자신의 처음 직함을 자오드 고리, 즉 고리의 족장으로 불렀다고 한다. 칭기즈칸의 모계는 코리족이었다는 점도 주목하자. 흥안령 지역에 사는 한 몽골 촌로는 이렇게 증언하고 있다. "저 석인상 저편과 이편에 몽골인과 고려인이 살고 있었다. 몽골 여인과 고려 여인이 오줌을 누다 만나면 몽골 여인은 왼손을 고려 여인은 오른손을 들어 친밀감을 표현하였다. ……[이하 생략]" 몽골 제국에서는 몽골인이 외국인과 결혼하면 사형에 처했다. 그러나 고려 여인은 정실로 맞아 들였다. 원의 마지막 황후인 기황후를 보라. 『원사』에 가장 많이 나타나는 국가는 놀랍게도 고려다. 마치도 미국 언론에서 이스라엘을 특별히 다루는 것과 비견될 정도다. 몽골 제국의 지도에서 고려는 독립국인 부마국으로 표시되고 있다.

몽골은 몽골리안 전체에 있어 상징적인 의미가 있다. 우리가 손을 내밀면 손을 맞잡을 것이다. 이러한 상징성을 확보하여 한국의 몽골리안 네트워크 리더십을 강화할 수 있을 것이다. 더 나아가 일부에서 주장하는 한몽골 연방론도 검토할 가치가 있을 것이다. 몽골은 심볼이다.

일본과 협조 체제를 구축하는 것 역시 시급한 현안으로 봐야 한다. 이 문제와 관련해서는 정치권을 비롯한 사회 각계각층에서 상당한 거부 반응을 보일 수도 있다. 독도 문제나 식민 지배에 대한 사과 및 일본의 역사 교과서 문제 등으로 인해 아무래도 일반 국민 정서와는 맞지 않을 가능성이 높다. 그러나 진정한 극일은 무조건적인 배일이 아니다. 경제적 성과를 통해 뛰어넘는 것이 제대로 된 극일이다. 따라서 국익을 위한 일본과의 협조는 부정적인 시각으로만 봐서는 결코 안 된다.

지구촌에 한일 관계와 비슷한 관계를 모범적으로 승화시킨 성공적인 사례가 없는 것도 아니다. 서로 바로 옆에 붙어 있으면서 수백 년 동안 철천지원수로 지낸 영국과 아일랜드가 주인공들이다. 원래 양국은 1990년대 이전까지만 해도 도저히 화해가 불가능한 것처럼 보였다. 그러나 1990년 아일랜드에서 메리 로빈슨이 최초의 여성 대통령으로 당선된 다음 상황이 급변했다. 그녀가 여성 특유의 포용과 관용의 덕목을 통한 대영국 정책을 실시하면서 상호 개방을 적극 추진하자 물과 기름 같기만 하던 양국 관계가 서서히 좋아지기 시작한 것이다. 이후 상호 경제 협력 관계가 지속적으로 이어진 것은 당연한 수순이었다. 이어 아일랜드의 1인당 GDP가 영국을 넘어선 이후에는 아일랜드 국민들의 반영 감정은 언제 그랬냐는 듯 거의 사라지게 됐다. 옛말에 곳간에서 인심 난다는 것이 있다. 지금은 거의 밑그림조차 그려지지 않은 몽골리안 네트워크를 구축하기 위해서는 뭔가 유인 수단이 있어야 한다. 가난한 나라에 대한 여유 있는 국가의 경제적 원조가 중요한 요인으로 대두될 수밖에 없는 것이다. 만약 이런 상황이 도래할 경우 일본의 역할은 대단히 중요해진다. 한국의 대략 6배나 되는 경제력을 가지고 있기 때문에 부담도 한국보다는 덜하다. 더구나 일본은 OECD의 권고 사항인 ODA^{정부의 대외 공적 개발 원조} 자금의 세계 최대 공여 국가 중 하나로 손꼽힌다. 반면 한국의 ODA 제공 규모는 일본에 비하면 부끄러울 정도로 미미하다. 전체 규모로 따질 경우 연 15분의 1에 불과하다. 한국이 몽골리안 네트워크 구축을 위한 지렛대로 일본의 경제력을 이용하는 것이 어쩌면 현명한 대안이 될 수 있는 것이다. 따라서 일본과의 관계 개선은 한국이 승화시켜야 할 중요한 과제라고 해도 좋다. 고대 이후의 한일 관계사 연구는 그래서 더욱 중요할 수밖에 없다. 특히 주목해야 할 것은 광개토대왕의 남정 이후 달라진 한일 관계사 부분과 연결된 김성호의 비류 백제 연구가 아닐까 생각해 본다.

그렇다고 한국도 마냥 일본의 협력만 기대한 채 팔짱을 끼고 있어서는 안 된다. 우선 2009년을 기준으로 GDP의 0.09%에 불과한 ODA 자금의 규모를 대폭 늘려야 한다. 일본 수준인 0.21%까지의 자금 확보는 당장 어렵더라도 빠른 시일 내에 0.1% 수준은 돌파해야 한다. 여기에 매년 10억 달러 이상을 책정하면서도 정작 30% 정도밖에는 집행하지 못하는 대외경제협력기금^{EDCF}의 과감한 집행 노력 역시 필요하다. 만약 이렇게 적극적으로 나설 경우 몽골이나 중앙아시아 일대 몽골리안 국가들의 대한국 관계는 자연스럽게 한두 단계 업그레이드될 것이다.

지구촌의 개발도상국가라면 모두들 배우고 싶어 하는 한국의 국가 발전 경험을 전수하는 것 역시 훌륭한 유인책으로 전혀 손색이 없다. 현재 KDI가 대체로 이 일을 맡아 하고 있으나 보다 적극적인 의지를 보여주기 위해서는 별도의 추진 기구를 발족시켜도 무방할 것으로 보인다. 해외에서 각종 봉사를 하고 싶어 하는 한국의 젊은이들을 적극적으로 활용한다면 그야말로 꿩 먹고 알 먹는 기가 막힌 전략이 될 수 있다.

소프트한 분야에서의 협력을 추진하는 전략은 노력에 비해 효과가 크다는 점에서 주목할 필요가 있다. 예를 들면 몽골리안 국가들만 참가하는 올림픽, 영화제, 학술 교류 등을 당장 생각해 볼 수 있다. 이중 특히 스포츠는 정치색도 덜한 느낌도 주면서 몽골리안 국가들의 적극적인 호응도를 이끌어내는 것이 가능할 것이다. 다행히 한국은 세계에서 내로라하는 스포츠, 문화 강국이라는 위상을 갖고 있기도 하다.

한국의 위상 정도쯤 되면 국제회의에 참석하는 각 분야의 전문가들이 3S 밖에 모르는 사람이라는 소리를 들으면 곤란하다. 그건 진취적이고 강인한 몽골리안 국가의 국민이 가져야 할 자세가 아니다. 융합과 조화를 중시하는 몽골리안의 DNA와도 어울리지 않는다. 역시 해답은 몽골리안 국가들과의 외교 네트워크를 강화해 몽골리안 네트워크를 적극적으로 구축하는 데 있다고 해야 하겠다. 이제는 추종 국가에서 선도 국가로 전환해야 할 때가 된 것이다. 우리는 이제 미국을 추종만 하는 외교 전략으로는 선진국 진입에 한계가 있다는 점을 깨달아야 한다. 전 세계 몽골리안 국가들의 지지를 바탕으로 외교력을 강화하여 세계 무대의 주역으로 등장하는 것이 새로운 국가 전략이 되어야 한다.

03 유라시안 인문학으로 유라시안 다보스를

스위스에는 불과 10여 년 전만 해도 일반인은 잘 모르던 다보스라는 도시가 있다. 사실 그럴 수밖에 없었다. 이 도시는 지금도 스위스에서는 오지 중의 오지에 속하니 말이다. 그러나 지금 다보스는 과거와는 확연히 달라졌다. 최소한 해마다 한 번은 전 세계 언론을 장식하는 스타 도시로 떠올랐다. 이유는 다른 데 있지 않다. 매년 이곳에서 전 세계의 석학과 지도자급 인사들이 모여 '다보스 포럼'이라는 행사를 열기 때문이다. 한국에서도 해마다 적지 않은 지도급 인사들이 참가하고 있다.

주로 참가자들이 분과를 정해 난상토론을 벌이는 이 행사의 주제는 대체로 경제 및 사회, 문화적인 것들이다. 그런데 이 포럼에서는 종종 일본을 비판하는 석학들의 소리가 들린다. 비판의 요지는 다른 게 아니다. 일본인들이 한때 '경제 동물'이라는 말을 들은 것이 무색하지 않게 여전히 획일적으로 경제적인 주제에만 관심이 있다는 것이다. 좀 심하게 말하면 일본이 아직도 모범생 수준에만 있지 리더십도 강한 반장은 아니라는 얘기가 아닌가 한다.

사실 이런 비판은 절대로 과한 것이 아니다. 지금 세계는 단일 민족 국가에서 벗어나 여러 국가의 힘을 아우르는 문화적 역량을 국가 발전의 목표로 삼을 것을 요구하고 있지 않은가? 물론 일본이 주창하는 실용 경제 내지는 실용 학문은 일정 수준까지는 빈곤에서 벗어나게 해주는 역할은 한다. 일본이 그랬고 한국 역시 비슷했다. 그러나 이 과정을 지나면 얼마 지나지 않아 한계가 생긴다. 왜 그럴까? 답은 인문학 공부에서 파생되는 생각하는 능력, 다시 말해 철학이 없기 때문이다. 철학이 없으니 비전이 없고 비전이 없으니 몇 단계 위 수준으로의 업그레이드를 가능하게 만드는 창의력을 갖지 못하게 되는 것이다. 실용주의로는 배고픔은 면하게 해줄 수 있을지 몰라도 세계를 이끌 수는 없다.

내친 김에 한때 세계 최고의 경제 대국에 기술 대국이었던 일본이 과연 이런 비판을 당해야 할 처지에 있는지에 대해 한번 살펴보는 것도 괜찮을 것 같다. 제2차 세계대전 이후 일본은 한동안 전후 폐허의 잿더미 위에서 적지 않게 고생을 했다. 그러나 부자 망해도 3대는 먹고 산다는 말처럼 곧 분발해 혁신과 첨단 기술의 대명사로 군림하게 됐다. 이 과정에서 소니, 도코모, 도요타 등이 기적처럼 글로벌 기업으로 거듭날 수 있었다. 1980년대에는 넘치는 달러를 주체하지 못해 미국 뉴욕의 한다하는 빌딩들을 사들이면서 미국인들의 자존심까지 건드렸다. 하지만 일본인들은 꿈에도 생각하지 못하고 있었으나 이때 이미 버블 경제의 비극은 싹트고 있었다. 급기야 1990년대를 전후해 버블은 하염없이 꺼지기 시작했다. 이후 일본은 '잃어버린 10년'을 지나 지금은 20년을 향해 질주하고 있다. 최근에는 소니의 몰락에 이어 도요타의 추락까지 겹쳐 "저러다 일본 경제와 기술 수준이 이류 국가로 전락하는 것이 아닌가?" 하는 세계인들의 조금은 고소해 하는 시선을 감내해야 하는 수모까지 겪고 있다.

솔직히 조금만 깊이 생각해 보면 일본의 이런 추락은 그다지 이상하다고 하기 어렵다. 주지하다시피 일본은 한국보다 훨씬 더 수직으로 통합된 대기업들이 지배하고 있다. 위계적 경제 환경이 사회를 꼼짝 못하게 하고 있는 것이다. 이런 위계적 환경에서는 적극적인 반대는 불가능하다. 당연히 반대가 불가능한 곳에서는 창의적 사고 역시 가능하지 않다. 보통 심각한 문제가 아니다. 그러나 보다 더 심각한 문제는 이런 수직적이고 위계적인 기업 문화 환경이 재계를 넘어 정치, 교육, 문화의 모든 영역까지 확산되어 있다는 데 있다. 생각하는 힘이 사라진 사회가 정착되어 버렸다고 해도 좋은 것이다.

　재미있는 사례를 들어보면 이해하기가 쉬울 것이다. 스티브 잡스가 이끄는 애플이 아이폰과 아이패드로 돌풍을 일으키자 일본의 내로라하는 IT 대기업들은 적지 않게 당황했다. 그래서 부랴부랴 임원회의 등을 통해 대책을 강구했다. 결론은 뻔했다. 우리도 만들어야 한다는 것이었다. 당연히 각 회사의 연구원들에게 "왜 우리는 이런 제품을 못 만드나? 빨리 만들어라"는 특명이 내려갔다. 그러나 만들 수가 없었다. 이유 역시 뻔했다. 이미 대부분의 연구원들이 다르게 생각하는 힘을 잃어버린 탓에 창의력이 생길 까닭이 없었던 것이다. 아직까지 비슷한 제품 하나 내놓지 못하고 있다.

　반면 세계에서 가장 창의적인 기업으로 불리는 애플은 이런 일본 회사들과는 체질부터가 다르다. 사훈 자체가 '다르게 생각하라' 이다. 듣기 좋으라고 말로만 그러는 것이 아니다. 창의적으로 다르게 생각할 기회를 주기 위해 일을 하지 않고 직원들이 빈둥거리는 것을 용납한다. 아니 본인이 원하면 출퇴근도 자유롭게 하도록 허락한다. 노는 것도 창의적인 발상을 위한 전 단계라고 보는 것이다. 그렇다면 이런 애플의 파격적인 기업 문화는 어디에서 비롯됐을까? 간단하다. 앞에서 말한 인문학의 힘에 대한 무한한 신뢰에 있다. 이 점은 스티브 잡스가 아이패드를 발표하면서 "애플은 변함없이 인문학과 기술의 교차로에 자리 잡고 있다"라고 일갈한 사실에서도 잘 알 수 있다. 일본 기업들이 따라가지 못하는 이유는 이제 분명해지지 않았나 싶다.

　한국이 머지않은 미래에 본격적인 추진에 나서야 하는 몽골리안 네트워크 구축 역시 마찬가지 아닐까 싶다. 스티브 잡스의 말을 금과옥조로 새기면서 일을 진행하지 않으면 배가 산으로 가는 것을 지켜봐야 할지도 모른다. 무엇보다 인문학 연구나 공부를 통한 문화적 동질성의 확보를 우선해야 한다는 말이라고도 할 수 있다. 또 그렇게 하지 않으면 설사 네트워크가 구축되더라도 사상누각이 되지 말라는 법이 없다.

그렇다면 몽골리안 네트워크 구축에 반드시 필요한 몽골리안 인문학은 제대로 연구되고 있는가? 역시 아직은 일천하다고 해야 한다. 그나마 다행인 것은 문학의 경우 신화나 설화 같은 콘텐츠 등에서 너무나 흡사한 점이 많이 나타난다는 사실이다. 연구를 진행할 경우 빠른 속도로 동질성을 찾는 작업이 진행될 수 있는 가능성이 높다. 더구나 최근에는 이에 대한 연구들도 한국을 중심으로 일부 진행되고 있다. 필자가 서울대학교의 인문학 관련 학과나 연구소와 벤처 기업들과의 자매결연에 적극 나서면서 관련 연구에 도움을 주고 있는 것 역시 이런 맥락에서이다.

문학과 달리 몽골리안 역사 연구는 문제가 많다. 리셔플Reshuffle이라는 말에서 볼 수 있듯 완전히 새 판을 짜려는 노력이 필요하다. 그럴 이유가 있다. 지금까지의 세계 역사가 지역 중심의 정착 사관이었기 때문이다. 그렇다면 앞으로의 역사는 어떻게 쓰여야 할까? 당연히 몽골리안의 교류 사관 중심으로 기술되어야 한다.

필자는 이쯤에서 다시 한번 부언하고 싶다. 지역 중심의 정착 사관으로는 실크로드가 발흥하기 시작한 전후의 중국 및 유라시아, 나아가 유럽의 변화를 연계해 설명하는 것이 거의 불가능하다고 솔직히 .이와 관련해서는 필자와 의견을 같이 하는 인문학자들도 많다. 필자의 말처럼 교류 사관을 중심으로 각 시대별 세계사를 보면 진짜 많은 것이 달라질 수 있다. 무엇보다 역사가 마치 영화를 보듯 생생하게 되살아난다.

예를 들어 다소 미스터리한 요소가 많은 신라의 삼국 통일을 살펴보자. 당시 신라는 당나라의 힘을 빌려 백제와 고구려를 정복한 다음 원조 당사국과 전쟁도 벌였다. 당나라가 신라를 통치하려는 음모를 획책하자 전쟁을 마다하지 않은 것이다. 또 더 나아가 승리를 거뒀다. 정착 사관으

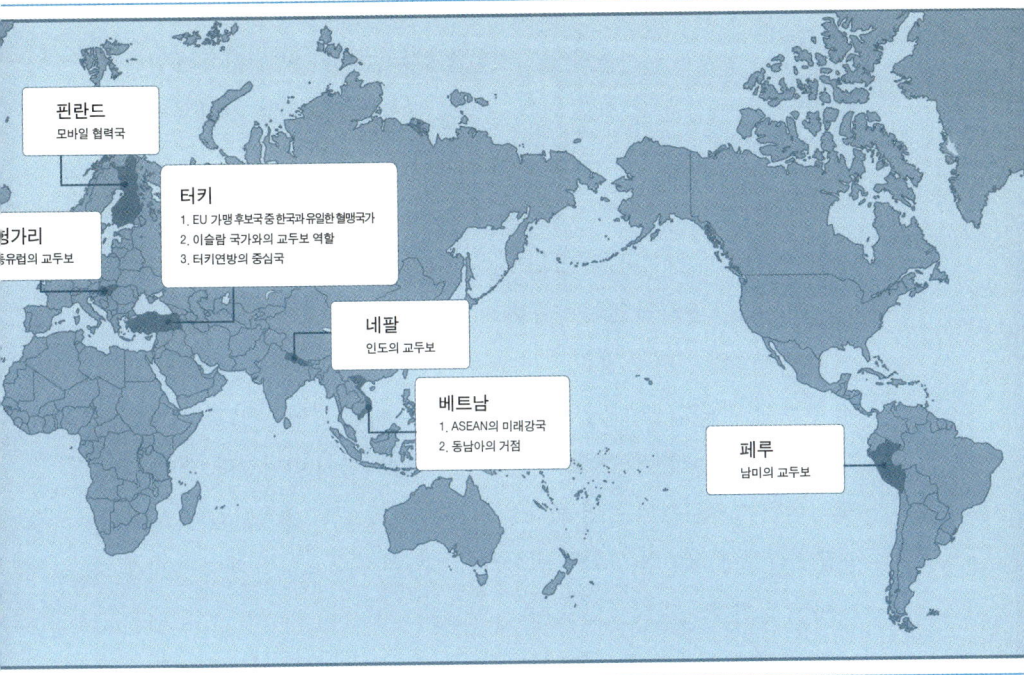

몽골리안 네트워크

로 보면 역사는 그저 여기에서 그친다. 신라가 당나라를 무찌를 전투력을 가지고 있었다는 정도로만 얘기가 더 이어질 뿐이다. 하지만 교류 사관으로 볼 경우 해석이 완전히 달라진다.

당시 전쟁터 주변을 한번 살펴보기로 하자. 당나라는 한 주먹거리 밖에 안 된다고 생각한 신라가 도전해오자 당연히 응전 했다. 그러나 이때 당나라는 송첸 캄포가 일궈놓은 막강한 티베트 왕조와도 대규모 전쟁을 벌이게 되었다. 요즘 말로 하면 두 개의 전쟁, 즉 전선이 두 개였던 것이다. 어쨌든 이 전쟁에서 소정방과 설인귀가 이끄는 당나라 대군은 참패

했다. 패배의 결과는 더욱 비참했다. 실크로드의 요충지인 돈황을 잃게 된 것이다. 국력과 군사력의 급작스런 약화는 도저히 피할 길이 없었다. 당나라 입장에서는 이 정도 되면 신라와 전쟁을 계속하는 것이 오히려 이상했을 것이다. 결국 전의도 없었고 신라를 이길 군사력도 보존할 수가 없었다. 전쟁은 이미 해보나마나 한 게임이 되어 있었던 것이다. 오죽하면 "당나라 군사같다"라는 말이 생겨났겠는가? 교류 사관으로 보지 않으면 도저히 풀리지 않는 수수께끼가 자연스럽게 풀리지 않는가?

콜럼버스의 신대륙 발견 역시 교류 사관으로 보면 의문이 많이 풀린다. 알려진 대로 그는 1492년 대서양을 건너 항해 길에 올랐다. 그러나 이때 그가 목표로 한 곳은 교과서에 나오는 신대륙이 아니었다. 명에 의해 폐쇄된 실크로드의 무역 물품을 사와야 할 인도와 중국이었다. 교류 사관으로 보면 당연한 역사적인 상식이 그렇지 않음으로써 왜곡된 사례가 아닌가 한다.

키스 젠킨스의 말대로 역사는 세계를 지배하는 자에 의해 쓰였다. 3세기 전에 몰락한 역사인 몽골리안의 교류사는 때문에 교과서에서 사라질 수밖에 없는 운명이었다. 그러나 바로 이로 인해 인문학자들에게는 교류 사관으로 역사를 써야 하는 엄청난 작업이 남겨지게 됐다. 이렇게 만든 승리자의 사관들에게 우리는 과연 감사를 표해야 할까 아니면 원망해야 할까? 필자는 고마워해도 좋다고 감히 주장하고 싶다.

필자는 몽골리안 철학 역시 미지의 세계로 남겨져 있다고 생각한다. 그러나 접근하기는 어렵지 않다. 무엇보다 키워드를 찾을 수 있기 때문이다. 바로 하늘이다. 몽골리안들의 대부분이 천손天孫 사상을 가지고 있는 것은 바로 이 때문이라고 봐도 크게 틀리지 않는다. 이동성을 고려하면 강제로 땅에 얽어매는 농경의 권력 구조로는 노마드를 통치할 수 없기에 몽골리안의 정치에는 반드시 용비어천가와 같은 하늘의 뜻이 첨부

되어야 하였다. 한국이 자랑할 『천부경』 81자의 근본인 천지인^{天地人} 사상은 몽골리안, 나아가 인류 전체의 지속가능성에 대한 새로운 철학적 대안일 수 있다. 여기에 유목민의 특징인 융합과 조화를 통한 변화라는 개념과 유목, 다중성의 몽골리안 철학에 대해서도 관심을 갖고 연구를 기울인다면 더 좋지 않을까 싶다. 이 경우 몽골리안들의 동질성 회복을 통한 네트워크 구축은 한결 더 쉬워질 것으로 보인다. 천부경과 녹색 성장은 유라시안 재단의 출판 준비 과제 중 하나다.

    문학과 역사, 철학 외에도 관심을 쏟아야 할 몽골리안 인문학 연구 분야는 많다. 특히 세계적 경쟁력을 가지는 독창성 높은 한글에 대한 연구는 지구촌의 전체 몽골리안 국가들을 위해서도 바람직한 작업이 아닌가 한다. 세종대왕이 이미 한글을 창제할 때 주변 몽골리안 국가들의 발음을 수용할 수 있도록 음운 체계를 고려했다는 사실을 상기하면 더욱 그렇다. 아쉽게도 이 발음은 우리에게 맞지 않는다는 이유로 현재는 사라지고 없다. 그러나 현재의 상태만으로도 문자 없는 몽골 국가에게는 훌륭한 대안이 될 수 있다. 한글의 장점은 이 정도에서 그치지 않는다. 워드 프로세서의 훌륭한 대안까지 될 수 있다. 실제로 언어학자들의 연구에 의하면 핸드폰의 문자판에 전체 음소를 단일 체제로 입력시킬 수 있는 문자는 한글이 전 세계에서 유일하다고 한다.

    앞서 말한 연구 과제들은 사실 웬만한 개인 재력가나 단체들이 나서도 수행하기가 쉽지 않은 일이다. 당연히 몽골리안 네트워크에 참여할 국가들 차원에서 연구가 진행되어야 한다. 하지만 불행히도 이런 역량이 되는 경제력을 가진 나라는 그리 많지 않다. 한국과 일본 정도라고 해야 한다. 유라시안 인문학 연구는 전 세계에서 한국이 주도할 수 있는 거의 유일한 인문학 분야가 아닌가 한다. 이와 관련해 한국이 유라시안 인문학 연구의 다보스 포럼을 주도할 때 한국의 국가의 품격이 한 단계 상승 하지 않을까 생각해 본다.

현재 이공계 분야의 국책 연구비는 1년에 대략 13조 원 이상이다. 그렇다면 이중 1% 정도를 몽골리안 인문학 연구에 투입하는 것은 과연 어떨까? 아마도 엄청난 연구 성과를 얻을 수 있을 것이라고 필자는 생각한다. 유라시안 네트워크, 더 광범위하게 말해 몽골리안 네트워크의 구축을 위한 길은 그리 멀리 있지 않다.

에필로그

　필자가 꿈꾸는 국가 전략이 채택되어 앞으로 구축될 유라시안 네트워크와 관련해 한국의 미래 행보를 한번 상상하는 것도 그다지 공허한 것만은 아닐 듯하다. 우선 새로운 시대를 이끄는 모바일 기술은 핀란드, 일본 등과 협력해 세계의 리더가 될 필요가 있다. 이 몽골리안 3국이 합치면 모바일 기술에 관한 한 천하무적의 네트워크가 완성될 수 있다. 또 중동의 터키와도 연계해 EU와 이슬람 세계 진출의 교두보를 구축해야 한다. 이 경우 한국과 터키의 축을 잇는 유라시안 루트는 신 실크로드라고 일컬을 수 있을 것이다. 실제로 미래학자들은 앞으로 러시아를 대체할 강력한 국가로 터키를 지목하고 있다. 게다가 터키는 중앙 유라시아 터키 연방의 맹주 국가라는 자부심이 강하다. 우리와 실크로드의 대칭축을 이루는 국가다.
　네팔을 거점으로 인도 경제 발전에 참여하는 것도 바람직하다. 지금 전 세계는 인도가 중국의 발전에 이어 세계 경제의 역동성을 창출할 것으로 기대하고 있다. 20여 년의 중국과 다름없다. 베트남을 중심으로 동남아 경제의 일원이 된 다음 아시아 외교의 주축국으로 발돋움하는 것도 소망스럽다. 베트남은 동남아의 가장 강력한 국가로 성장할 것으로 기대되고 있는 만큼 훌륭한 파트너로 손색이 없다.

헝가리는 동유럽의 거점 역할을 할 것이 분명하다. 게다가 동유럽은 서유럽을 대신해 유럽 성장의 주역이 될 가능성이 높다. 국가 전략 차원에서는 어떤 나라라도 손을 내밀고 싶은 매력적인 나라이다. 지구 반대편의 멕시코, 페루는 중남미의 거점이 될 수 있다. 천손 신화를 공유한 페루는 이미 일본계 대통령을 선출한 바도 있다. 한국이 손을 내밀면 거부할 이유가 없다.

한국이 적극적으로 주도해 구축할 이런 네트워크는 상호 호혜적인 개방적 교류 발전을 이룩해 나가야 한다. 또 과거 영역주의의 배타적인 제국주의와는 완전히 다르게 전 세계의 발전에 호혜적으로 기여해야 한다. 이를 통해 한국은 내부적으로 문화적·경제적으로 획기적인 발전을 이룰 수 있을 것이다. 나아가 외교적으로도 완전히 다른 차원의 국가적 위상을 정립할 수 있을 것이다.

이제 한국은 중진국을 넘어 선진국 입성을 눈앞에 두고 있다. 역사상 최초로 원조 받는 국가에서 원조하는 국가가 되었다. 한국 전쟁이 끝난 지 불과 60년 만에 이룩한 성과이다. 정말 세계 역사에 전무후무한 기록이라고 찬탄해도 좋다. 그러나 지난 100년 동안 개도국에서 중진국을 거쳐 선진국에 진입한 나라가 일본과 아일랜드 두 나라 외에는 없다는 사실은 중진국 진입과 선진국 진입 전략은 다르다는 것을 가르치고 있다. 적지 않은 나라들이 선진국 문턱에서 새로운 패러다임을 만들어내지 못하고 주저앉아 버린 것이다. 여기에서 우리는 교훈을 얻어야 한다. 지금까지와는 전혀 다른 새로운 전략으로 선진국 진입을 시도해야 한다는 것이 바로 그것이다. 그렇지 않으면 진짜 아르헨티나가 밟은 전철을

밟지 말라는 법이 없다. 게다가 한국은 세계 최고의 노령화 속도를 기록 중이다. 2018년 이후부터는 출산율 저하로 인구마저 줄어든다는 암울한 전망도 없지 않다. 한국이 가질 수 있는 시간이 그렇게 많지 않은 것이다.

필자는 이미 방법을 제시했다. 무엇보다 제도와 서비스 산업을 혁신하고 개방 국가, 열린 한국으로 가야 한다. 추종 국가에서 선도 국가로 국가의 품격을 높여야 한다. 유라시안 인문학이 그 기반이 될수 있을 것이다. 이를 위한 스토리텔링으로서 필자는 유라시안 네트워크를 제시해 보았다. 또 이를 위해 서울대학교 인문대와 8개의 유라시안 인문학 연구 과제를 수행한 바 있다는 사실을 밝히고 싶다. 또한 재야 연구자인 허대동의 고조선 한글 연구, 최일해의 아리안 500연구, 열린책들의 원나라 연구서 번역 등에도 재정을 지원하고 있다.

사단법인 유라시안 네트워크의 이사들인 바텍의 노창준 사장, 다산네트워크의 남민우 사장, 오스템임플란트의 최규옥 사장, 비트의 조현정 회장, 바이오스페이스의 차기철 사장, 르호봇의 박광회 회장 등은 이 연구를 위해 적지 않은 재정적 지원을 해주신 고마운 분들이다. 또한 앞으로 많은 분들이 동참하는 개방과 공유의 유라시안 2.0을 꿈꾸면서 글을 맺고 싶다. 부록으로 많은 분들의 동참을 위한 미래의 화두들을 책의 말미에 첨부한다.

유라시안 연구의 화두들

1) 몽골리안 철학

천지인의 천손 사상
몽골리안은 천손 사상을 공유하고 있으며 타 인종의 신화와 큰 차이
홍익인간, 이화 세계를 축으로 천지인 사상을 몽골리안 국가에 확대
친환경과 지속 가능한 발전 시대의 새로운 철학적 패러다임 제시
『천부경』을 중심으로 하는 한 철학 연구

HOMO MOBILIANCE
모바일 기술이 인류의 새로운 진화를 촉발, 사이보그로 새로운 진화
디지털 노마드의 패러다임이 몽골리안을 중심으로 하는 열쇠
인류는 모바일 기술로 집단 생명화
이러한 창발적 초인류 탄생의 진원지가 한국. 새로운 초인류 철학 정립 요청

2) 몽골리안 역사

교류 중심의 세계사
기존의 세계사의 주류는 패권국 중심의 지역사
17세기까지 역사의 주역은 육상 교역을 관장한 몽골리안 국가
지역사에서 시대별 세계를 통섭하는 교류 중심의 역사 기술 필요

역사의 변곡점 분석
17세기를 전후한 세계사 주류의 변화에 대한 분석
대항해 시대의 개막과 경쟁력을 뒷받침한 핵심 역량
정화의 원정 이후 해금정책의 영향, 이슬람 상인의 쇠퇴 요인
18세기 초반의 육상 세력의 급속한 쇠퇴 원인

중동, 인도, 중국에서의 몽골리안 역사
이집트를 포함한 중동에서의 10세기 이후 주요 왕조가 투르크계인 이유

인도사의 대부분이 몽골리안 지배인 이유
중국의 몽골리안 계통 왕조가 과반인 이유? 왕조사의 재정리
이러한 유라시아 대륙의 몽골리안 지배의 비밀

몽골 제국의 재조명
몽골 제국의 정체성은? 파괴의 제국인가 글로벌 무역 국가인가?
팍스 몽골리아가 세계사에 미친 영향
유럽의 르네상스, 십자군와 몽골 지배의 관계
몽골 제국의 민중 수탈
고려와 몽골 제국의 특수 관계의 요인

3) 한국사

개방 무역국으로서 한국사
한국은 조선과 같은 폐쇄 국가인가 개방 국가인가?
신라, 고려의 개방 시대의 국력은 현재와 비슷한 10위권인가?
백제, 신라의 동아시아 무역에서의 지위
고려의 무역과 복식부기, 어음의 발명 배경
조선의 농업 중심의 물물 경제하의 국력의 피폐 (현재의 북한)

고대 한반도와 일본
고대 한일 관계사에 대한 개방적 연구
백제·일본 왕실에 대한 개방적 관계 연구
비류백제와 일본의 관계
일본과 한국의 갈등의 승화 방안

요하 문명과 고조선
20세기 최대의 고고학 성과인 요하 문명의 주역 고조선
중국의 동북공정과의 관계
요하 문명과 중국 문명의 관계

동북공정과 만주족
동북공정의 논쟁의 핵심인 만주족의 정체성
말갈, 여진, 숙신의 정체
여진의 문화 수준. 여진의 신화와 한국

북위, 원, 청과 한국
각 시대별 몽골리안 리더국과 한국의 관계
북위 효문제와 장수왕

원조정의 고려양의 해석
청의 대조선 정책의 배경 분석
흉노, 돌궐, 말갈, 선비 등 저질 한자어 대체 방안

4) 문학

몽골리안 영웅전
치우, 모돈 선우, 아틸라, 광개토대왕, 송첸 캄포, 효문제, 야율아보기, 아골타, 투그릴 베그, 바이바르스, 칭기즈칸, 티무르, 술탄 메메드, 바부르, 누루하치, 강희제 등 몽골리안 영웅사와 문학

전설, 설화 집대성
몽골리안 국가의 전설과 설화의 수집과 분석
이를 통한 인종적 공통성 재발견

5) 언어

몽골리안 비교 언어
몽골리안 언어 비교 연구
사전 발간.

한글 보급, 핸드폰의 강점
몽골리안 문자로서의 한글
특히 디지털 노마드, 핸드폰에서의 강점
아래 한글 워드 프로세서의 보급
훈민정음 해례 연구

6) IT 문화

자국어 인터넷 주소
몽골리안 전설 영화 게임
한류의 융합
인터넷 포탈의 교류

7) 음악, 미술

악기 비교연구

비교 음악, 미술

8) 인류학

몽골리안 비교 연구

DNA 분석, 이동 경로 연구

9) 심리

심리적 공통분모 연구

10) 경영학

몽골리안 심리 기반의 조직 경영학, 신바람 경영

목표 관리, 혁신 기업 문화

11) 국가 개발 전략

한국의 경험 전수

국가를 사업 단위로

■ 참고문헌

1. 스티븐 존슨, 김한영 역,『이머전스』, 김영사, 2004
2. 리처드 오글, 손정숙 역,『스마트 월드』, 리더스 북삼성, 2008
3. 이희철,『터키』, 리수, 2002
4. 미야자키 마사카츠, 이영수 역,『하룻밤에 읽는 세계사』, 중앙 M&B, 1998
5. 전경일,『글로벌 CEO 누루하치』, 삼성 경제 연구소, 2005
6. 김병호,『멀고먼 힌두쿠시』, 매일 경제 신문사, 1991
7. 정종목,『역사스페셜 1-7』, 효형 출판, 2004
8. 폴라 언더우드,『몽골리안 일만년의 지혜』, 그물코, 2002
9. 주채혁,『순록 제국; 고조선, 고구려, 몽골제국의 기원』, 2008
10. 윤내현,『우리 고대사; 상상에서 현실로』, 지식산업사, 2003
11. 신채호 , 박기봉 옮김『조선 상고사』, 비봉출판사, 2007
12. 주강현,『우리 문화의 수수께끼』, 한겨레 신문사, 1996
13. 김한곤,『한국의 불가사의』, 도서출판 새날, 1994
14. 이덕일, 이희근 지음,『우리 역사의 수수께끼 1, 2, 3』, 김영사
15. 신채호,『조선상고사』, 일신서적출판, 1998
16. 김부식,『삼국사기1, 2』, 홍신문화사, 1997
17. 이도학,『백제장군 흑치상지 평전』, 주류성, 1996
18. 정병조,『세계 각국사 시리즈 인도사』, 대한교과서주식회사, 2005
19. 김정위,『세계 각국사 시리즈 중동사』, 대한교과서주식회사, 2005
20. 우실하,『동북공정 너머 요하문명론』, 소나무, 2007
21. 양민종,『알타이이야기』, 정신세계사, 2003
22. 김운회,『대륙신을 찾아서 1, 2』, 해냄, 2006
23. 김태식,『풍납토성 500년 백제를 깨우다』, 김영사, 2001
24. 김성호,『중국진출백제인의 해상활동 천오백년』, 맑은소리, 1996
25. 이영희,『노래하는 역사』, 조선일보사, 2009
26. 한일관계사학회편,『한일관계 2천년 보이는 역사, 보이지 않는 역사(근세)』, 경인문화사, 2006
27. 한일관계사학회편,『한일관계 2천연 보이는 역사, 보이지 않는 역사(근현대)』, 경인문화사, 2006
28. 김종윤,『한국인에게 역사는 있는가』, 책이있는마을, 2000
29. 이태진,『서울대 이태진 교수의 동경대생들에게 들려준 한국사』, 태학사, 2005
30. 심백강,『황하에서 한라까지』, 참 좋은 세상, 2007

31. 김준식, 『다시 읽는 하멜표류기』, 웅진 지식하우스, 2002
32. 이성근, 『대제국 고려의 증거』, 한솜미디어, 2008
33. 젊은역사연구모임, 『영화처럼 읽는 한국사』, 명진출판, 1999
34. 남덕우, 『한국, 과거를 딛고 미래를 보자』, 삼성경제연구소, 2007
35. 배기찬, 『코리아 다시 생존의 기로에 서다』, 위즈덤하우스, 2005
36. 장혜영, 『한국의 고대사를 해부한다』, 어문학사, 2008
37. 이형구, 『발해연안에서 찾은 한국 고대문화의 비밀』, 김영사, 2004
38. 조규태, 『번역하고 풀이한 훈민정음(수정판)』, 한국문화사, 2010
39. 홍윤표, 『살아있는 우리말의 역사』, 태학사, 2009
40. 김석득, 『우리말 연구사』, 정은문화사, 1999
41. 『제3차 한 중앙아 협력 포럼』, 외교통상부, 지식경제부, 대외 경제정책연구원
42. 이원복, 『가로세로 세계사 1, 2』, 김영사, 2006
43. 김억간, 『세계사 시간여행』, 가람기획, 2006
44. 미야자키 마사키츠, 오근영 옮김, 『하룻밤에 읽는 숨겨진 세계사』, 랜덤하우스코리아, 2010
45. 단학회 연구부, 『환단고기』, 코리언북스, 1998
46. 최동환, 『천부경』, 지혜의 나무, 2008
47. 안기석 연구, 정재승 엮음, 『천부경의 비밀과 백두산민족문화』, 정신세계사, 1989
48. 정해임, 『율려와 주역』, 소강, 2007
49. 반재원, 『씨아시말』, 백암, 2009
50. 김호동, 『근대 중앙아시아의 혁명과 좌절』, 사계절, 1999
51. 존 K 페어뱅크 책임 번역, 김한식, 김종건, 『캠브리지 중국사』(10권), 새물결, 2007
52. 도널드 쿼터트 지음, 이은정 옮김, 『오스만 제국사』, 사계절, 2008
53. 김희영 엮음, 『이야기 일본사』, 청아 출판사, 2006
54. 누노메 조후의 지음, 임대희 옮김, 『중국의 역사』, 혜안, 2001
55. 워렌 트레드골드, 박광순 옮김, 『비잔틴 제국의 역사』, 가람기획, 2003
56. 앨린 파머 지금, 이은정 옮김, 『오스만 제국은 왜 몰락했는가』, 에디터, 2004
57. 최연혜, 『시베리아 횡단철도』, 나무와 숲, 2006
58. 미야자키 마사카쓰, 『지도로 보는 세계사』, 이다미디어, 2005
59. 이희철, 『히타이트』, 리수, 2004
60. 장 카르팡티에 프랑수아 르브룅 엮음, 강민정 나선희 옮김, 『지중해의 역사』, 한길사, 2006
61. 김명섭, 『대서양문명사』, 한길사, 2001
62. 김호동 역주, 『마르코 폴로의 동방견문록』, 사계절, 2000
63. 왕지아평 외 7인 지음, 양성의 김인지 번역, 공병호 김수 해제, 『대국굴기』, 2008
64. 어니스트 페일 지음, 김성준 옮김, 『서양 해운사』, 혜안, 2004

65. 『세계사 속의 중앙유라시아』, 서울대학교 인문학연구원 중앙유라시아연구소
66. 고미츠 하사오 외 씀, 이평래 옮김, 『중앙유라시아의 역사』, 소나무, 2005
67. 정수일 지음, 『고대문명교류사』, 사계절, 2001
68. 르네 그루세 지음, 김호동, 유원수, 정재훈 옮김, 『유라시아 유목제국사』, 사계절, 1998
69. 이주형, 『아프가니스탄, 잃어버린 문명』, 사회평론, 2004
70. 정은주, 박미란, 백금희, 『비단길에서 만난 세계사』, 창비, 2005
71. 김종래, 『유목민 이야기』, 꿈엔들, 2005
72. 이진복, 『유목민이 본 세계사』, 학민사, 1999
73. 수잔 횟필드, 『실크로드 이야기』, 이산, 2001
74. 박한제, 김호동, 한정숙, 최갑수, 『유라시아 천년을 가다』, 사계절, 2002
75. 나가사와 가즈도시, 『실크로드의 역사와 문화』, 민족사, 1990
76. 김종래, 『유목민 이야기』, 자우출판사, 2002
77. 김영종, 『반주류 실크로드사』, 사계절, 2004
78. 스키야미 마사아키, 『몽골 세계제국』, 신서원, 1993
79. 김규현, 『티베트 역사산책』, 정신세계사, 2003
80. 김호동, 『황하에서 천산까지』, 사계절, 2002
81. 마스이 츠네오, 『대청제국』, 학민사, 2004
82. 이종호, 『로마제국의 정복자 아틸라는 한민족』, 백산, 2003
83. 잭 웨더포드, 『칭기츠 칸, 잠든 유럽을 깨우다』, 사계절, 2005
84. 박삼옥, 권석만, 『옛날의 실크로드 오늘의 우즈베키스탄』, 서울대학교 출판사, 2007
85. 박윤, 『팍스 몽골리카』, 김영사, 1996
86. 『칭기스칸의 세계화 전략 몽골』, 꿈엔들
87. 이시바시 다카오, 『대청제국』, 휴머니스트, 2009
88. 『한국사의 단군 인식과 단군 운동』, 국제 평화 대학원대학교 출판사
89. 『이이화 한국사 이야기 1~4』, 한길사, 1998
90. 서길수, 『고구려 역사유적 답사』, 사계절, 1998
91. 노태돈, 『고구려사 연구』, 사계절, 2003
92. 이덕일, 『고구려 700년의 수수께끼』, 대산출판사, 2000
93. 사과과학원, 『발해국과 말갈족』, 중심, 2001
94. 베르나르 베르베르, 『개미』, 열린책들, 2001
95. 칼 세이건, 『코스모스』, 사이언스북스, 2004
96. 도널드 골드스미스, 닐 디그래스 타이슨, 『오리진』, 지호, 2005
97. 제임스 왓슨, 『이중나선』, 궁리, 2006
98. 손성태, 「아스텍 문명을 건설한 주체는 한민족(인터뷰)」, 『월간개벽』, 2009년 11-12월 합본호

■ 참고사이트

http://blog.daum.net/daesabu "단군 조선 한글"
http://kr.blog.yahoo.com/sppopsj/1362279 "천산역사연구원
http://cafe.daum.net/who.am.i "소리이론"
http://www.newtonkorea.co.kr/BackIssue/result.asp?it_Seq=85&it_NewtonSeq=3
　　31 "잉카제국"
http://kr.blog.yahoo.com/dddhsk1/1353083 "광개토왕 비문"
http://blog.daum.net/3002kumsukangsan/8450386 "역사천재"
http://goodnews.co.kr/cksik/mtext/m5/m1.htm "중앙아시아 역사"
http://goodnews.co.kr/cksik/3.htm "키르키즈 이야기"
http://bit.ly/cO1JKC 우리역사 바로알기 시민연대
http://bit.ly/cXCbpB 단학선원
http://bit.ly/b57jVC 재성이의 올록뽈로기
http://bit.ly/91Din8 유라시아를 찾아서
http://bit.ly/9CxClN 신인류로 항해
http://bit.ly/aWw4JT 즈베즈다
http://bit.ly/bs8rcc 오유주의 블로그
http://bit.ly/cCJuet nowhere?? now here!!
http://bit.ly/d2F3H0 러브 대조선
http://bit.ly/aUhJeU홍산문화의 후예 : 범 "선비-퉁구스", 역사-문화 공동체
http://www.hanajang.co.kr/ 천부경
http://bit.ly/9ooQs2 언제나 처음처럼
http://bit.ly/anYNR7 길 위에서
http://bit.ly/d8g9kW 武學園무학원
http://www.012360.com/ 012360.com
http://www.chunbukyung.com/ 천부경 닷컴
http://bit.ly/b00rxk 해인 치유명상
http://www.complexity.or.kr/ 복잡계 네트워크
http://www.seri.org/bt/btIndex.html?btno=26 윤영수의 복잡계 이야기
http://www.seri.org/bt/btIndex.html?btno=88 최창현 교수의 복잡계로 바라본 조직

■ (사)유라시안네트워크 연구지원 과제

연구명	주 제
동아문화연구소	청대의 중국과 조선: 양국 관계 연구
라틴아메리카연구소	라틴 아메리카 신화집 번역 발간―라틴 아메리카 원주민 신화
비교문화연구소	구세계 증거성벨트와 그 학제적 함의― 몽골리안 루트를 중심으로
문화유산연구소	몽골 초원에 핀 고대문화 전시 및 몽골문명의 세계 국제 학술 대회 개최
언어연구소	유라시안 언어 및 지식 데이터 베이스 구축을 위한 기초연구― 한·유라시아 제어의 전자사전 모델설계
중앙 유라시아 연구소	국제 학술대회 개최 및 학술지 신규발행
허대동	고조선 문자에 대한 연구
최일해	프로젝트 아리안 500
이주현	녹색성장과 천부경